长春海关年鉴

2023

《长春海关年鉴（2023）》编纂委员会　编

中国海关出版社有限公司
·北京·

图书在版编目（CIP）数据

长春海关年鉴 . 2023/《长春海关年鉴（2023）》编纂委员会编 . —北京：中国海关出版社有限公司，2024. 5

（中国海关史料丛书）

ISBN 978 – 7 – 5175 – 0799 – 4

Ⅰ. ①长…　Ⅱ. ①长…　Ⅲ. ①海关—长春—2023—年鉴　Ⅳ. ①F752. 55-54

中国国家版本馆 CIP 数据核字（2024）第 096601 号

长春海关年鉴（2023）

CHANGCHUN HAIGUAN NIANJIAN（2023）

作　　者：《长春海关年鉴（2023）》编纂委员会

责任编辑：周　爽

责任印制：孙　倩

出版发行：中国海关出版社有限公司

社　　址：北京市朝阳区东四环南路甲 1 号　　邮政编码：100023

编 辑 部：01065194242-7537（电话）

发 行 部：01065194221/4238/4246/5127（电话）

社办书店：01065195616（电话）

https：//weidian. com/？userid = 319526934（网址）

印　　刷：北京新华印刷有限公司　　经　　销：新华书店

开　　本：889mm×1194mm　1/16

印　　张：21. 75　　字　　数：480 千字

版　　次：2024 年 5 月第 1 版

印　　次：2024 年 5 月第 1 次印刷

书　　号：ISBN 978 – 7 – 5175 – 0799 – 4

地图审图号：GS 京（2022）1441 号

定　　价：210. 00 元

《长春海关年鉴（2023）》编纂委员会

《长春海关年鉴（2023）》
编辑部

总　　编　郭子文

执行主编　王　雷

编辑部成员　（按姓氏笔画排序）

丁　凯	于海东	于慧姝	万宇航	万　璐
王　为	王　尧	王　珣	王　琪	王　楠
王云坤	王洪岩	王嘉艺	孔德鑫	朱　江
乔建广	任玉峰	刘　扬	刘　楠	刘　鹭
刘清顺	闫永娜	闫敬伟	孙俊杰	杨　洋
杨　硕	李　帅	李　英	李　娜	李　莹
李兰英	李雨杭	李冠宇	李艳丰	李雪婷
李琳琳	邹维娜	宋　波	张　洋	张　瑜
张　靖	张丽娜	张润馨	周　浩	郑清旭
单炜鑫	赵　乾	赵津瑶	姚　曦	秦冬青
聂楚瑶	索兴华	贾宇鹏	徐　磊	徐德时
高　川	高　薇	梁金龙	雷天一	潘　璇

编辑说明

一、本书以习近平新时代中国特色社会主义思想为指导，遵循辩证唯物主义和历史唯物主义原则，力求全面客观系统记录长春海关2022年度工作发展历程。

二、本书记述时限为2022年1月1日至2022年12月31日。

三、本书记述内容包括长春海关各项工作，以各业务条线工作为主体进行记述，辅以记述各隶属海关、事业单位工作。

四、本书除卷首图片、编辑说明外，设置10个类目，分别为特载、专记、大事记、政治建设、业务建设、政务及后勤保障、隶属海关、直属事业单位、人物荣誉和海关统计资料。

五、本书资料来源于长春海关各部门及所属隶属海关、事业单位提供的材料，均经考证核实，一般不标明出处。

长春海关

比例尺 1 ： 2 400 000

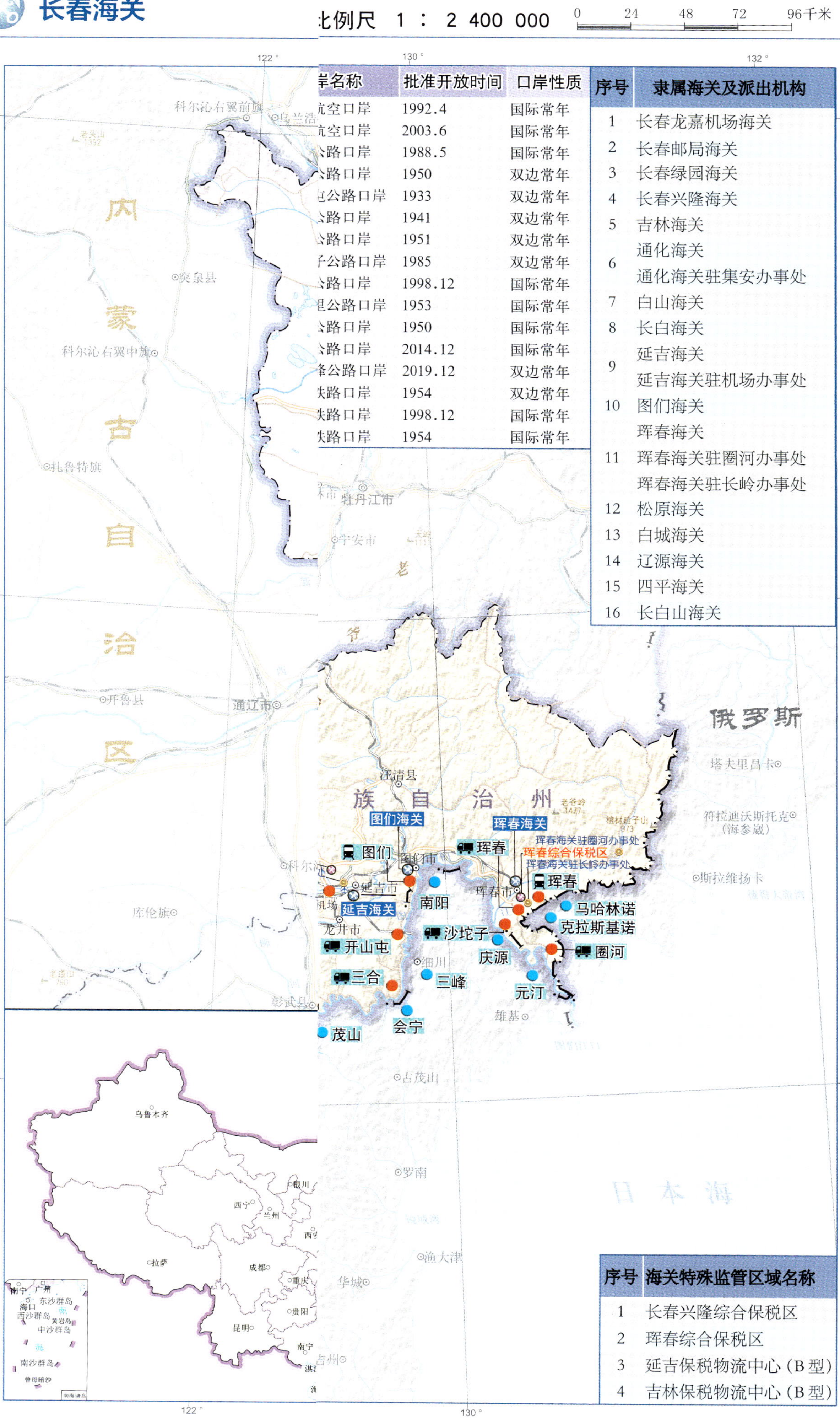

岸名称	批准开放时间	口岸性质
亢空口岸	1992.4	国际常年
亢空口岸	2003.6	国际常年
公路口岸	1988.5	国际常年
公路口岸	1950	双边常年
乇公路口岸	1933	双边常年
公路口岸	1941	双边常年
公路口岸	1951	双边常年
子公路口岸	1985	双边常年
公路口岸	1998.12	国际常年
且公路口岸	1953	国际常年
公路口岸	1950	国际常年
公路口岸	2014.12	国际常年
峰公路口岸	2019.12	双边常年
失路口岸	1954	双边常年
失路口岸	1998.12	国际常年
失路口岸	1954	国际常年

序号	隶属海关及派出机构
1	长春龙嘉机场海关
2	长春邮局海关
3	长春绿园海关
4	长春兴隆海关
5	吉林海关
6	通化海关 通化海关驻集安办事处
7	白山海关
8	长白海关
9	延吉海关 延吉海关驻机场办事处
10	图们海关
11	珲春海关 珲春海关驻圈河办事处 珲春海关驻长岭办事处
12	松原海关
13	白城海关
14	辽源海关
15	四平海关
16	长白山海关

序号	海关特殊监管区域名称
1	长春兴隆综合保税区
2	珲春综合保税区
3	延吉保税物流中心（B型）
4	吉林保税物流中心（B型）

图 例

	直属海关单位	廷布	外国首都		地级市界
	隶属海关		自治州行政中心 地区、盟行政公署驻地		县（区、市）界
	派出机构	东城区	县（区、市）政府		铁路
	海关特殊监管区域	庞各庄镇	乡（镇）政府、街道办事处		高速公路及编号
	口岸	北京首都国际机场	机场		国道
	铁路口岸		山峰　高程		省道
	水运口岸		国界		其他道路
	航空口岸		未定国界		河流　湖泊
	公路口岸		地区界		沟渠
	境外口岸		军事分界线		桥梁　渡口
北京市	首都		省界		港口　码头
石家庄市	省政府		未定省界		长城
廊坊市	地级市政府		特别行政区界		珊瑚礁

注：本书中的关境图，不包括香港，澳门，台湾、澎湖、金门、马祖单独关税区。

领导活动

^ 2022 年长春海关党委全体委员合影　（李兰英　摄）

^ 2022 年 8 月 16 日，长春海关党委理论学习中心组开展集体学习　（李兰英　摄）

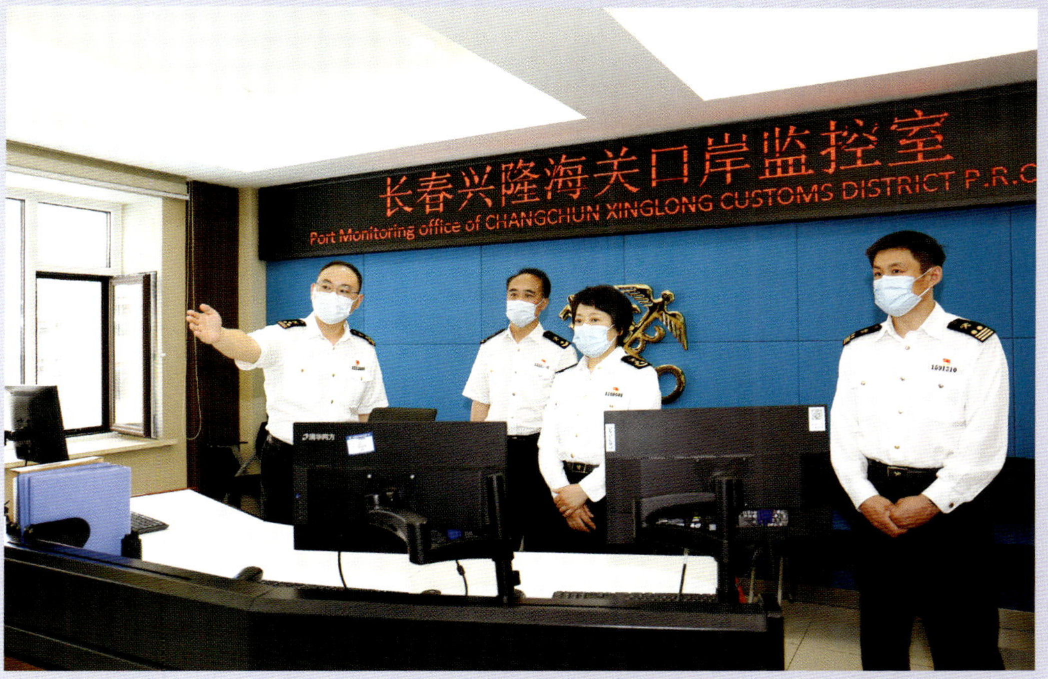

^ 2022 年 5 月 2 日，长春海关关长俞晓丹（左三）到长春兴隆海关调研 （陈爽 摄）

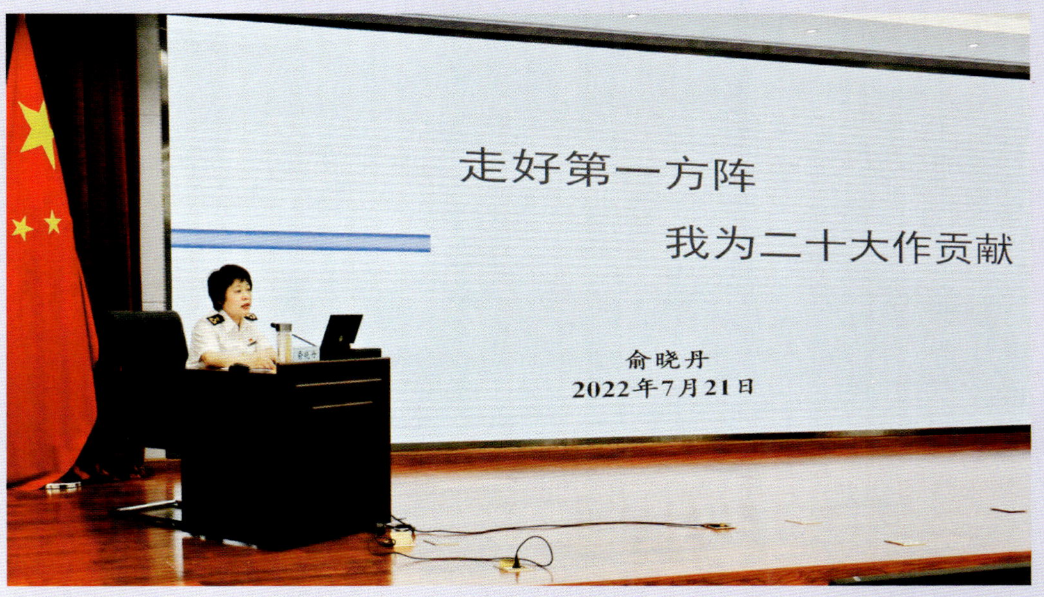

^ 2022 年 7 月 21 日，长春海关党委书记俞晓丹讲授“走好第一方阵 我为二十大作贡献”主题党课 （刘力铭 摄）

^ 2022 年 8 月 8 日，长春海关关长俞晓丹（左三）到延吉海关督导检查 （杨雯斌 摄）

^ 2022 年 2 月 24 日，长春海关关长董岩（左三）到长春海关所属四平海关调研 （李福年 摄）

^ 2022 年 6 月 30 日，长春海关政治部主任张赞（右一）向退休老党员颁发“光荣在党 50 年”表彰纪念章 （朱琳　摄）

^ 2022 年 3 月 14 日，长春海关缉私局局长裴宏林（右一）到长春海关所属通化海关关区口岸调研（牟丁　摄）

^ 2022 年 6 月 14 日，长春海关副关长张君（左二）到长春海关所属长春兴隆海关调研　（陈爽　摄）

^ 2022 年 8 月 29 日，长春海关党委纪检组组长李晋生（右一）到长春海关所属辽源海关调研（王洪岩　摄）

^ 2022 年 11 月 17 日，长春海关副关长郭子文（左二）到长春海关所属延吉海关关区企业调研（杨雯斌　摄）

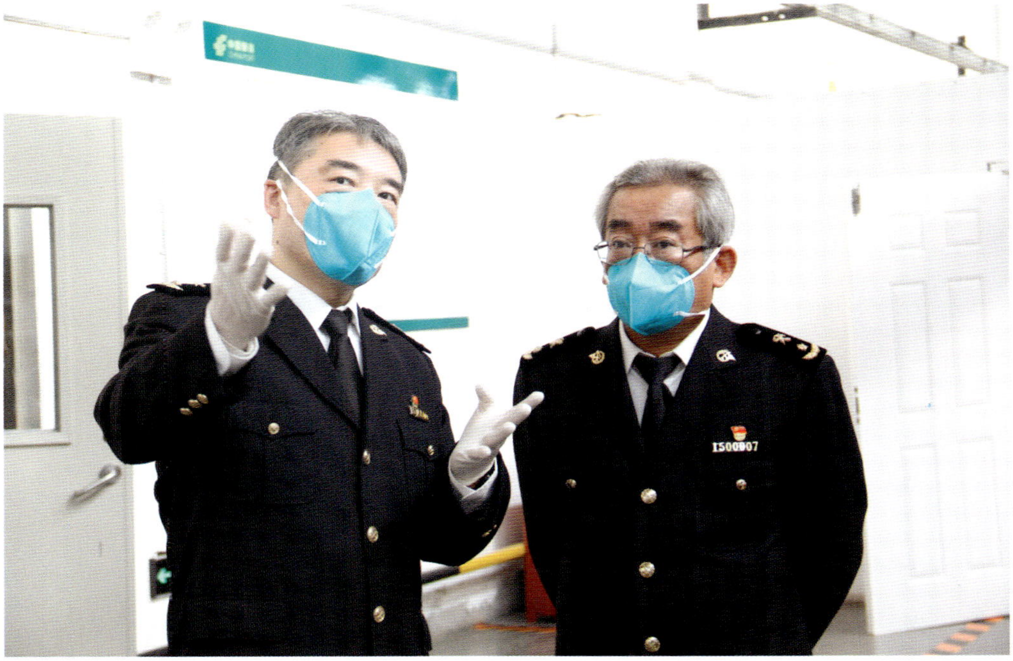

^ 2022 年 9 月 30 日，长春海关副关长张东（右一）到长春海关所属长春邮局海关调研（张月　摄）

^ 2022 年 5 月 31 日，长春海关副关长谢兵（左二）到长春国际旅行卫生保健中心调研（张洋　摄）

^ 2022 年 5 月 31 日，长春海关副关长石建平（前排左一）参加关区食品安全工作会议　（李兰英　摄）

铸忠诚

> 2022年11月7日，长春海关召开党委理论学习中心组（扩大）学习暨处级主要负责同志学习贯彻党的二十大精神专题学习班　（李兰英　摄）

< 2022年11月8日，长春海关邀请省委党校教授、一级巡视员闫越到长春海关党委理论学习中心组（扩大）学习暨处级主要负责同志学习贯彻党的二十大精神专题学习班授课　（赵娜　摄）

> 2022年8月25日，长春海关召开党的建设工作会议暨思想理论学用讲坛　（赵娜　摄）

< 2022 年 10 月 13 日，长春海关党委书记、关长俞晓丹主持召开 2022 年第 11 次党委理论中心组（扩大）学习会议 （李兰英 摄）

> 2022 年 10 月 27 日，长春海关党委书记、关长俞晓丹主持召开关区学习宣传贯彻党的二十大精神专题会议 （赵娜 摄）

< 2022 年 10 月 19 日，长春海关政治部主任张赞出席政治部门和联系单位学习交流研讨党的二十大精神主题党日活动 （李兰英 摄）

2022 年 11 月 15 日，长春海关缉私局召开学习宣传贯彻党的二十大精神视频会议 （聂楚瑶 摄）

2022 年 10 月 28 日，长春海关副关长张君向分管部门党员干部宣讲党的二十大精神 （李兰英 摄）

2022 年 10 月 28 日，长春海关党委纪检组组长李晋生到长春海关所属长春邮局海关宣讲党的二十大精神 （张月 摄）

< 2022 年 10 月 20 日，长春海关副关长郭子文主持召开分管部门党的二十大精神学习交流会 （李兰英　摄）

> 2022 年 10 月 25 日，长春海关副关长张东出席动植检处党支部“守国门安全 树海关形象”学习党的二十大精神主题党日活动 （李兰英　摄）

< 2022 年 10 月 27 日，长春海关开展办公室条线青年理论学习小组成立暨支部联学共建活动 （李兰英　摄）

担使命

> 2022年1月27日，长春海关所属延吉海关关员在大雪中登临检疫进境航班（陈艺元　摄）

> 2022年3月9日，长春海关所属长春兴隆海关关员在长春兴隆铁路口岸进行监管作业　（陈爽　摄）

> 2022年3月11日，长春海关所属长春龙嘉机场海关关员验放进境口罩1.3万个　（蔡雨桐　摄）

2022 年 3 月 21 日，长春海关所属辽源海关关员查验出口食用菌　（王洪岩　摄）

2022 年 4 月 9 日，长春海关联网审像中心开展口岸智能审图工作　（陈爽　摄）

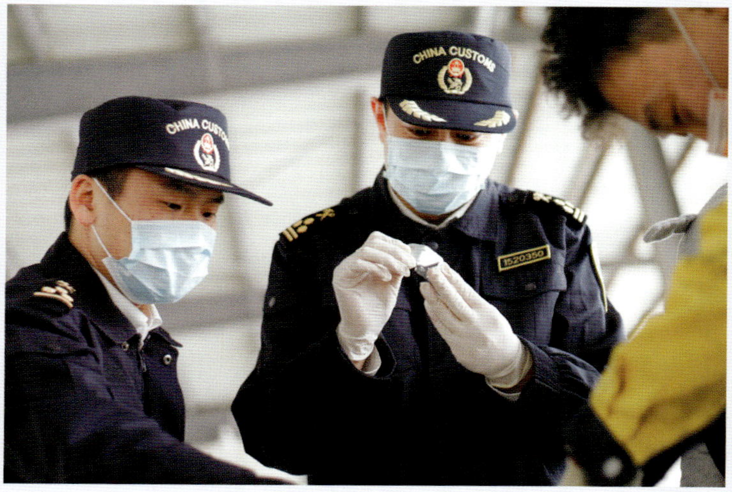

2022 年 4 月 11 日，长春海关所属长春兴隆海关关员查验轨道客车关键零部件　（陈爽　摄）

2022 年 5 月 5 日，长春海关所属长春兴隆海关关员开展跨境电商监管　（陈爽　摄）

2022 年 5 月 29 日，长春海关所属珲春海关关员监管“长珲欧”出境班列　（郭继伟　摄）

2022 年 6 月 29 日，长春海关所属延吉海关关员为航空口岸食品生产企业办理口岸卫生许可证延期业务（陈艺元　摄）

> 2022年7月13日，长春海关所属珲春海关关员检验俄罗斯进口水产品 （乔建广 摄）

> 2022年7月19日，长春海关所属延吉海关关员对口岸进口食品开展卫生监督 （陈艺元 摄）

> 2022年11月28日，长春海关所属长春兴隆海关关员查验出口汽车零部件 （陈爽 摄）

守国门

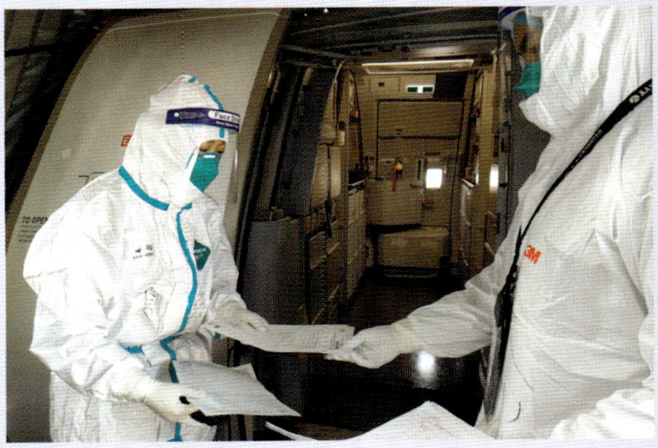

^ 2022 年 2 月 1 日，长春海关所属长春龙嘉机场海关关员在春节期间监管进境航班 （蔡雨桐　摄）

^ 2022 年 3 月 9 日，长春海关所属长春邮局海关查获非法邮寄入境的象牙制品 （郑冉　摄）

^ 2022 年 4 月 6 日，长春海关关员开展危险化学品日常监管工作 （王洪岩　摄）

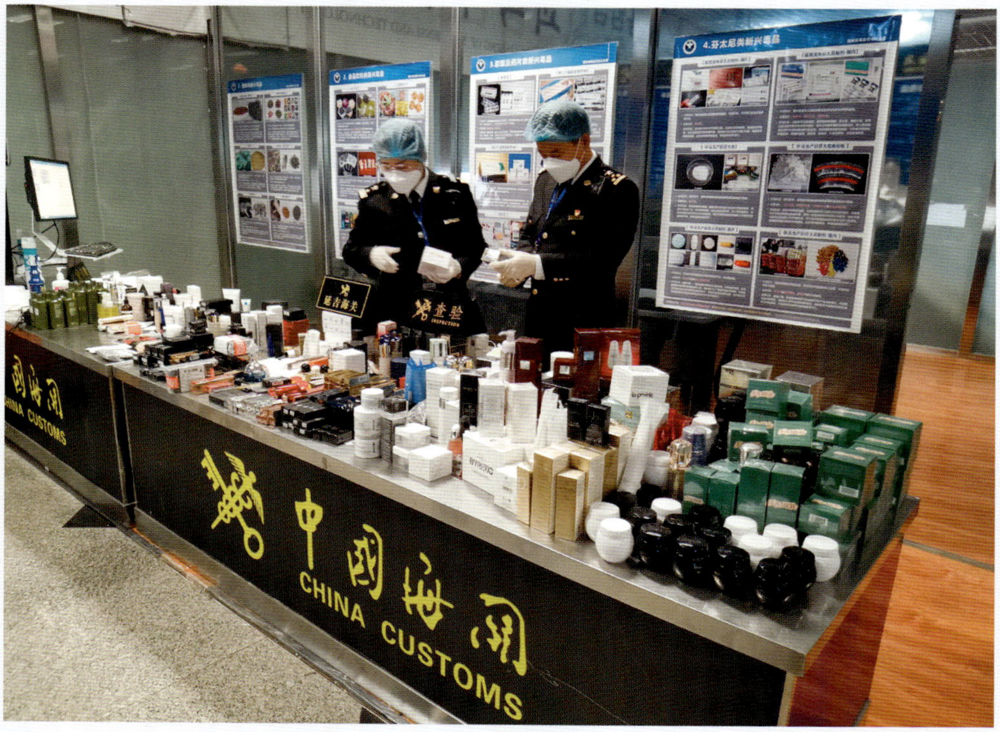

^ 2022 年 4 月 10 日，长春海关所属延吉海关关员在航空口岸查获进境旅客超量携带化妆品（杨雯斌　摄）

< 2022 年 5 月 3 日，长春海关所属珲春海关关员在珲春口岸现场监管进口液化气　（刘力铭　摄）

< 2022 年 5 月 19 日，长春海关所属长春邮局海关查获非法邮寄入境管制类精神药品　（赵鹤南　摄）

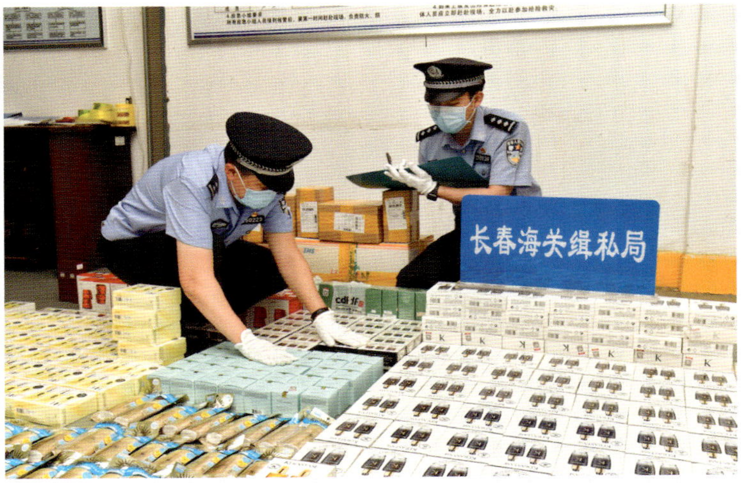

> 2022 年 6 月 22 日，长春海关缉私局破获海南离岛免税“套代购”走私化妆品案 （聂楚瑶 摄）

> 2022 年 7 月 19 日，长春海关所属延吉海关关员开展航空口岸食品卫生监管 （陈艺元 摄）

> 2022 年 8 月 5 日，长春海关所属延吉海关关员查获不合格进口橄榄油 （杨雯斌 摄）

^ 2022 年 8 月 23 日，长春海关所属珲春海关在珲春铁路口岸监管进口液化气　（郭继伟　摄）

^ 2022 年 8 月 26 日，长春海关关员在航空口岸开展病媒生物监测工作　（陈艺元　摄）

^ 2022 年 9 月 2 日，长春海关缉私局破获走私枪支进境案　（聂楚瑶　摄）

促发展

> 2022年3月1日，长春海关所属长春龙嘉机场海关关员验放出口防疫物资（蔡雨桐　摄）

> 2022年3月24日，外籍客商对长春海关所属珲春海关关员高效服务表示感谢　（乔建广　摄）

> 2022年4月12日，长春海关所属珲春海关关员到关区木材加二企业调研（刘力铭　摄）

2022 年 4 月 15 日，长春海关所属图们海关关员指导企业复工复产 （李英 摄）

2022 年 5 月 9 日，长春海关所属长春兴隆海关关员在整车进口口岸查验进口汽车 （陈爽 摄）

2022 年 5 月 25 日，长春海关所属长春兴隆海关关员向企业颁发原产地证书 （陈爽 摄）

^ 2022 年 6 月 6 日，长春海关所属珲春海关关员监管整车出口 （郭继伟 摄）

< 2022 年 6 月 11 日，长春海关所属白城海关关员到农业生产企业开展现场查验 （许成功 摄）

< 2022 年 10 月 12 日，长春海关所属长春绿园海关关员对企业开展常规稽查 （贾宇鹏 摄）

< 2022年11月11日，长春海关所属珲春海关关员监管“双11”跨境电商出口货物 （乔建广 摄）

< 2022年12月4日，长春海关所属珲春海关关员监管珲春铁路口岸夜间进口货物 （刘力铭 摄）

< 2022年12月9日，长春海关所属长春兴隆海关关员开展综合保税区汽车零部件“分送集报”监管 （陈爽 摄）

齐奋斗

^ 2022 年 1 月 3 日，长春海关关员开展升国旗活动彩排训练 （李兰英　摄）

^ 2022 年 1 月 4 日，长春海关所属通化海关集安铁路口岸举行升国旗仪式 （周立智　摄）

^ 2022 年 3 月 10 日，长春海关所属珲春海关在抗疫一线成立临时党支部 （郭继伟　摄）

^ 2022 年 3 月 22 日，长春海关所属长春龙嘉机场海关关员夜间结束工作后互相加油打气 （蔡雨桐　摄）

< 2022 年 4 月 2 日，长春海关关员开展传承革命精神主题活动 （宋波　摄）

< 2022 年 5 月 5 日，长春海关青年志愿者慰问退休老党员 （乔建广　摄）

> 2022 年 6 月 5 日，长春海关所属长春龙嘉机场海关关员在中秋节当日加班值守（蔡雨桐 摄）

> 2022 年 6 月 23 日，长春海关党委领导会见参加中国共产党吉林省第十二次代表大会代表 （李兰英 摄）

^ 2022 年 7 月 1 日，长春海关所属通化海关开展“传承抗联精神 赓续红色血脉”主题党日活动 （付梦琳 摄）

^ 2022 年 7 月 1 日，长春海关所属延吉海关开展“走好第一方阵　我为二十大做贡献”庆七一系列主题党日活动（杨雯斌　摄）

< 2022 年 8 月 9 日，长春海关举办“喜迎二十大　奋进新征程”气排球比赛　（李兰英　摄）

< 2022 年 9 月 1 日，长春海关举办“喜迎二十大　丹青谱新篇”主题绘画活动　（张鑫　摄）

目　录

第五篇　业务建设

第七篇 隶属海关

第八篇　直属事业单位

第九篇　人物荣誉

第十篇　海关统计资料

"中国海关史料丛书"编委会

第一篇

特载

长春海关概况

长春海关于1978年3月经国务院批准设立，为正处级机构，1984年6月升格为厅局级海关。2018年4月按照党中央国务院关于机构改革的决策部署，原吉林出入境检验检疫管理职责和队伍划入长春海关。现有内设机构15个，其他内部工作机构3个，隶属海关单位17个，派驻纪检组10个，事业单位7个；缉私局（副厅级）下设内设处室8个、缉私分局5个、直属缉私科4个。长春海关共有海关行政编制1158人、事业编制151人，缉私警察153人。

吉林省位于东北亚地理中心，与俄罗斯和朝鲜两国毗邻，长春海关关区范围为吉林省全境，省内边境线长1384.6千米，对朝1138.6千米，对俄246千米。关区内铁路、公路、航空、邮递等业务门类齐全。

长春海关现有国家级口岸16个、非国家级口岸1个。其中，公路口岸11个，铁路口岸3个，航空口岸2个，界河口岸1个。对朝口岸13个，其中公路口岸10个，分别为圈河口岸、沙坨子口岸、图们公路口岸、古城里口岸、开山屯口岸、南坪口岸、三合口岸、集安公路口岸、长白口岸、临江口岸；铁路口岸2个，分别为图们铁路口岸、集安铁路口岸；界河口岸1个，为集安老虎哨口岸（非国家级）。对俄口岸2个，分别为珲春铁路口岸、珲春长岭子公路口岸。航空口岸2个，分别为长春龙嘉航空口岸、延吉航空口岸。现有海关特殊监管区域2个，分别为长春兴隆综合保税区、珲春综合保税区。保税物流中心（B型）2个，分别为吉林市保税物流中心（B型）、延吉国际空港经济开发区保税物流中心（B型）。

现有2个技术中心和2个保健中心。共规划建设了5个国家级检测重点实验室，1个进出口粮谷及制品应急检验检测实验室，12个区域性中心实验室，11个常规检测实验室。实验室总面积约2.3万平方米。

2022年，长春海关坚持以习近平新时代中国特色社会主义思想为指导，全面学习、把握、落实党的二十大精神，认真贯彻落实党中央国务院决策部署，执行海关总署党委工作要求，坚持稳中求进、继承创新，按照全国海关工作会议、全面从严治党会议以及年中工作会议部署，科学精准做好口岸疫情防控，全面履行监管职责，有效防范化解重大、系统性风险。助企纾困，促进高水平开放高质量发展，推进各项工作落细落实。全年吉林省货物贸易进出口总值1558.5亿元，同比增长3.6%，创

2015 年以来新高；年内推进综合治税，税收入库 93.05 亿元，同比增长 1.9%，完成全年税收增长的目标任务；28 个集体和个人获得省部级及以上表彰，连续 4 年在省直部门绩效考评中获得“优秀”等次。

踔厉奋发　笃行不怠 奋力开创社会主义现代化海关建设新局面

——在2022年长春海关关区工作会议上的讲话

长春海关关长、党委书记　董　岩

（2022年1月28日）

这次会议的主要任务是：以习近平新时代中国特色社会主义思想为指导，深入贯彻党的十九大和十九届历次全会精神，增强“四个意识”、坚定“四个自信”、做到“两个维护”，认真落实全国海关工作会议、全面从严治党工作会议部署，总结工作、分析形势、明确任务，研究安排2022年工作。

一、2021年工作回顾

2021年，长春海关坚持以习近平新时代中国特色社会主义思想为指导，认真落实全国海关工作会议和全面从严治党工作会议部署，统筹做好口岸疫情防控和促进外贸稳增长工作，深入开展党史学习教育和庆祝中国共产党成立100周年系列活动，有序推动各项重点工作任务落实，为“十四五”时期新海关建设实现高质量发展奠定坚实基础。

（一）坚持政治建关，坚定不移走好“两个维护”第一方阵

一是持续深入学习贯彻习近平新时代中国特色社会主义思想。常态化坚持“第一议题”制度，健全完善党委会议及时学、党委理论中心组系统学、形势分析及工作督查例会结合实际学的学习贯彻机制，召开党委会25次、理论中心组（扩大）学习会20次、形势分析及工作督查例会12次，及时传达学习习近平总书记重要讲话和重要指示批示精神。强化政治机关意识，组织开展十九届五中全会精神暨党史学习教育学习研讨、专家辅导、集中宣讲，举办处科级干部专题培训班4期、539人参加培训。第一时间传达学习党的十九届六中全会精神，迅速掀起学习贯彻全会精神热潮。

二是坚决贯彻落实习近平总书记重要指示批示精神和党中央重大决策部署。精准实施口岸卫生检疫，坚决守牢外防输入关口。落实减税降费工作坚决有力，进出口环节涉企收费同比下降82.1%。严厉打击“洋垃圾”、象牙等濒危野生动植物及其制品、毒品走私，强化芬

太尼类等国家管制精神类药品口岸管控，查获各类精神类药品127万余粒（片）。加大知识产权海关保护力度，查获侵权邮件33批，侵权物品532件。推进安全生产专项整治三年行动，建立定期研究关区安全生产工作长效机制，推动问题整改到位。巡视整改稳步推进，151项巡视整改任务，已完成150项，剩余整改任务持续推进，并建立常态化整改落实机制。强化跟踪问效，通报习近平总书记重要讲话和重要指示批示精神贯彻落实情况130件，海关总署重要工作推动落实情况76件。建立“问题清零”和“上下贯通、执行有力”抓落实工作机制，跟踪督办重点工作87件，办结率为100%。

三是扎实开展党史学习教育。成立党史学习教育领导小组，第一时间学习贯彻习近平总书记在党史学习教育动员大会和庆祝中国共产党成立100周年大会上的重要讲话精神，建立“领导干部带头学、中心组系统学、对标对表跟进学、网络平台辅导学、感悟心得交流学”的“五学联动”机制，成立青年理论学习小组20个，创建学习品牌20个，组织关区1423人参加党史学习教育网上专题班；组织基层党组织开展党史学习教育专题组织生活会，查找差距不足，交流学习体会。扎实开展“我为群众办实事”实践活动和“双百共建”活动，关党委带头深入政府、企业、基层调研，制定长春海关党委重点民生项目清单，实施“定目标、定措施、定责任、定时限、定清单”五定工作法，梳理汇总问题清单718条并全部解决，两项工作获评全国海关“百佳项目”。组织庆祝中国共产党成立100周年活动，开展“学史·铸魂”海关红色讲坛，赴杨靖宇干部学院开展“重走抗联路，学史筑关魂”专题读书班，充分利用关区红色资源；举办书画、摄影作品展，征集理论文章、微视频，积极宣传经验做法和成效，中央媒体采用稿件2篇、“学习强国”平台采用15篇，海关总署及地方主流媒体平台采用119篇。

（二）坚持科学精准，毫不放松抓好常态化口岸疫情防控

一是不折不扣落实入境检疫措施。加强疫情信息搜集跟踪研判，成立关区陆上邻国（地区）新冠疫情防控工作专班，进一步做好疫情研判预警相关工作。坚持标准不降，力度不减，规范做好登临检疫、体温监测、健康申明卡核验、医学巡查、流行病学调查和采样检测，全面排查所有入境旅客涉疫风险。持续优化口岸检疫流程，按照“一口岸一方案”原则，细化明确各陆路口岸疫情防控工作方案。健全完善口岸检疫闭环，深化与地方联防联控机制协作配合，做到无缝对接、闭环管理。共检疫监管出入境人员81290人，采集样本检测29243人份。

二是始终坚持“人、物、环境”同防、“多病共防”。严格执行“客停货通”“人货分离”等措施，推动地方推广非接触式货物交接模式，最大限度防范疫情外溢风险。压实有关方面主体责任，做好入境客运航空器终末消毒和固液体废弃物处理监督工作。严格做好进口冷链食品和进口高风险非冷链集装箱货物抽样检测和预防性消毒监督工作，不断完善进口冷链食品疫情防控机制。严格执行海关总署紧急预防性处置措施，推动形成源头管控共识。严防埃博拉病毒病、鼠疫、黄热病、中东呼吸综合征、拉沙热等重大传染病，防止疫情叠加。

共抽检进口冷链水产品 1735 批，抽检样品 32010 个，3 个外包装样本检测结果为阳性；抽检进口高风险非冷链集装箱货物 26 批，抽检样品 361 个，检测结果均为阴性。

三是持之以恒抓好安全防护工作。从严就高做好一线人员个人防护，成立个人安全防护工作专班，严格监督检查确保规范操作。健全完善“培训考核、监督管理、自查督查”的“三位一体”安全防护体系，严格落实“岗前检查、工作巡查、全程督查”“双人作业、互相监督”的“3+2”安全防护监督制度。优化完善防护设施装备和监管检疫作业流程，创新开展口岸健康申明卡远程核验，降低疫情防控一线人员感染风险。从严落实“14+7+7”“两点一线”“一天一检”等封闭管理措施，统筹安排封闭管理周期，确保一线人员及时轮休、调休、补休。严格履行内部防控主体责任，建立健全内部防控制度，统筹做好常态化疫情防控和局部应急处置。

四是不断强化监督检查和综合保障。充分发挥“监控指挥中心+”的作用，按照“四不两直”方式组织开展常态化监督检查，加强对现场的督促指导和整改落实。做好疫情防控人力、物资及经费保障，优化完善关区“一线、预备、应急”三支梯队建设，先后派出 75 人支援口岸一线疫情防控；发放防疫物资 54 万余件（套）。加强常态化疫情防控培训，举办实操、岗前培训 244 期，参训人员 3370 人次，不断提升口岸现场指挥协调和应急处置能力水平。切实保护关心爱护一线人员，注重心理疏导和人文关怀，及时解决一线人员后顾之忧，加强正向激励，始终保持一线人员强大战斗力。

（三）坚持依法把关，全面落实总体国家安全观

一是着力提升实际监管效能。树立全员风险防控理念，加强跨部门风险信息收集和风险联合研判。提升进出口查获质量，查获率高于全国平均水平。强化监管设备保障，为关区各口岸配备监管设备。推进智能审图应用，通过智能审图查获案件 23 起，较 2020 年增长 2 倍。认真做好指定监管场地核查整改工作，关区监管作业场所（场地）规范化程度大幅提升。加大二、三级监控指挥中心软硬件升级改造力度，开展“数像结合”联合监控，监控指挥作用得到充分发挥。加大稽核查工作力度，提升后续监管效能，办结稽核查作业 573 起。开展打击跨境电商进口走私“断链刨根”专项整治行动。加强寄递渠道全链条监管，17 个典型案例被海关总署采用并通报。关区监管进出口货运量 779.6 万吨，同比下降 27.6%，货值 637.1 亿元，同比下降 0.3%；出入境人员 8.1 万人次，同比下降 76.5%；进出境运输工具 10.1 万辆（架次），同比增长 3.9%；检验检疫货物 3.2 万批，同比下降 26.3%，货值 165.3 亿元，同比下降 67.5%。

二是切实加大打击走私力度。全力开展“国门利剑 2022”联合专项行动，以及“蓝天”“护卫”“国门勇士”“净边”等专项行动，持续加大对“水客”走私、涉枪涉毒涉爆及重点涉税商品走私，防疫物资、疫苗非法出境违法活动的打击力度。持续强化全员打私，稳步推进“智慧缉私”建设，加强反走私综合治理。立案侦办刑事案件 12 起，减少 55.6%；查办行政案件 72 起（其中“两简”案件 42 起），同比减少 53.8%，案值 2.8 亿元，同比

增长49.3%。侦办关区首起新型LSD“邮票”毒品走私案；侦办“10·22”邮寄渠道毒品走私案，查扣咖啡因片剂916300片、重613千克，报署局一级挂牌督办；加强风险防控、缉私等部门的深度配合，联合省税务局、省公安厅、中国人民银行长春支行破获1起骗取出口退税案件，案值4255万元。

三是不断提高税收征管质量。深化综合治税，持续推广自报自缴、汇总征税、关税保证保险、预裁定等便利措施，积极引导企业用好用足各项改革优惠政策。推动税收征管方式改革进一步落地，汇总征税报关单在应税报关单中占比达51.8%，全国排名位列第5位。以属地纳税人管理推广实施为抓手，深入开展企业底账、“双特”台账和纳税遵从度评定等工作。关区税款实际入库91.3亿元，同比减少13.8%，其中征收关税27.8亿元，同比减少14.0%；征收进口环节税63.5亿元，同比减少13.7%；审价补税共计82宗，补税金额合计1528.5万元，同比增长60.2%。

四是全面加强统计监测预警。加强政策研究，积极参与总署新一轮重点商品课题、《区域全面经济伙伴关系协定》（RCEP）专题、“十三五”国有企业进出口监测研究，高质量完成关区首个立项开展的署级课题研究。强化数据分析，做好每日全球贸易运行监测、全球贸易重点课题分析，提升对外贸形势、宏观经济、业务运行的分析研究水平，为各级领导决策提供高质量统计分析服务。上报各类监测预警信息、专报140篇，其中与“一带一路”共建国家和地区、韩国等重点国别，轨道客车、钢材等重点商品相关的40篇得到上级部门采用。

五是持续筑牢检验检疫防线。加强口岸卫生检疫，开展重点传染病和国境口岸病媒生物监测。强化国门生物安全防控，开展非洲猪瘟、高致病性禽流感、沙漠蝗、草地贪夜蛾等重大动植物疫情防控工作，截获非法入境猪肉及其制品52批、外来物种6种7批，完成3.3万只新西兰进境种鸡、1500头丹麦进境种猪的疫病监测。严把食品“准入关”，落实海关总署相关境外输华食品检疫准入制度，从源头保障进口食品安全。加强危险品、防疫物资、旧机电、大宗资源等重点敏感商品检验监管，检验出口疫情防控物资50批、货值1.76亿元；进口旧机电130批、货值1969万元，检出不合格5批；进口俄罗斯煤炭2250批、重量250.6万吨，检出不合格20批；严管危险化学品、危险货物及其包装，全面掌握关区危险品情况，查发5方面23项问题，全部整改到位，共检验进出口危险化学品246批，实施出口危险货物包装检验412批，检出不合格9批。

（四）坚持系统观念，全力以赴促进外贸稳增长

一是稳步提升跨境贸易便利化水平。深入推进海关改革创新发展，认真落实“放管服”“六稳”等部署，优化口岸营商环境，持续压缩进口货物整体通关时间、出口货物整体通关时间，分别降至31.82小时和0.74小时，较全国平均水平分别快4.82小时和1小时，达到国务院提出的“到2021年底整体通关时间比2017年压缩一半”的工作目标。“两步申报”应用率达16%，同比增长94%；“提前申报”应用率达35%，同比增长17%。优化政务服务，规范梳理政务服务事项54项，提升行政效能。做好RCEP实施相关准备工作，指导企业积极享惠。深化业务改革创新，通过海关业务问题直报点机制，解决基层和企业实际问题16项，积极释放改革红利，增强企业获得感。

二是持续推动对外开放平台建设。支持吉林省中欧班列、“滨海2号”国际运输走廊、内贸货物跨境运输等对外通道建设，加快推进长春海关支持中欧班列发展15条措施落实落细，保障“长珲欧”首列出境班列顺利开行。支持长春龙嘉机场口岸开通“长春—莫斯科—法兰克福”全货运包机，填补省内无洲际航线的空白。支持综合保税区高质量发展，推动国务院关于综合保税区高质量发展“二十一条措施”落地生效，其中海关牵头实施的12条措施全部落地。支持长春新区、中韩（长春）国际合作示范区、珲春海洋经济发展示范区等重点平台建设，成立中国（吉林）自由贸易试验区政策研究专班，为自由贸易区申建做好政策储备；复制推广自由贸易区改革试点经验，涉及海关的58项中，33项已全部完成复制。落实国家兴边富民政策，支持互市贸易进口商品落地加工发展。推动跨境电子商务综合试验区及试点城市优惠政策、B2B出口监管试点政策平稳落地。全力保障东北亚博览会顺利举办，量身定制10项便利化措施，高效做好进境展品监管服务。

三是全力扶持重点产业扩大进出口。出台落实推进对外贸易创新发展措施41项，支持吉林省优秀企业“走出去”，培育AEO企业2家。支持汽车产业发展，首次牵头开展汽车制造行业税政调研，提出的汽油机用颗粒捕集器降低关税建议被国务院关税税则委员会采用。采取“先放后检”措施，将进口铁精粉现场检验流程时长由72小时压缩至2~3小时，有效降低企业通关成本。支持重点农产品扩大进出口，保障吉林农产品加工产业链供应链稳定运行，农产品累计进出口153亿元，同比增长25.2%。全力支持企业国外优质种牛引进工作，成立工作专班，做好有关政策引导与服务，推动企业加快隔离场建设，为种牛进境做好前期保障，推进吉林省“秸秆变肉”工程实施，助力吉林省肉牛产业发展。

（五）坚持从严治关，不断推动全面从严治党向纵深发展

一是全面提升党建工作质量。进一步完善基层党组织体系，选举产生新一届直属机关党委及机关纪委。开展党建课题研究，形成的研究报告获评吉林省直机关党建优秀调研成果一等奖。深化“强基提质工程”，开展新时代吉林党支部标准体系（BTX）试点工作，全面推进党支部标准化、规范化、信息化建设。严格落实意识形态工作责任制，积极开展模范机关创建活动，深化合格支部、“四强”党支部建设，统筹开展星级达标创建和基层党建品牌创建工作。开展党建工作专题培训，推动基层党建工作高质量发展。强化纪律作风养成，加强内务规范，开展岗位练兵和技能比武，培育“开拓创新、敢为人先”“奋发进取、小关争强”等边关文化品牌，持续推进准军事化纪律部队建设。

二是持续加强干部队伍建设。深入践行新时代党的组织路线，选优配强各级领导班子和领导干部，强化政治判断力、政治领悟力、政治执行力考察，完善领导班子动态分析研判机制，选拔任用108名处科级领导干部。加强梯队建设，健全优秀年轻干部选育管用的全链条机制，大力发现培养优秀年轻干部。加强人才队伍建设，规范严密公开遴选 17 名基层公务员，推进专业技术类公务员改革，顺利完成事业单位岗位设置、首次聘用及竞聘上岗工作，稳妥有序做好公务员职务与职级并行工作，晋升职级 205 人次。坚持精准施训，制订分级分类培训方案及培训计划，强化执法一线科长（基层党支部书记）、初任、任职、关衔晋升等培训，着力提升干部队伍素质能力。激励队伍担当作为，落实关于加强执法一线科长队伍建设和支持保障艰苦地区边关各项措施，用足用好各类激励政策，晋升关衔 426 人次，持续增强干部荣誉感、责任感。

三是深入推进清廉海关建设。认真贯彻两级全面从严治党工作会议部署，压紧压实全面从严治党主体责任。加强对“一把手”和领导班子监督，全覆盖式完成基层党组织书记党建工作述职评议考核。纠治“四风”，整治形式主义、官僚主义，推进政务服务“好差评”系统应用。加强廉政警示教育，发挥身边反面案例的警示震慑作用，推动隶属海关建设廉政文化品牌。坚持从严执纪审查，查处违纪违法案件 2 个，给予党政纪处分 3 人。全面履行巡察主体责任，对 14 个隶属海关单位和 12 个职能部门开展常规巡察。深入开展“现场监管与外勤执法权力寻租”专项整治，起底问题线索 36 个，排查廉政风险点 37 个，坚决查处各类执法腐败案件，一体推进“不敢腐、不能腐、不想腐”。

与此同时，督审作用切实发挥，认真配合总署经济责任审计，推动问题整改落实，审计发现的 15 个问题已全部整改完成；持续深化关区审计工作，推进“以审查纠、以审代训、以审促建”三位一体工作模式，提升防控风险能力；深入推动内控机制建设，“三道防线”作用有效发挥，推动解决历史遗留问题取得明显成效。法治建设不断加强，全面学习宣传贯彻习近平法治思想，启动实施第八个五年法治宣传教育工作，加强规范性文件及内部管理制度电子查询平台管理，夯实完善法治基础和执法依据，推进关区制度体系和治理能力建设。政务运行平稳高效，信息辅助决策作用充分发挥，编发内部信息载体 528 期；新闻宣传有声有色，在省级以上媒体刊播各类新闻 680 篇条；做好热线答复评价结果统计，推动热线服务质量提升，12360 海关热线答复率达 99.9%；持续巩固精简文件成果，机关办文、办会、办事质效进一步提高。科技支撑更加稳固，优化关区实验室规划布局，加强生物安全领域实验室建设，检测和管理水平进一步提高；加快重点信息化项目建设和应用推广，推进关区信息化项目国产化改造工作，完善网络安全防护体系。后勤保障更加有力，全面贯彻落实“过紧日子”要求，建立健全厉行节约长效机制；争取地方财政资金保障取得新突破，有力解决关区经费保障缺口；预算执行质量大幅提升，执行率达 99.8%；积极落实总署支持艰苦地区边关建设 22 条措施，中心海关及艰苦边关建设不断推进，关区业务办公及生活条件有了改善，广大干部职工获得感、幸福感不断提高。

过去一年取得的成绩，是习近平新时代中国特色社会主义思想科学指引的结果，是海关总署党委坚强领导的结果，也是关区广大干部职工勠力同心、攻坚克难、共同奋斗的结果。在此，我代表长春海关党委，向关区广大干部职工和离退休老同志表示衷心的感谢！向所有奋战在口岸疫情防控一线的同志们表示亲切慰问和崇高敬意！

二、准确把握面临的新形势新任务

（一）坚定不移捍卫“两个确立”，在加强政治机关建设中奋楫前行

“两个确立”是党的十八大以来最重大的政治成果。要深刻把握党的百年奋斗历史发展规律和两个“前所未有”重大判断，必须坚决捍卫“两个确立”，做到“两个维护”，无条件执行党中央战略决策。海关作为国家机关首先是政治机关，是准军事化纪律部队，必须走好践行“两个维护”第一方阵，大力加强政治机关建设，不断提高政治判断力、政治领悟力、政治执行力。要把准政治方向不偏航，必须从更高站位上深刻认识“两个确立”的决定性意义和历史必然性，把坚定捍卫“两个确立”转化为坚决做到“两个维护”的思想自觉、政治自觉、行动自觉，始终不渝忠诚核心、拥护核心、跟随核心、捍卫核心，始终在政治立场、政治方向、政治原则、政治道路上同以习近平同志为核心的党中央保持高度一致。要坚持党的政治领导不动摇，必须深入学习贯彻习近平新时代中国特色社会主义思想，坚持做到深学细悟、真知笃信、全面践行，从政治、理论、思想和情怀上形成对习近平新时代中国特色社会主义思想的全方位认同，筑牢绝对忠诚的政治品格。通过“第一议题”等制度，切实将习近平总书记重要指示批示精神及时学习传达、研究部署、督促检查，确保一贯到底、落实到位。要持续防范政治风险不松懈，必须正确把握“国之大者”的深刻内涵，自觉融入“两个大局”，深刻领悟党中央的决策意图和政治考量，找准海关工作的政治要求和职责定位，牢记“没有脱离政治的业务，也没有脱离业务的政治”，善于从政治上思考和把握、认识和推进海关工作，增强从政治层面强化业务工作的自觉，持续推动党中央重大决策部署落地生根。

（二）坚定不移统筹发展和安全，在推动高质量发展中担当作为

世纪疫情冲击下，百年变局加速演进，外部环境更趋复杂严峻和不确定，我国经济面临需求收缩、供给冲击、预期转弱三重压力，经济恢复基础不够稳固，外贸发展面临更多不确定不稳定因素。海关既处于国内国际双循环的“交汇枢纽”，又处于对外开放安全防控“第一线”，维护国门安全和促进开放发展的形势更加严峻、任务更加艰巨。从吉林省情况看，吉林振兴发展仍处于滚石上山、爬坡过坎的重要关口，高质量发展基础还不稳固；口岸面临的政治、意识形态、社会、生态等输入性风险挑战不断增大，国门安全在国家安全中的分量越来越重。面临新形势新挑战新要求，要坚持辩证思维，既要清醒认识到当前海关承担的口岸疫情防控、维护生物安全、禁限管控、打击走私等任务更加艰巨，也要保持战略定力和必胜信心，充分看到我们具备积厚成势、迎难而上、积极作为的潜力和条件。特别是近年来我们通过持续夯实基础、深化改革、狠抓落实，关区全领域全链条软硬件水平都得到了大幅提升，我们要坚定不移、抓铁有痕、久久为功，扎扎实实做好自己的事情，不断提高关区开放监管能力水平。要坚持系统观念，统筹发展和安全，准确把握维护安全与促进发展的关系，统筹口岸疫情防控和促进外贸稳增长，实现强

化监管与优化服务的有机统一。必须始终把维护国家主权和安全放在首位，聚焦监管主责主业，坚持底线思维，把防范风险放在更加突出的位置，坚决守牢国门关口，防范化解重大风险挑战，聚焦吉林省在国家战略中的特殊定位，持续保持关区打击走私高压、严打态势，坚决捍卫国家主权、安全和发展利益。要坚持稳字当头，必须准确把握中央政策取向变化，稳中求进，主动服务国家外交大局，积极响应国家区域发展战略，持续优化口岸营商环境，持续激发市场主体活力，促进贸易便利化，全力推动外贸促稳提质，推动吉林参与共建“一带一路”高质量发展，更好地服务构建国内国际双循环相互促进的新发展格局。

（三）坚定不移深化改革创新，在推进海关制度创新和治理能力建设中贡献力量

创新是国家和民族进步的灵魂。建设社会主义现代化海关，先行先试、大胆创新既是海关总署的要求、地方的需要、企业的期待，也是我们必须担起的政治责任。要进一步树牢以人民为中心的思想理念，牢记宗旨，慎重决策、慎重用权，坚持人民至上，把满足人民对美好生活的向往作为海关改革发展的根本价值追求，深入践行“人民海关为人民”理念，狠抓改革落实，释放改革红利，不断增强进出口企业获得感。要统筹推进深化改革与制度建设，加强顶层设计、统筹规划，深化横向协同、纵向联动，用改革的思维和方式解决发展中出现的问题，以深化改革激发新发展活力，扎实稳妥推进执法与非执法领域重点改革任务实施，及时固化改革成果，积极转化为常态长效、务实管用的工作制度，提升关区制度创新和治理能力水平。要持续强化科技创新应用，积极践行“智慧海关、智能边境、智享联通”合作理念，运用创新思维、先进理念、科技手段，持续加大监管装备设备配备和智能化网络化水平，深入开展科研攻关和科技合作，充分发挥好科技创新对业务发展的引领支撑作用。

2022年，我们将迎来党的二十大，这是我们党进入全面建设社会主义现代化国家、向第二个百年奋斗目标进军新征程的重要时刻召开的一次十分重要的大会，是党和国家政治生活中的一件大事，需要保持平稳健康的经济环境、国泰民安的社会环境、风清气正的政治环境，做好海关工作意义重大。面对新形势新任务，2022年关区工作的总体要求是：以习近平新时代中国特色社会主义思想为指导，深入贯彻党的十九大和十九届历次全会精神以及中央经济工作会议精神，认真落实全国海关工作会议和全面从严治党工作会议部署，弘扬伟大建党精神，深入学习领会“两个确立”的决定性意义，坚持党对海关工作的绝对领导，增强“四个意识”、坚定“四个自信”、做到“两个维护”，坚持稳中求进工作总基调，立足新发展阶段，完整、准确、全面贯彻新发展理念，加快构建新发展格局，全面深化改革开放，坚持创新驱动，推动高质量发展，坚持以供给侧结构性改革为主线，继续落实“六稳”“六保”部署，统筹发展和安全，强化监管优化服务，统筹口岸疫情防控和促进外贸稳增长，持续推进政治建关、改革强关、依法把关、科技兴关、从严治关，推动社会主义现代化海关建设迈出新步伐，提升制度创新和治理能力建设水平，服务打造高水平、制度型对外开放格局，推动吉林全面振兴全方位振兴取得新进展，以优异成绩迎接党的二十大召开。

三、高质量做好2022年重点工作

（一）旗帜鲜明讲政治，以实际行动坚决捍卫“两个确立”、做到“两个维护”

深学笃行习近平新时代中国特色社会主义思想。把学懂弄通做实习近平新时代中国特色社会主义思想作为首要政治任务，坚持用党的创新思想武装头脑。巩固拓展党史学习教育成果，推进党史学习教育常态化长效化。组织好两级党委理论学习中心组学习，开展学习党的十九届六中全会精神处级领导干部集中轮训，抓好党员干部系统培训，持续推进青年理论学习提升工程，用好“学习强国”平台，打造关区特色学习品牌。抓好党的二十大精神学习贯彻，组织开展全面、系统、深入的学习宣传工作。

坚决有力落实习近平总书记重要指示批示精神。常态化坚持“第一议题”制度，健全完善上下贯通、执行有力的抓落实工作机制。严格执行“三重一大”集体决策制度，充分发挥党委把方向、管大局、保落实作用。认真落实党中央决策部署，一以贯之统筹推进口岸疫情防控和促进外贸稳增长，落实打击“洋垃圾”、象牙等濒危物种及其制品、“水客”走私等海关重大职责任务，切实将“两个维护”体现在使命担当上、体现在忠诚履职上。

下大力气推进政治机关建设走深走实。牢固树立政治机关意识，扎实开展捍卫“两个确立”、做到“两个维护”、强化政治机关建设专项教育活动，坚持领导带头、条块结合、全员覆盖，切实从政治层面强化业务工作。持续推进对党忠诚教育、党性教育和海关职业操守教育，严格落实意识形态工作责任制，定期开展政治生态分析研判，保持高度的政治敏锐性和政治鉴别力。坚守巡视巡察工作政治定位，全力推进巡察全覆盖。

（二）凝心聚力守国门，坚决落实总体国家安全观

提升风险防控效能。建立健全重大风险防控工作机制，集中实施专项风险防控。优化布控规则，完善指令生成、下达、执行、反馈闭合回路，推进现场即决式布控，提升风险防控的精准性，稳步提高查获率。推动风险情报体系建设，完善风险监测评估和预警发布机制。加强大数据模型建设和应用，丰富大数据应用场景，深化口岸安全风险联合防控，不断提升风险防控效能。

严守口岸检疫防线。保持指挥体系高效运转，密切监测研判疫情形势，持续排查风险隐患，围绕“科学精准”要求，健全完善防控策略和制度体系，优化作业流程。持续强化监督检查和专项考核，抓好制度执行和措施落实。精准实施入境人员卫生检疫，加强联防联控，确保无缝衔接、闭环管理。推广应用“无接触式核验”的卫生检疫模式及测温闸机等智能设备。严格按照布控指令做好入境客运航空器登临检疫及终末消毒监督，规范“四类人员”行李消毒监督。结合陆路口岸疫情形势，动态调整防控措施，严格落实“人货分离、分段运输”等举措。全力配合海关总署持续强化进口冷链食品、农产品源头管控。严格开展进口冷链食品、农产品和高风险非冷链集装箱货物监测检测和预防性消毒监督，严格执行紧急预防性措施，稳妥做好后续处置。严格内部防控，从严就高做好人员安全防护，严格执行一线高风险岗位人员封闭管理。严防疫情叠加，同步

做好其他重大传染病口岸防控。推进口岸公共卫生防控体系和口岸公共卫生核心能力建设，强化新冠病毒疫苗等特殊物品监管。加强抗疫人财物保障，有效应对处置重大疫情和突发公共卫生事件。

牢固国门生物安全屏障。密切关注周边国家重大动植物疫情动态，加强入境检疫，严防口岸非洲猪瘟、牛结节性皮肤病、高致病性禽流感、沙漠蝗、红火蚁、松材线虫等重大动植物疫情疫病传入。强化动植物疫情疫病风险监测和预警，按照海关总署统一部署积极参与“智慧动植检”建设。开展“国门绿盾 2022”专项行动，强化外来入侵物种口岸防控，在关区主要入境口岸开展外来入侵物种普查工作，严厉打击非法引进行为。做好年度安全风险监控和国门生物安全监测工作，防范境外疫情跨境传播。

严把进出口食品安全关。落实食品安全“四个最严”要求，加强进出口食品安全管理，健全进出口食品安全制度规范，严格执行进出口食品化妆品监督抽检和风险监测预警机制，加强检验监管和后续处置，配合海关总署推行出口食品直通放行。持续开展进口食品“国门守护”行动，严厉处罚进出口食品企业违规行为。

强化进出口商品检验监管。持续推进进出口商品质量安全风险预警和快速反应监管体系建设。落实第三方检验结果采信制度。聚焦“安全卫生健康环保”要求，强化固体废物排查和属性鉴别，加强危险化学品和危险货物、矿产品、“两高”产品、再生原料、防疫物资、机动车、旧机电、医疗器械、儿童用品等重点敏感商品检验监管。

提高税收征管水平。坚持依法科学征管，推进综合治税，全力以赴完成税收预算目标。优化税收征管机制，完善属地纳税人管理基础工作。稳步实施汇总征税、预裁定等便利措施。认真落实税收政策，聚焦吉林省重点产业和特色进出口商品开展税政调研。加强原产地管理，认真做好 RCEP 实施工作。

加强口岸实际监管。稳步提升关区查验作业规范性、有效性。持续规范监管作业场所运行管理，深入推进行邮渠道监管改革。深化监管装备智能化应用。加强互市贸易规范化监管，及时掌握新建互市贸易区规划建设情况。持续推进安全生产专项整治巩固提升阶段工作，继续加强海关口岸监管环节反恐应急演练，做好维护意识形态安全和“扫黄打非”等工作。加强二、三级监控指挥中心联动，完善关区业务运行监控指挥体系。做好北京冬奥会、冬残奥会监管服务保障。严格落实国家禁限管控措施，继续开展禁限管理调研，持续加强出口管制工作。加大进出口环节侵犯知识产权违法行为打击力度。

强化企业管理和后续监管。持续推动落实信用管理制度改革，加大对行业优质龙头企业宣传培育力度，提高认证质量。积极推广“多证合一”，完善报关单位注销管理。持续推进稽核查业务改革，加大涉检、涉税稽查和重点领域核查力度，加强贸易调查，提高查发率和办案水平。统筹推进“多查合一”，优化集约化稽核查作业模式。加大进口目的地事中布控指令监督管理，提高作业时效。强化属地查检作业系统应用，规范执法行为，提升后续监管效能。

保持打击走私高压态势。深入落实海关总

署党委打击走私“1+6”制度，加强组织领导，完善打私协调机制，推进全员打私，强化专业打击，构建防控、监管、打击一体化的海关打私体系。持之以恒开展“水客”“寄递渠道”等重点领域走私打击治理，健全打击治理长效机制，加强跨部门司法协作。扎实开展“国门利剑2022”联合专项行动，严厉打击象牙等濒危物种及其制品、“洋垃圾”、涉枪涉毒、反宣品、重点涉税商品、农产品、冻品等走私。持续深化反走私综合治理，推进落实反走私综合治理主体责任，加快构建“打、防、管、控”治理体系。严格落实“大地女神”“雷电”等国际联合执法行动部署，深化缉私执法国际合作。持续加大打私成果宣传力度，有效震慑走私违法犯罪活动。

（三）全力以赴促发展，支持吉林实现更高水平对外开放

支持外贸促稳提质。深度对接国家重大战略实施，支持吉林省深度融入共建“一带一路”，推动东北全面振兴“十四五”实施方案及新一轮长吉图开发开放先导区规划落地。精准聚焦地方产业特色与发展需求，全力支持吉林省实施“秸秆变肉”暨千万头肉牛工程，全力保障优良种质资源安全引进。落实“先放后检”“先声明后验证”等政策措施，支持矿产品、液化气等资源能源性商品、先进技术装备等进口，支持吉林省支柱产业、重点企业发展。加大矿产、粮食等大宗商品保税仓储支持力度。完善技术性贸易措施工作机制，提升指导企业运用规则应对国外技术性贸易措施的能力。推进以合同、企业、企业集团为单元的多层次加工贸易监管模式，继续推进加工贸易残次品改革工作。推动珲春等地开展边民互市贸易落地加工，支持跨境电商和市场采购贸易健康发展。

持续优化口岸营商环境。加大数据共享交换子系统平台等项目推广力度，深化通关便利化改革，以“跨境贸易”指标考核评价工作为重点，开展新一轮跨境贸易便利化专项行动，强化跨部门协作，进一步巩固压缩进出口货物整体通关时间成效。积极学习借鉴首批国家营商环境创新试点涉及跨境贸易各项措施，营造有利于外贸高质量发展的软环境。支持“单一窗口”服务功能由口岸通关向口岸物流、贸易服务等全链条拓展，在确保数据安全的前提下，推动与地方政务服务平台数据共享。持续推进简政放权，做好长春海关权责清单清理、确定、规范、公开等工作，建立动态调整机制，厘清权力边界，规范权力运行。落实精简行政许可事项要求，持续推进“证照分离”“双随机、一公开”等改革，创新监管模式，努力做到监管效能最大化、监管成本最优化、对市场主体干扰最小化。

支持吉林省对外开放平台建设。积极践行“智慧海关、智能边境、智享联通”合作理念，深入推动与俄罗斯远东海关局国际合作，支持吉林省加快对外通道建设，推进铁路快速通关业务模式上线工作，支持吉林省中欧班列增速发展，支持内贸外运航线常态化运行。继续推进自贸试验区海关监管制度的复制推广，支持申建中国（吉林）自由贸易试验区，高标准做好综合保税区和保税物流中心（B型）设立审核，开展综合保税区发展绩效评估。发挥综合保税区开放型经济平台作用，支持兴隆整车进口口岸建设和汽车平行进口，支持综合保税区开展检测维修和再制造业务。支持长春新区、中韩（长春）国际合作示范区、珲春海洋经济发展示范区等开放平台建设，结合自身优势特点，高质量发展对外贸易。

发挥统计分析研究辅助决策作用。加强外贸统计监测预警，为宏观经济决策提供有力参考。统筹做好署级课题申请立项和关级课题研究工作，扎实开展“十四五”海关发展规划宣传贯彻。健全统计数据质量综合管控机制，不断提升海关业务数据协同管控效能。完善统计监督及数据核查机制，形成数据监控和业务管理的良性互动。深入查找关区数据安全问题隐患，推进业务数据安全管理工作常态化、长效化。

（四）坚持不懈抓改革，推动海关制度创新和治理能力建设

推动法治体系建设。积极参与海关规章立法后评估。开展关区规范性文件清理，严格执行规范性文件的法制审核、公告实施和总署备案等制度。推动长春海关权责清单编制与公开，统筹修改完善海关政务服务事项目录清单，持续深化行政执法“三项制度”建设，强化职能部门检查指导作用，规范海关各业务条线执法行为，做好行政复议应诉工作，更好发挥公职律师、法律顾问作用。加强法治宣传教育和法治文化建设。

推进全业务领域一体化改革。围绕“拓围、提质、增效”目标，更高质量、更深层次推进全业务领域一体化改革，落实重点业务领域跨关区协同管理要求，强化业务结合部协调配合，优化检查异常处置机制，加快推进属地查检与口岸监管、稽核查工作执法联动。坚持系统观念，同步防范化解改革伴生风险，提升改革措施协同、落实协同、效果协同水平。深化业务改革创新，丰富完善协调联动机制，统筹推动促进区域协调发展战略重点任务落实。

推动科技创新应用。推进“智慧海关”建设，优化整合信息系统，加强“智慧缉私”信息化支持。加强口岸监管设备联网集成，强化联网集中审像中心和监控指挥平台功能应用，提升口岸智能审图实战能力。加强信息化基础设施建设，优化网络和信息系统运维管理，健全网络和数据安全防护体系。加强实验室动态管理，优化实验室布局，提升实验室检测能力。强化科研攻关，积极申报总署和吉林省地方科研项目。

（五）千方百计强保障，提升综合保障质效

提高机关运转效能。加强政务服务保障，将精文简会要求落实到位，提升办文、办会、办事水平。加强调查研究，优化值班应急管理，提升政务信息编报质量，加强新闻宣传和舆情应对，推动政务公开规范化建设。强化机要保密、反间防谍和档案管理，做好人大建议、政协提案办理，提高信访工作水平，发挥督查“利器”作用，推动各项工作及时有效落实。

提高财务保障水平。树牢“过紧日子”思想，落实“艰苦奋斗、厉行节约”要求，进一步强化财务管理，优化和调整支出结构，完善预算保障机制，加快建立预算标准体系，提升财务保障和管理质效，集中财力优先保民生，重点保运转，精准保发展。加大基层保障力度，积极落实海关总署支持艰苦地区边关建设22条措施，持续改善干部职工工作生活条件。加快完善事业单位财务管理机制，完成国企改革三年行动任务。不断规范政府采购、基本建设、涉案财物管理。推进闲置资产整合优化，不断提高资产使用效能，推动解决公务用车“三难”问题。做好后勤保障工作，打造安全、服务、节约型机关。

提高督察审计水平。积极配合国家有关部门和海关总署审计，提高迎审工作质量。加大内部审计监督力度，完善审计、人事、监察及巡察联系配合监督机制，实现监督互助、信息互通、结果互用。建立完善审计发现问题整改长效机制，运用“一台账、两清单”，强化审计成果应用。聚焦重大决策部署开展跟踪督察，提升督察质效。推进内控机制建设，落实岗位清单，加强内部控制与监督平台应用，开展内控交叉互查，发挥“三道防线”作用。探索创新执法评估工作模式，围绕重点领域和关键环节改革开展专题评估，提升评估效能。

（六）严管厚爱带队伍，扎实推动全面从严治党向纵深发展

持续深化“强基提质工程”。持续开展“四强”党支部和党建品牌创建，巩固扩大吉林新时代党支部标准体系（BTX）建设成果，建立推进党建工作高质量发展长效机制。落实海关总署强化支部政治功能的意见措施，实施党务干部能力提升工程，增强基层党组织政治功能和组织力，把党建成果转化成实际工作成效。开展好海关史项目研究，加强海关文化建设。改进思想政治工作，做好对封闭管理人员等心理疏导，切实帮助解决实际困难。大力开展精神文明创建活动，组织评选表彰海关先进集体、先进工作者，深入挖掘选树宣传新时代海关榜样，讲好海关故事、激发队伍士气、凝聚海关力量。加强队伍规范化管理，抓好经常性、实践性岗位练兵和技能比武，锻造政治坚定、业务精通、令行禁止、担当奉献的准军事化纪律部队。做好定点帮扶，助力乡村振兴。

坚持建设高素质专业化干部队伍。持续推进关区干部工作“五大体系”建设，强化政治素质考察考核，选优配强各级领导班子。抓好“十四五”海关人才发展规划，开展优秀年轻干部调研，分级分类建立优秀年轻干部人才库，持续加强执法一线科长队伍建设。全力推进重点领域人才队伍建设，坚持以领导班子建设为关键，以人才发展为支撑，以教育培训为基础，着力培养高素质管理人才，引进急需专业人才。积极推进事业单位改革，严格规范落实绩效工资政策。严格干部管理监督，持续开展选人用人监督检查，提升领导干部个人有关事项报告填报质量。加强正向激励，用好表彰奖励政策，持续关爱激励防疫一线人员、艰苦边关干部担当作为。加强兼职教师队伍建设，优化教育培训方式方法，强化学时学分考核，坚持需求导向，开展精准施训，增强教育培训实效。用心用情、精准服务做好离退休干部工作。

扎实推进党风廉政建设和反腐败斗争。认真落实十九届中央纪委六次全会精神，全面落实清廉海关建设各项要求。巩固深化“现场监管与外勤执法权力寻租”专项整治成果，扎实开展“海关重点项目和财物管理以权谋私”专项整治。健全完善两级党委落实全面从严治党主体责任检查考核机制，推动“两个责任”落实。坚持严的主基调，密切关注“四风”苗头性、倾向性、隐蔽性问题，坚持风腐一体纠治、纠“四风”树新风并举，持续培土加固中央八项规定精神堤坝，以严明纪律整饬作风，抓好基层减负常态化机制落实，深化海关政务服务“好差评”系统应用，推动党风政风持续向好。常态化开展党章党规党纪教育，发挥身边典型案例的警示作用，以案明纪、以案说法、以案促改。深化运用“四种形态”，推进打私反腐“一案双查”，依规依纪依法严肃查处各类违纪违法行为，推进精准规范问责，营造风清气正政治生态。

同志们，做好 2022 年各项重点工作，任务艰巨，责任重大。我们要更加紧密地团结在以习近平同志为核心的党中央周围，增强“四个意识”、坚定“四个自信”、做到“两个维护”，坚定信心、勇毅前行，稳字当头、稳中求进，以实际行动把党中央、国务院重大决策部署和总署党委各项重点任务落实到位，奋力推进社会主义现代化海关建设，推动吉林实现全面振兴全方位振兴，以优异成绩迎接党的二十大胜利召开。

坚持严的主基调　砥砺奋进新征程 坚定不移推动全面从严治党向纵深发展

——在2022年长春海关全面从严治党工作会议上的讲话

长春海关党委书记、关长　董　岩

（2022年1月28日）

这次会议的主要任务是：深入学习贯彻习近平总书记重要讲话精神、十九届中央纪委六次全会精神，认真落实全国海关工作会议、全面从严治党工作会议部署，回顾2021年长春海关全面从严治党、党风廉政建设和反腐败工作，部署2022年工作。下面我讲三点意见。

一、2021年工作回顾

2021年，关区各级党组织坚持以习近平新时代中国特色社会主义思想为指导，认真贯彻全面从严治党战略方针，全面履行管党治党政治责任，持续强化正风肃纪反腐，扎实推进清廉海关建设，全面从严治党、党风廉政建设和反腐败工作取得新成效。

（一）持续强化政治建关，“两个维护”更加坚定坚决

牢牢把握政治机关定位，坚持不懈推进党的政治建设，始终在思想上政治上行动上同以习近平同志为核心的党中央保持高度一致。

政治建设统领作用发挥。始终把党的政治建设摆在首位，强化政治机关意识教育，引导广大党员干部不断增强“四个意识”、坚定“四个自信”、做到“两个维护”。坚持“第一议题”制度，第一时间传达学习习近平总书记重要讲话和重要指示批示精神130件（次），跟踪督办重点工作87件。建立“问题清零”和“上下贯通、执行有力”抓落实工作机制，在筑牢口岸检疫防线、严禁“洋垃圾”进境、优化口岸营商环境、打击象牙等濒危物种及其制品走私等重要工作中担当作为，走好“两个维护”第一方阵。严守政治纪律和政治规矩，严肃党内政治生活，落实意识形态工作责任制，加强各类宣传阵地管理，及时发现解决问题，营造了风清气正的良好政治生态。

理论指导实践能力提升。深入学习领会习近平新时代中国特色社会主义思想，学习贯彻党的十九大和十九届历次全会精神，健全两级党委及时学、理论中心组系统学、形势分析及

工作督查例会结合实际学的学习机制，党委会议学习23次，理论中心组学习20次、交流研讨139人次。广大党员干部坚持学思用贯通、知信行合一，推动学习成果转化为促进工作的新思路新举措新成效，主动服务和促进对外开放工作大局，多措并举促进外贸稳增长，为吉林经济全面振兴、全方位振兴做出了贡献。

党史学习教育成效显著。建立领导干部带头学、中心组系统学、对标对表跟进学、网络平台辅导学、感悟心得交流学的“五学联动”机制。组织机关处级以上党员领导干部，赴杨靖宇干部学院举办“重走抗联路，学史铸关魂”专题读书班，引导党员干部树立正确党史观。召开专题民主生活会和组织生活会，不断强化党组织政治功能。扎实开展“我为群众办实事”实践活动，解决企业群众关心关切问题718个，2个项目被评为全国海关“百佳项目”，相关成效多次被中央媒体和“学习强国”平台采用，产生了积极影响。

（二）层层压紧压实责任，“四责协同”机制不断完善

紧紧牵住责任制这个“牛鼻子”，逐步完善“横向到边、纵向到底”的责任体系，层层传导压力，推动各责任主体同向发力、同频共振。

主体责任落实有力。严格执行全面从严治党主体责任清单，形成“党委抓、书记抓、各有关部门抓、一级抓一级、层层抓落实”的工作格局。全年党委会研究党建工作议题77项，通过形势分析例会、专题调研等形式持续督促检查。党委书记做到“四个亲自”，对苗头性问题开展提醒谈话6人次。党委委员落实“一岗双责”，领导检查、督促指导分管领域全面从严治党工作，提醒谈话36人次。稳步推进巡视整改，中央、总署党委151项巡视整改任务已完成150项，剩余1项已取得阶段性进展。

监督责任有效发挥。突出政治监督，加强日常监督，针对“一把手”和领导班子、常态化疫情防控等重点工作开展专项监督，制发专项监督任务清单62份。开展“现场监管与外勤执法权力寻租”专项整治，集中治理一线执法领域廉政风险，排查风险点37个，建立完善规章制度8个，业务规范类文件5个，完善作业流程6个。对14个隶属海关和12个职能部门开展常规巡察，发现173个问题，提出93个针对性建议，两年以来巡察覆盖率达85%。

工作机制不断完善。修订贯彻落实“三重一大”决策制度实施办法、党委议事清单，推进落实民主集中制。推行“12388”工作法，建立党委委员主体责任清单任务提示机制，将全面从严治党工作与业务工作同安排、同部署、同落实。完善考核办法和考核指标，开展全面从严治党自查考核和基层党建述职评议考核，基层党组织书记责任意识明显提升。

（三）巩固深化“强基提质”，党建工作质量全面提升

树立党的一切工作到支部的鲜明导向，以提升组织力为重点，突出政治功能，持续固本强基促提升，推动基层组织全面强起来。

党建基础不断夯实。完成直属机关党委换届选举。制定直属机关党委工作规则、发展党员工作流程指引，出台加强事业单位党的建设指导意见，基层党组织工作体系更加完善。开展新时代吉林党支部标准体系（BTX）试点工作，依托“智慧党建”“新时代e支部”系统，全面推进党支部标准化、规范化、信息化建设。

党建质量持续提升。以基层党建品牌创建和“两优一先”评选为抓手，创新积分制评选模式，召开品牌展示会议，强化典型引领，全面提升基层党建工作质量。4个基层党建品牌获评全国海关基层党建示范和培育品牌，1个党支部被评为吉林省先进基层党组织，2名个人被省直机关工委评为优秀党务工作者和优秀共产党员。

党建业务深度融合。开展课题研究，研究报告《着力推动党建和业务深度融合 促进长春海关党建高质量发展》获评吉林省直机关党建优秀调研成果评选一等奖。基层党组织横向联动，建立“四联两促”、党建业务一体化等有效机制，上下协同打造“国门标兵”讲堂、论坛等特色载体，促队伍素质全面过硬、促党建质量整体提升。基层党组织战斗堡垒作用进一步发挥，4个集体、8名个人获得省部级及以上表彰奖项。

（四）从严管理监督干部，纪律作风建设持续加强

围绕纪律作风过硬的更高标准和要求，严在日常、管在经常，使纪律严明、令行禁止成为队伍鲜明的特点。

纠治“四风”驰而不息。严格落实中央八项规定精神，按照海关总署党委相关要求细化落实措施，开展监督检查，形成工作合力。在节假日等关键节点加强提醒，严禁违规操办“升学宴”“谢师宴”。严格落实“过紧日子”要求，开展“节约型机关”创建。

干部监督从严从实。认真贯彻落实《中共中央关于加强对“一把手”和领导班子监督的意见》，制定落实方案和责任清单，通过谈话提醒、述责述廉、民主生活会等措施，强化对“一把手”和领导班子的监督。编制谈心谈话工作要点，提高党员干部解决问题的能力，2021年开展谈心谈话3089人次，提醒谈话48人次，诫勉谈话4人次。加大个人有关事项申报核查力度，抽查44名处级和123名科级领导干部配偶、子女及其配偶从业情况，整治违规投资企业及在企业兼职问题，防范政商“旋转门”风险，严格落实“亲”“清”要求。

纪律作风不断向好。组织岗位练兵和内务规范强化月活动，推动纪律严起来实起来。开展基层评议机关作风活动，推广政务服务“好差评”系统应用，不断增强企业群众获得感。落实保护关心爱护疫情防控人员工作措施，制订加强海关人才队伍建设实施方案，培育“奋发进取、小关争强”等边关文化品牌，在关区原有11个全国文明单位基础上，5个新建隶属海关申报省级、市级文明单位，1个集体获评“全国青年文明号”，干部队伍精神面貌更加饱满。

（五）坚持一体推进“三不腐”，清廉海关建设引向深入

坚持严字当头，坚定不移全面从严治党、从严治关，毫不松懈抓好党风廉政建设和反腐败斗争，把清廉海关建设向纵深推进。

“不敢腐”的震慑持续强化。坚持打私反腐“一案双查”，深化问题线索移交、案件办理反馈等工作机制。积极拓展问题线索来源，对“现场监管与外勤执法权力寻租”专项整治工作中发现的问题进行全面梳理。严肃查处违法违纪问题，立案审查4起，给予3人党纪处分。

“不能腐”的笼子越扎越紧。持续推动

“三项制度”落实，编制行政处罚、行政强制、行政许可、行政检查流程图 68 张。加强“制度+科技”运用，推进权力行为进系统、标准化、留痕迹、可追溯，应用 HLS2017 系统处置有效异常数据 11378 条，开展内控自查纠正问题 46 个，审计发现纠正问题 113 个，防范执法风险、管理风险向廉政风险转化。健全一般采购、公务用车、公有住房、科技装备管理等制度，预防非执法领域风险隐患。

“不想腐”的自觉不断增强。编发廉政教育专刊 19 期，集中开展警示教育月活动，深化“以案促改”，指导案发单位开展专项整治活动，关区各单位举一反三，查摆问题 42 个，逐项整改到位。推动廉政文化品牌建设，通化海关铁路口岸监管科党支部“亲清联廉”清廉文化品牌被“学习强国”平台、《中国国门时报》采用，产生良好影响。

二、准确认识把握全面从严治党的任务和形势

2022 年是进入全面建设社会主义现代化国家、向第二个百年奋斗目标进军新征程的重要一年，我们要深入学习贯彻党中央推进全面从严治党的战略部署和海关总署党委的总体要求，准确把握全面从严治党、党风廉政建设和反腐败斗争的新形势新任务新要求。

（一）深刻认识全面从严治党面临的严峻形势

习近平总书记在十九届中央纪委六次全会上强调，“腐败和反腐败较量还在激烈进行，并呈现出一些新的阶段性特征”，“只要存在腐败问题产生的土壤和条件，腐败现象就不会根除，我们的反腐败斗争也就不可能停歇”。倪岳峰署长在全国海关全面从严治党工作会议上指出，要坚持严的主基调，勇于自我革命，从严治关。我们必须充分认识反腐败斗争的严峻复杂形势，敢于斗争、善于斗争，以刀刃向内的勇气解决这些问题和隐患，把各级党组织建设得更加坚强有力。

（二）深刻把握全面从严治党工作的重要任务

习近平总书记在十九届中央纪委六次全会上深刻总结了新时代党的自我革命的成功实践，深刻阐述了全面从严治党取得的历史性开创性成就、产生的全方位深层次影响，将建设什么样的长期执政的马克思主义政党、怎样建设长期执政的马克思主义政党的规律性认识概括为“九个坚持”，彰显了以习近平同志为核心的党中央把全面从严治党向纵深推进的坚定决心和鲜明态度。倪岳峰署长在全国海关全面从严治党工作会议上指出，海关全面从严治党工作不断推向前进，必须贯通运用党的百年奋斗历史经验，认真落实全面从严治党战略方针。党中央的决策部署和海关总署党委的工作要求，为我们全面从严治党工作提供了基本遵循，指明了工作方向。我们要增强全面从严治党永远在路上的政治自觉，明确全面从严治党的思路举措，以抓铁有痕、踏石留印的坚韧和执着，把管党治党责任落到实处，推动全面从严治党向纵深发展，不断开创全面从严治党工作新局面。

（三）深刻领会准军事化纪律部队建设的内在要求

习近平总书记在十九届中央纪委六次全会上强调，“必须坚持增强党组织政治功能和组织力凝聚力，锻造敢于善于斗争、勇于自我革

命的干部队伍”。倪岳峰署长在全国海关全面从严治党工作会议上指出，要以过硬作风锻造准军事化纪律部队。我们必须用铁的纪律、严的管理铸造令行禁止、纪律严明的准军事化纪律部队。

三、2022年主要任务

2022年，长春海关全面从严治党工作的总体要求是：以习近平新时代中国特色社会主义思想为指导，深入学习贯彻党的十九大、十九届历次全会精神，认真落实十九届中央纪委第六次全会精神，按照全国海关工作会议、全面从严治党工作会议部署，全面加强党的领导，坚定捍卫“两个确立”，增强“四个意识”、坚定“四个自信”、做到“两个维护”，坚持稳中求进工作总基调，立足新发展阶段，完整、准确、全面贯彻新发展理念，加快构建新发展格局，推动高质量发展，自觉运用党的百年奋斗历史经验，弘扬伟大建党精神，永葆自我革命精神，坚持全面从严治党战略方针，坚定不移将党风廉政建设和反腐败斗争进行到底，“不敢腐、不能腐、不想腐”一体推进，惩治震慑、制度约束、提高觉悟一体发力，持续深化清廉海关建设，深入推进政治建关、改革强关、依法把关、科技兴关、从严治关，为新时期长春海关建设和改革发展提供坚强保证，以优异成绩迎接党的二十大胜利召开。

重点做好以下六方面工作。

（一）捍卫“两个确立”，进一步增强做到“两个维护”的思想自觉和行动自觉

习近平总书记指出，“带头做到‘两个维护’，是加强中央和国家机关党的建设的首要任务”。要将“两个维护”作为最高政治原则和根本政治规矩。常态化坚持“第一议题”制度，认真领会习近平总书记重要讲话和重要指示批示精神，准确把握党中央各项重大决策部署战略意图，自觉对标对表，及时校准偏差，确保执行不偏向、不变通、不走样。深入开展捍卫“两个确立”、做到“两个维护”、强化政治机关建设专项教育活动，坚持领导带头、条块结合、全员覆盖，不断提高政治判断力、政治领悟力、政治执行力，深刻认识没有脱离政治的业务，也没有脱离业务的政治，切实从政治层面强化海关业务工作，以实际行动做践行“两个维护”的表率。要学深悟透习近平新时代中国特色社会主义思想。通过党委中心组学习、基层党组织集中学习、党员干部自学等各种形式，学懂新思想、弄通新要求、做实新部署、实现新作为。以学习贯彻党的十九届六中全会精神为重点，常态化长效化推进党史学习教育，引导广大党员干部坚定历史自信。认真落实党中央部署要求，扎实做好党的二十大精神的学习宣传贯彻。加强对党忠诚教育、党性教育和海关职业操守教育，大力培树宣传先进典型。要严明政治纪律和政治规矩。严格执行重大事项请示报告制度，凡是重大问题、重要事项、重要工作进展情况，都必须按规定及时请示报告。严肃党内政治生活，提高民主生活会和组织生活会质量，强化对下级党组织的监督检查。提高政治敏锐性和政治鉴别力，坚决做到“五个必须”，防止“七个有之”，严肃查处违反政治纪律、政治规矩的行为，巩固发展关区政治生态向好态势。落实意识形态工作责任制，建立健全舆论引导工作机制。坚持党管干部原则，贯彻新时代好干部标准，突出政治标准选人用人。

（二）强化责任担当，进一步推动全面从严治党主体责任贯通“最后一公里”

习近平总书记指出，全面从严治党永远在路上。推动全面从严治党向纵深发展，必须牵住责任制这个“牛鼻子”，强化责任担当，拧紧责任链条。要做到知责明责。在制定全面从严治党主体责任清单的基础上，进一步抓好贯彻落实，细化清单内容、明确目标要求、层层传导压力。深化落实党委主体责任、党委书记“第一责任人”责任、班子成员“一岗双责”和纪检部门监督责任，加强对全面从严治党工作的全过程领导。深入贯彻《中国共产党纪律检查委员会工作条例》，不断加强纪检干部队伍建设，健全基层党支部纪检委员履责机制，协助党委推动“两个责任”同向发力。要加强责任传导。两级党委要切实履行党内监督主体责任，突出加强对“关键少数”特别是“一把手”和领导班子的监督，严格执行民主集中制，定期开展政治生态分析研判。探索建立基层党建实训点，巩固深化“强基提质工程”，深入开展“四强”党支部建设、党建品牌创建，增强基层党组织政治功能和组织力。健全与主体责任清单相适应的检查考核机制，开展述责述廉述党建，利用队伍建设综合管理平台加强监督检查。要强化责任落实。坚持失责必问、问责必严，对全面从严治党主体责任落实不到位、管理宽松软、问题多发的单位严肃追究责任，以严肃问责推动责任落实。严格问责程序，坚持“三个区分开来”，用好容错纠错机制，着力提高问责工作的政治性、精准性、实效性。

（三）严格纪律执行，进一步巩固拓展纪律作风建设成果

习近平总书记指出，要全面加强纪律和作风建设，以“钉钉子”精神驰而不息纠治“四风”。要锲而不舍落实中央八项规定精神。严格落实海关总署党委17条措施，加强联动配合和监督检查。对违规收受礼品礼金、接受吃请、公车私用、私车公养等问题，坚持露头就打、反复敲打。从严从重处理风腐交织、隐形变异问题，对不收敛不收手、顶风违纪问题严惩不贷，点名道姓通报曝光，持续形成震慑。要坚持纠“四风”树新风。关注“四风”苗头性、倾向性、隐蔽性问题，深入整治形式主义、官僚主义，严格发文管理，压缩检查考核，落实清理滥用积分排名及微信工作群要求，持续为基层减负。坚持“过紧日子”，提高预算执行效率和资金使用效益，创建“节约型机关”。推进海关政务服务“好差评”系统全事项上线应用，发挥“作风建设直通车”、特约监督员、12360海关热线作用，坚决纠治不作为慢作为乱作为、推诿扯皮等问题。大力推动精神文明创建，加强基层政务公开标准化规范化建设，开展窗口作风提升行动，推动形成雷厉风行、真抓实干的优良作风。要锻造全面过硬准军事化纪律部队。坚持全方位管思想、管工作、管作风、管纪律，强化疫情防控，加强责任追究。用好用足“第一种形态”，开展内务规范强化月活动，加强日常作风检查，抓早抓小，防微杜渐。落实企事业单位管理监督机制和协管员队伍管理制度。从严规范领导干部配偶、子女及其配偶从业，加强离职人员管理。严格执行禁止饮酒规定，常态化纠治酒驾醉驾和“黄赌毒”等问题，加强“8小时以外”监督，确保任何情况下都不能突破底线、逾越红线。做深做细思想政治工作，加大对艰苦边关的支持保障力度，做好封闭管理干部职工心理调适工作，持续激发队伍干事创业内生动力。

（四）增强风险意识，进一步健全严密有效的权力运行监督体系

习近平总书记强调，“要加强对权力运行的制约和监督，把权力关进制度的笼子里”。要强化制度执行刚性约束。结合重大业务改革，建立完善各项规章制度，加强制度规范性文件合法性审查，确保权力在法治轨道上运行。推进权责清单编制，科学配置权力，优化流程管控。健全行政执法机制，持续推进现场执法“选、查、处”分离，提高执法评估效能，强化制度执行刚性约束。要拓展“制度+科技”应用。加强旅检、境外预检、固定资产管理、信息化应用项目管理、实验室管理、政府采购等重点领域信息系统应用，逐步实现权力行使标准统一、权力处置智能判定、权力运行流程可溯。按照海关总署部署要求，紧跟加贸及保税监管、属地查检、边民互市等领域改革进展，强化“制度+科技”运用，提升执法效能。要建立健全风险防控机制。结合本单位本部门业务属性、队伍特点和外部执法环境，分析研判风险隐患，做到防患未然。加强内控评价和内控节点岗位清单管理工作，发挥“新海廉”系统监督功能，紧盯重点领域和关键环节强化督察审计。推进“以审查纠、以审代训、以审促建”三位一体审计监督模式，抓好审计成果的转化和应用。

（五）坚持上下联动，进一步提升巡察监督效能

习近平总书记指出，要发挥巡视利剑作用，推动全面从严治党向基层延伸。要全面落实政治巡察要求。把“两个维护”作为根本政治任务，紧盯被巡察党组织政治责任落实情况，紧盯被巡察党组织领导班子和“关键少数”，紧扣被巡察党组织职能责任，聚焦巡察监督重点精准开展监督，重点发现和推动解决影响关区党的领导、党的建设、全面从严治党的根本性全局性问题，督促关区各级党组织和党员领导干部强化政治担当。要深化巡察工作成效。进一步健全巡察工作机制，贯彻落实巡视巡察上下联动制度措施，把专项教育活动各项要求全面融入巡察工作，有序推进巡察全覆盖。坚持问题导向，加大工作力度，客观分析问题，精准定性定量，提高发现问题的能力和水平。加强与纪律监督、干部监督、派驻监督、审计监督、统计监督等各类监督统筹衔接，形成监督合力。要压紧压实巡察整改责任。切实履行巡察整改主体责任、监督责任，明确整改事项、完成时限和工作要求，组织开展巡察整改监督检查，探索建立整改量化评估指标，形成整改监督闭环。对巡察发现的普遍性、倾向性问题，加强综合分析，举一反三，在推动解决问题上取得新进步。

（六）保持高压态势，进一步深化“不敢腐、不能腐、不想腐”一体推进

习近平总书记指出，“勇于自我革命是中国共产党区别于其他政党的显著标志”。要保持反腐败政治定力，不断实现“不敢腐、不能腐、不想腐”一体推进的战略目标。要加大“惩”的力度。坚持以零容忍的态度惩治腐败，聚焦一线执法领域和关键岗位，聚焦“关键少数”特别是“一把手”和领导班子，严肃查处利用影响力或职权谋私贪腐等问题。落实打私反腐“一案双查”，完善联系配合机制，提升线索处置和案件查办质效。巩固“现场监管与外勤执法权力寻租”专项整治成果，向工程建设、信息化建设、实验室建设、装备购建、疫情防控保障项目等领域延伸拓展，深入开展“海关重点项目和财物管理以权谋私”专项整治。要深化“治”的举措。坚持“一案一警示、一案一剖析”，将以案促改作为巡察监督、派驻监督等重要内容，做到查处一案、警示一片、治理一域。坚持惩前毖后、治病救人，做好受处分人员的回访教育，帮助偶犯错误的干部改正错误，让其他党员干部受到警醒，推动教育、转化、激励同步发力。要提升“防”的效果。常态化开展党章党规党纪和法律法规教育，从思想上固本培元。深入开展警示教育月活动，及时通报典型案例，以案释纪、以案促改，让党员干部时刻自重自省自警。持续营造“不想腐”的廉洁文化，推动廉洁文化品牌创建，加强年轻干部教育管理监督，帮助党员干部提高党性觉悟，营造清正廉洁的文化氛围，持之以恒抓好清廉海关建设。

同志们，让我们更加紧密地团结在以习近平同志为核心的党中央周围，永葆初心使命，永葆自我革命精神，埋头苦干，勇毅前行，全力推动全面从严治党、党风廉政建设和反腐败斗争向纵深发展，为长春海关建设和改革发展提供坚强政治保证，以实际行动迎接党的二十大胜利召开！

在 2022 年长春海关年中工作会议上的讲话

长春海关关长、党委书记　俞晓丹

（2022 年 7 月 11 日）

这次会议的主要任务是：以习近平新时代中国特色社会主义思想为指导，深入贯彻党的十九大和十九届历次全会精神，坚决捍卫“两个确立”，忠诚践行“两个维护”，认真落实 2022 年全国海关年中工作会议精神，围绕“上半年干得怎么样，下半年怎么看，工作怎么干”，回顾总结关区上半年工作，分析当前形势，部署下半年工作。

下面，我讲三方面意见。

一、上半年主要工作情况

2022 年以来，在以习近平同志为核心的党中央坚强领导下，长春海关深刻领会“两个确立”的决定性意义，增强“四个意识”、坚定“四个自信”、做到“两个维护”，认真贯彻落实党中央、国务院的决策部署，不折不扣执行海关总署的各项要求，面对本地疫情的严峻形势，关区上下一心听指挥，全力以赴保运转，努力克服疫情影响，坚持稳中求进、继承创新，各项工作有序衔接、平稳过渡，取得了新进展。

（一）坚定不移走好“两个维护”第一方阵

坚决贯彻落实习近平总书记重要指示批示精神。强化理论武装，持续在学懂、弄通、做实习近平新时代中国特色社会主义思想上下功夫，不折不扣落实“第一议题”制度，不断完善“三会联学”机制。关党委第一时间跟进学习习近平总书记重要指示批示精神 72 篇次，组织关区 219 名处级干部开展党的十九届六中全会精神集中轮训。开展关区重大风险隐患排查，查找风险隐患 121 条，分类分级落实整改。强化安全生产，扎实开展“五个一次”活动。吉林海关成立危化品监管专班，持续加强危险品进出境监管安全整治，坚决守住系统性区域性风险底线。

坚决落实海关总署党委部署要求。第一时间学习传达海关总署党委提出的 10 方面工作要求、处理好“五个关系”的指示以及对长春海关党委班子的 4 点要求，逐条细化分解推进落实。建立署领导批示事项统筹督办落实和限时办结反馈工作机制。长春龙嘉机场海关围绕

“工作怎么做、队伍怎么带、风险怎么防、作风怎么转”，深入开展“抓重点破难点”大讨论，推动工作落实。

统筹推进“两个专项”工作。依托思想理论学用讲坛，引导全员树立“没有脱离政治的业务，也没有脱离业务的政治”的理念。梳理岗位政治要求1160条，清单式查摆问题204项，均已阶段性完成整改。梳理排查重点项目426项，廉政风险点6个。长白山海关采取“三个坚持”方式，在学习内容、查摆问题、整改提高上一体推进，严格落实“两个专项”工作各项要求。

（二）慎终如始抓好常态化疫情防控

从严从紧筑牢口岸疫情防线。严格入境人员卫生检疫和核酸检测，持续优化检疫流程，动态调整完善“一口岸一方案”。加强邻国疫情信息收集，强化培训演练，周密做好航空、陆路口岸恢复准备。召开指挥部会议12次，开展各类培训演练32次。身穿防护服奋战在口岸一线的关员累计超过200人，封闭管理306人次。共采集样本2908人份。

抓实抓细“人、物、环境”同防、多病共防。检疫监管出入境航空器66架次，检疫出入境人员24652人次。严格做好入境客运航空器终末消毒和固液体废弃物处理监督、进口冷链食品和高风险非冷链集装箱货物抽样检测和预防性消毒监督。严防猴痘等重大传染病传入。配合做好海关总署“百名科长百日督查”工作，立行立改26个反馈问题，举一反三推动123个问题自查整改。珲春海关“人防、物防”从严、从实、从细，高效率高质量做到“防疫情、保畅通”。共抽检进口冷链水产品等样品35330个，检出外包装阳性3个。

持之以恒做好安全防护。设立“明白卡”“白名单”，从严就高做好个人防护。严格内部疫情防控，两级指挥部始终保持应急响应，采取“三支梯队”、在岗封闭管理等措施，各隶属海关202人次24小时在岗值守，有效应对严峻复杂防控形势和属地管控要求，确保政务业务平稳运行。召开内部安全防护专题会议6次，健全完善制度预案32份，每周常态化开展专班联合会商，通过展板、视频全方位多角度加强安全防护宣传，关区整体安全防护意识和技能不断增强。

（三）精准发力统筹发展与安全

全面落实总体国家安全观。实现税收入库50.4亿元。提升查获效能，人工分析布控查获率达50%，高质量查获占比为80%。强化稽核查作业，聚焦查发能力，稽查作业有效率、核查作业按时办结率均达100%。保持高压严打态势，防范化解重大走私风险机制更加健全，侦办走私犯罪案件12起。筑牢检验检疫防线，顺利完成3.3万只美国种鸡进境检疫和24吨法国进口冷冻猪肉监管和安全检测。邮局海关优化监管环境和流程，查获精神类药品2560片、违禁印刷品和音像制品80件、禁止进境物113千克。

持续提升跨境贸易便利化水平。制定长春海关促进外贸保稳提质十六条细化措施，关区结合实际细化举措152条，完善服务企业长效机制，关领导主动对接企业，深入推进问题清零。大力推广便利化通关模式，持续压缩通关时间，1—5月关区进、出口货物整体通关时间较全国平均水平分别快27.03小时和0.49小时。实行珲春对俄公路、铁路口岸全天候预约通关，提升口岸过货能力。白山海关积极宣传进口煤炭减免税政策，助力企业扩大进口、做好“迎峰度夏”工作，充分享受政策红利。图们海关完善企业问题收集机制，了解企业困难需求，开展线上宣讲，“好差评”系统企业满意率达100%。

全力保障重点行业产业链供应链循环畅通。完成珲春口岸冷链食品和煤炭积压清零工作。实行“一企一策”“一事一策”，保障重点行业生产零部件及时供应，缓解企业资金压力。以汽车、水产品、化工产品为重点，上报3项税政调整建议。签发191份RCEP原产地证书，帮助企业优化产业链布局。长春绿园海关及时办理企业保税、减免税、留学生购车等申请，为一汽集团减免税款723.6万元，保障我省支柱企业减免税设备顺利通关。通化海关加大政策帮扶，助力我省首次出口特色冷冻松子仁，保障通钢钢材出口通关顺畅。

着力服务吉林高水平对外开放。关注全球产业链、供应链及上下游贸易变化，加强统计监测和政策研究，全力保障东北全面振兴“十四五”有关部署落地，支持吉林共建“一带一路”高质量发展。助推平行进口汽车保税存储业务落地，大幅降低企业物流和运营成本。积极培育外贸发展新动能，珲春跨境电商业务货值实现逆势成倍增长。兴隆海关打造关企沟通“直通车”，采取一人多岗、远程视频指导等方式，实时了解企业班列动态，保障疫情期间中欧班列及时发运。

（四）纵深推进全面从严治党、从严治关

全面提升党建工作质量。开展基层党建“双提升”行动。确定关区60个“书记项目”，推动关区党建品牌实体化运作、提档升级，5个党建品牌获评全国海关党建品牌。6个集体和个人获总署和省级表彰。四平海关深挖基层党建热源，打造“担当·执行·先锋”“三合三先”等支部特色党建品牌，推动党建业务深度融合。长白海关总结提炼“忠诚、担当、乐观、奉献”的边关精神，不断提振边关队伍精气神。

坚持严管厚爱带好队伍。加强执法一线科长和干部队伍建设，培训干部职工1302人。做好一线封闭管理和被管控干部职工思想引导，线上线下共慰问2476人次。两级关领导走进口岸封管区7人次，向海关总署党委提交问题建议14条。辽源海关将纪律作风建设抓在日常，建立“领导月督查、作风周检查、内务日自查”机制，准军建设进一步深化。延吉海关做好一线人员关心关爱，1人入选“百名优秀执法一线科长”、1人当选吉林省第十二次党代会代表。

深入推进清廉海关建设。推动“两个责任”落实和监督，建立对各部门单位“一把手”和领导班子其他成员开展重点事项监督自查报告等制度。开展巡视巡察整改自查，对6个职能部门开展常规巡察。用好监督执纪“四种形态”，深化打私反腐“一案双查”，立案1起，作出书面检查12人次，开展约谈14人次、提醒谈话21人次，进一步营造风清气正的良好政治生态。白城海关走好“督、挖、查、治”四步，将落实专项整治要求、开展思想政治教育和业务自查有机结合，强化内控制度建设。松原海关多管齐下、综合施策，结合具体案例开展法制宣传教育、纪法教育及廉政警示教育，压紧压实全面从严治党主体责任。

稳步提升综合保障效能。推进机关效能建设，规范请示报告、公文处理等工作，制定报送数据表格材料正面清单，切实为基层减负；坚持正确舆论导向，被中央电视台、《吉林日报》等媒体平台报道57次，常态化抓好机要保密、值班值守、国家安全人民防线工作。配合做好国家审计工作，组织开展专项督察和自查审计工作，持续深化“以审查纠、以审代训、以审促建”审计监督模式和“巡审联动”工作模式。落实“过紧日子”要求，推动建立健全厉行节约长效机制，持续落实支持保障艰苦地区边关22条措施，预算保障能力不断提高。强化关区科技支撑保障能力，推动移动P2+实验室应用，加强关区信息化项目国产化改造，提高网络安全防护管理水平。用心用情做好老干部工作。

派驻纪检组发挥“派”的权威和“驻”的优势，深入开展疫情防控、安全生产、促外贸保稳提质等重点工作的专项监督。事业单位聚焦重点工作，持续加强实验室建设和人才队伍培养，有效发挥执法辅助支撑和专业保障作用。

上半年成绩的取得，是习近平新时代中国特色社会主义思想科学引领的结果，是海关总署党委坚强领导的结果，更是关区全体干部职工忠诚履职、不畏艰辛、无私奉献、奋发有为的结果！在统筹疫情防控和经济社会发展的大战大考中长春海关经受住了考验，交出了一份合格的答卷。在此，我代表总关党委，向关区广大干部职工表示衷心的感谢！向所有默默奋战在口岸一线的同志们致以诚挚的慰问和崇高的敬意！

二、准确把握新形势、新要求、新挑战

2022年下半年将召开党的二十大，这是党和国家政治生活中的一件大事。面对复杂严峻的国际形势，以习近平同志为核心的党中央统筹国内国际两个大局、统筹发展安全两件大事，作出“疫情要防住、经济要稳住、发展要安全”的重要部署。海关总署党委高度聚焦，要求全国海关深刻领会“两个确立”的决定性意义，坚决做到“两个维护”，立足新发展阶段、贯彻新发展理念、构建新发展格局，强调要“聚焦疫情要防住、深刻认识口岸疫情防控的艰巨复杂性；聚焦经济要稳住，深刻认识促进外贸保稳提质的现实紧迫性；聚焦发展要安全，深刻认识维护国门安全的极端重要性”，并提出了坚持和加强党对海关工作的全面领导、坚持服务大局、坚持海关为民、坚持防范风险、坚持真抓实干、坚持严管厚爱、坚持稳中求进“七个坚持”要求，我们要领会透、把握准、落实好。

从讲政治的角度看。一是走好“第一方阵”的标准更高。海关是准军事化纪律部队，必须树立更强的政治意识，必须执行更严的纪律要求，必须取得更好的工作成效。二是维护国家政治安全的要求更高。吉林省地处东北亚地理几何中心，传统与非传统安全威胁交织叠加，决定了海关承担的口岸疫情防控、维护国门安全、禁限管控、打击走私等任务更加艰巨，必须从外交、外贸大局开展监管工作、落实服务要求。三是政治与业务融合的要求更高。海关工作是党的事业的一部分，政治性是海关工作最鲜明的特征，所以必须时刻牢记“没有脱离政治的业务，也没有脱离业务的政治”，寓政治于业务之中，寓业务于政治之中。

从做好疫情防控的角度看。一是国际形势复杂多变。新冠病毒不断变异，多个国家（地

区）出现反弹，各种新发突发疫病疫情接连出现，多病共防压力巨大。从国内情况看，疫情还没有见底，北京、天津、陕西等地相继报告由BA.5变异株输入病例引发的本土疫情，前期吉林省边境口岸也出现局部反弹、病例多点散发，传播风险仍然很大。二是防疫措施调整给精准防控带来新挑战。随着《新型冠状病毒肺炎防控方案（第九版）》印发，属地对防控措施进行细化，海关对人防、物防措施也进行优化调整，我们要结合国务院“九不准”、严禁层层加码等要求及各层级督导组密集检查，深入思考研究，更加科学精准落实防控措施。三是严的总基调始终如一。海关作为外防输入第一道防线，必须牢记“坚持就是胜利”，做好打“持久战”的准备，坚决克服经验主义、自以为是等思想，坚决杜绝厌战麻痹、轻视无所谓的心态。对从严的要求要有清醒认识，也要有定力和判断力，决不能有一丝一毫的侥幸、松劲、懈怠。

从守国门、促发展的角度看。一是要更加严谨地加强监管。忠实践行习近平总书记视察吉林的重要讲话重要指示精神，妥善处理好海关总署署长俞建华指出的“疫情和发展的关系”“管得住和放得开的关系”。决不能因为监管不到位产生“空白地带”、形成“避管天堂”。二是要更加精准地防范风险。紧盯安全生产、重大疫病疫情、生物安全、食品安全、商品安全、税收征管、加工贸易监管、特殊区域监管、特大走私、新业态监管等领域，动态开展风险排查、排序、排除，着重研究怎样通过排查到位推动监管到位的问题，严防失常失控失效。三是要更加聚焦地突出重点。要以危险化学品监管、网络信息安全、信访事件处置、执法作业安全、海关监管作业场所、实验室、办公区域、封闭管理场所等重点领域为重点，强化风险排查，决不允许出现因认识不足、准备不足、不以为意、经验主义、以不变应万变等导致的失管失控问题。四是要更加主动地融入地方发展。要认真学习领会吉林省第十二次党代会精神，分析“十四五”时期吉林发展方向和定位，研究解决海关服务地方支持什么、怎样支持和更好支持的问题。要加强政策宣传解读和效果评估，注重政策与企业需求的精准适配，特别是关注中小微企业对政策的真懂、真用、真受益。

从带队伍的角度看。一是锻造队伍的要求更实更纯。要将崇尚“求实、扎实、朴实”的海关文化融入队伍建设中。求实就是一切从实际出发、实事求是，扎实就是脚踏实地、埋头苦干、真抓实干，朴实就是简单淳朴、忠诚老实。只有思想上求实、工作上扎实、生活上朴实，才能树正气、遏邪气、易俗气。二是管理队伍的要求更高更严。坚决落实海关总署党委部署要求，坚持抗疫从严、管理从严、保密从严、监督从严、纪律从严、反腐从严，让制度长牙，让责任到位。坚持“不敢腐、不能腐、不想腐”一体化推进，要强化不敢腐的震慑、扎紧不能腐的笼子、增强不想腐的自觉。着力解决准军事化纪律部队建设中的突出问题，特别是有令不行、有禁不止、推诿扯皮、官僚主义、形式主义、自由主义、做表面文章和防疫责任落实不严不实等问题。要构建亲清的关商关系，交企爱企要有原则、有边界、有底线。运用好“第一种形态”，把问题抓早抓小、抓在平常、抓在经常，等等。三是关心关爱的要求更精更细。继续开展“关长走进口岸封管区”、落实落细支持艰苦边关22条措施等工作，解决好急难愁盼问题。坚持正确用人导向，树立重政治、重品行、重基层、重担当、重实绩的鲜明导向。关心关爱干部身心健康、成长成才、家庭生活，真心实意为大家办实事、办好事，选树、宣传正面典型。

从持续提高治理能力的角度看。对照总署党委提出“三应”（强化下对上的响应、强化左对右的呼应、强化上对下的反应）、“三实”（求实、扎实、朴实）等海关治理能力和治理水平方面的新要求，我们还存在短板和不足，刚才几位关领导都谈到了各自分管领域的问题，我认为说得都很准。在这里，我再强调几个方面。一是讲政治与抓业务“一体抓”“融合抓”还没完全到位，宏观视野、大局意识还有待提高，观察分析业务工作中的政治因素还需要更加精准，对落实岗位政治要求还需要持续用力。二是一定程度存在横向协同、纵向联动的工作机制不够顺畅现象；在业务融合的实操上缺乏充分实践，改革创新驱动优势还没有充分释放出来；依法监管、从严监管、科学监管、有效监管的意识和能力还有不足，局部合理政策叠加造成合成谬误的风险依然存在；业务改革创新还缺少能在全国海关系统排上号、叫出名的前瞻性成果，与在继承中发展、在创新中提升的要求还有差距。三是常态化疫情防控在制度执行和内部管理上还不够规范细致，精细化管理水平还需要提升；对口岸一线干部职工的关心关爱还需要进一步传递，服务保障工作还需要更加精准有效，思想政治工作还需要做得更深更细。四是干部队伍结构还需进一步优化，专业技术人才缺口、专业资质人员不均衡问题比较突出，基层队伍的积极性和能动性需要进一步调动。五是廉政风险仍不容忽视，全面从严治党、从严治关还任重道远。

三、扎实做好下半年重点工作

下半年，我们要继续围绕俞建华署长指出的处理好“五个关系”（政治和业务的关系、严管和厚爱的关系、疫情和发展的关系、近忧和远虑的关系、管得住和放得开的关系）要求和“六个如何”（如何进一步深化改革融合、如何更加精准高效开展常态化疫情防控、如何推动新时期海关特殊监管区域高质量发展、如何促进新贸易业态健康规范持续发展、如何更好发挥海关科技的引领支撑作用、如何提高一体推进“三不腐”能力和水平）课题深入思考研究，通过共同领题、破题、答题，不断丰富完善“建立1个体系、开展5个专项行动、实施1个方案”的“151”总体工作思路，在年底前要形成成果向总署党委报告。

（一）坚守政治方向，持续强化政治机关建设

一是经常向党中央、向习近平总书记重要指示批示要求对标对表。用理论上的清醒确保政治上的坚定，通过中心组学习、专题培训、“三会一课”等形式，把学懂弄通做实习近平新时代中国特色社会主义思想作为重大政治任务和长期战略任务，持续提升全体干部职工政治能力。坚决贯彻落实习近平总书记重要指示批示精神，坚持“第一议题”制度，完善上下贯通、执行有力的抓落实工作机制，不断提高抓落实的成效。严格执行“三重一大”事项集体决策制度，规范落实请示报告制度要求，确保政令畅通、指挥有力。

二是牢固树立“革命理想高于天”的崇高

追求。持续推进党史学习教育常态化长效化，巩固深化“我为群众办实事”成果，加强党性修养锻炼，牢记初心使命，以实际行动践行“人民海关为人民”的宗旨。实施“文化润边关”行动，弘扬崇尚“求实、扎实、朴实”的海关文化。要树立正确的事业观，将追求和价值体现在为海关事业的不懈奋斗中，出实招、办实事、讲实效，重担当、重实干、重实绩，有理想、有抱负、有情怀地将每一项工作做实、做细、做好。

三是持续加强政治机关建设。推进强化政治机关建设专项教育进一步走深走实，做好“学查改”专项工作成果转化，把梳理出的问题纳入政治机关专项教育中一体推进、统筹整改，把全领域、各岗位的政治因素找深找准找细、把政治要求落实落细落到位。深化党建业务双融双促，开好关区党建工作会议，围绕“走好第一方阵　我为二十大作贡献”主题讲好党委书记专题党课，组织各级基层党组织开展好系列党建活动。继续深化“强基提质工程”，推动基层党组织全面进步、全面过硬。坚决做好意识形态工作，认真贯彻落实海关各级党委意识形态工作责任清单，定期开展思想动态分析，强化正面典型宣传，提高关区干部思想政治觉悟，增强党员意识和组织观念。深入开展精神文明创建工作，加强精神文明单位建设，加大先进典型培树力度，培育和发展边关文化精神。发扬准军事化纪律部队优良作风，严格落实中央八项规定及其实施细则精神，严肃整治形式主义、官僚主义，驰而不息纠治“四风”，从严整治酒驾醉驾，努力营造风清气正的政治生态。

四是做好迎接宣传党的二十大有关工作。从讲政治的高度认真做好维护国门安全和社会稳定各项工作，加强反恐应急演练，加强反宣品和枪支弹药及毒品查缉、值班值守、机要保密、舆情应对等工作，以扎实成效助力营造良好氛围。二十大召开后，要把学习宣传贯彻党的二十大精神作为头等大事，按照统一部署，第一时间制订学习宣传贯彻方案，迅速掀起学习宣传贯彻热潮，切实把思想和行动统一到党的二十大精神上来。

五是扎实推进清廉海关建设。坚持一体化推进“不敢腐、不能腐、不想腐”。强化不敢腐的震慑，坚持严的主基调不动摇，强化打私反腐“一案双查”，推动“海关重点项目和财物管理以权谋私”专项整治工作成果转化，坚持执法领域和非执法领域廉政风险两手抓、同步防；加强派驻监督，推广区域联动交叉互查、清单式监督方式，形成横向协同、上下联动、高效统一的工作格局；深化运用监督执纪“四种形态”，抓早抓小、防微杜渐、层层设防。扎紧不能腐的笼子，压紧压实“两个责任”，突出强化对“关键少数”的监督，发挥好“一把手”和领导班子重点事项监督自查报告制度作用；强化源头防腐，深化“制度+科技”反腐应用，执法行为进系统、标准化、留痕迹、可追溯；巩固中央巡视整改成果，深化海关巡视巡察。增强不想腐的自觉，常态化学习党章党规党纪和法律法规，深入开展警示教育月活动；抓好廉洁文化建设，使党员干部知敬畏、存戒惧、守底线。

（二）建立一个体系，提升“三应”工作机制运行效能

下对上的响应，关键在不跑偏、不走样、不打折扣、不搞变通的落实；左和右的呼应，关键在不推诿扯皮、不诿过推责、补位不缺位、补台不拆台的合作；上对下的反应，关键在不置若罔闻、不漫不经心、不空言无补、不避实就虚的回应。如何应用好“三应”工作机制，是对长春海关系统思维能力的大考，关党委在前期调研和关区研讨的基础上，提出了建立横向协作、纵向联动的“六横六纵”（六横：保安全、精服务、严督查、优内控、强应急、细保障；六纵：讲政治、定目标、明责任、实措施、查成效、促提升）工作体系。“六横”涵盖了我们内部各领域工作重点；“六纵”是一种贯穿到底的闭环工作方法。“六横六纵”与“三应”一脉相承，要通过这一体系的运用，形成“目标要求方向明、各级责任压得实、关键环节抓得准、措施执行落得严、各方协调衔接紧、整体运行更高效”的工作局面。

“六横”中的“保安全”是我们开展一切工作的前提。要用大概率思维应对小概率事件，无论是在政治方面，还是在业务方面、管理方面，都要瞪大眼睛，守住底线。要紧盯贯彻落实习近平总书记重要指示批示精神，严防领悟不精不准、部署不全不紧、落实不严不实，可能影响全局的风险；要紧盯安全生产、全链条监管、新兴业态监管等领域，严防制度不健全、监管不到位、合成谬误等风险；要紧盯突发舆情、队伍思想动态、信息系统运行、数据安全、党风廉政建设等领域，严防失常失控失效的风险和腐败案件发生。要准确把握稳和进的关系、稳和进的时度效。政治、业务、队伍、工作衔接等各方面工作都要做到稳妥严密，改革、融合、开放、服务要稳中求进，在继承中发展、在创新中提升。“精服务”就是要主动站在服务构建新发展格局的高度上开展工作，致广大而尽精微，每一项工作都要追求细致、精致、极致。要增强大局意识，常怀“国之大者”，做到从全局谋划一域、以一域服务全局。践行“海关为民”，深入企业、深入群众、深入一线、深入基层，把领导关心、社会关注、群众关切的情况及时收集上来分析研判，多出“金点子”，解决与群众关系最直接、群众最关心最现实的困难和问题，所有执法行为要程序合规、证据确凿、数据真实、结论准确，经得起法律、现实、历史、人民的检验，树立可亲、可敬、可靠的人民海关形象。“严督查、优内控、强应急、细保障”是对“保安全”和“精服务”的有力支撑，是我们把好国门、做好服务的动力源泉。严督查要进一步改进督查督办，发挥督查抓落实的“利器”作用，不断完善研究部署、定期通报和督办落实的闭合回路，对重点工作、领导批示、议定事项实现全覆盖督办、全过程跟踪、全方位问效，确保上级决策部署落到实处。优内控要全面提升风险内控水平，健全风险防控机制，抓住风险防控重点，提升风险预判、预警、预案、预演能力。强化“基层自控、职能监控、专门监督”三道防线，做到防要防住、控要控住、管要管住。强应急要健全完善应急体系和预案，加强对突发情事的分析预警研判，通过多演练、常模拟，对演练内容的丰富程度、处置措施的细化程度、应急响应的合理程度进行总结，达到检验预案、磨合机制、锻炼队伍的目的，锻造一支指挥科学、训练有素、反应迅速、战斗力强的应急队伍。细保障要全方位做好人力、物力、财力、科技、法治等各项保障。加大法治海关建设力度，认真学习《习近平法治思想学习纲要》，持续深化行政执法

“三项制度”建设，加强法治宣传教育和法治文化建设，扎实推进依法行政。要保障政务高效运转，发挥信息辅助决策作用，加强新闻舆论引导，强化档案安全管理，提升热线服务质量，提高办文、办事、办会质效。强化科技引领支撑，提高科技应用水平，提升实验室、监管装备设备的智能化网络化水平，做好党的二十大网络安全保障，用好“微创新”工作机制，积极参与吉林省科技奖励项目和总署科研项目申报。夯实财务保障基础，落实好“过紧日子”要求，推动创建节约型绿色机关，完善预算保障机制，加大存量资源盘活和内部挖潜力度，深入落实支持保障艰苦地区边关22条措施，进一步改善关区业务办公生活条件。坚持正确用人导向，“一把尺”“一张单”“一盘棋”，让那些想干事、肯干事、能干事、干成事的干部能脱颖而出，建立日常发现机制，大力培养选拔优秀年轻干部，加强墩苗育苗，用好长期在边关和艰苦地区兢兢业业工作的干部和在基层一线苦干实干的“老黄牛”式的干部，加强关心关爱，强化奖励激励功效。精心精细精准做好离退休干部工作。

“六纵”中的“讲政治”是海关工作第一位的要求，是海关队伍的基本属性，只有准确把握每一项工作的政治内涵，才能确保我们的前进道路始终不偏航。“定目标、明责任”就是要坚持目标导向、问题导向，紧盯目标抓工作，强化责任抓落实，做到层层知责、层层担责、层层尽责。“实措施”就是要一切从实际出发，确保各项政策措施“第一公里”和“最后一公里”都符合实际要求、解决实际问题、取得实际效果。“查成效、促提升”就是要注重结果导向，完成任何一项任务都要有复盘、有总结、有改进，最终达到能力水平的提升，实现良性循环。

通过运用“六纵”的方法，不断检验“六横”各领域工作开展的成效，进一步强化下对上的响应、左和右的呼应、上对下的反应，整体带动关区上下目标同向、思想同心、行动同力，为关区各项工作有突破、有创新，上层次、上水平提供坚实保障。

（三）开展五个专项行动，形成以问题导向、效果导向推动工作的常态化

一是开展“防疫情、稳外贸、保安全”大调研。防疫情大调研要建立“检查清单”，对是否了解最新政策措施，“规定动作”是否不折不扣做到位，是否存在选择性执行、操作不规范、搞变通，“百名科长百日督查”反馈问题是否整改到位等情况重点检查；要发挥工作专班作用，形成常态化形势研判、风险评估、政策解读、信息共享、监督检查机制，定期通报查摆问题，坚持跟踪问效，狠抓整改落实。稳外贸大调研要通过建立关领导与地方政府、企业对接和问题清零机制，在精准滴灌、直达快享上下功夫，做好问题收集反馈，解难点、疏堵点、增亮点，推动各项措施取得实实在在的效果。“保安全”大调研要定期对危险化学品监管、实验室安全等9大重点领域开展安全隐患“回头看”，对“人的不安全行为”“物的不安全状态”“管理上存在的缺陷”检查到位，坚决守住安全底线、监管红线。

二是开展全领域风险大排查。要建立常态化、滚动式的风险排查整改机制，动态开展风险排查、排序、排除，加强“四不两直”实地检查，综合运用书面检查、视频抽查等方式，不断强化监督检查力度，提升检查实效。强化风险预判，加强情报信息收集和大数据运用，综合研判有效防范未知风险。加强风险预警，发挥各类风险预警系统和机制作用，推广应用“吹哨人”制度，及时拉响警报。

三是开展全领域风险隐患问题大整改。针对查发问题要建立台账、立行立改，持续动态更新“问题隐患清单、制度措施清单和底数清单”三项清单，坚持问题隐患抓早抓小、动态清零、整改到位，避免小风险转化为大风险、业务风险转化为政治风险，增强“时时放心不下”的责任感，有效防范和化解各领域风险隐患，进行系统性梳理、体制性预防、应急式处理，防止“黑天鹅”和“灰犀牛”事件发生，坚决守牢安全稳定底线。

四是开展岗位操作手册大检查。要对各自领域的工作要求做到心中有数，建立本部门本单位覆盖全领域、全岗位的工作手册、操作指引，方便查阅、一目了然，通过岗位流程清单化、指引化、图表化，实现工作精细化、规范化、制度化。要组织开展一次专门检查，重点检查手册、指引有没有建立起来、能不能及时更新完善。

五是开展队伍能力素质提升大培训。优化教育培训体系和机制，分类分级精准施训，着力强化中青年干部党的理论教育，深化岗位实训和持续再教育，强化资质类专业技术人员培训，建立专家人才库，提升任职培训、公务员初任、日常培训等各类培训质量。探索建立“导师制”培训模式，发挥好专业专家的“传帮带”作用。

（四）实施一个方案，推进统筹发展和安全两件大事落实落细

“固边兴边”专项工作方案是长春海关落实习近平总书记统筹发展和安全重要指示精神的务实举措。

“固边”就是要高站位做好疫病疫情防控、反走私、反渗透各项工作。

一是强化口岸检疫工作。坚持“人、物、环境”同防、多病共防。进一步调整优化完善口岸疫情防控措施，坚持先立后破、统一规范、有效衔接、落实责任。优化检疫流程，通过推广应用“无接触式核验”的卫生检疫模式及测温闸机等智能设备，实现旅客“无感通关”。扎实做好入境人员卫生检疫，严格规范开展健康申明卡核验、体温监测、医学巡查、采样检测和移交处置，加强对机组人员及陆路口岸司乘人员的精准检疫，强化对变异株流行国家和地区的入境人员检疫措施。结合陆路口岸复开运行情况，进一步推动实施“甩挂”“吊装”“接驳”等非接触式货物交接模式。严格按照总署布控指令和要求开展入境客运航空器终末消毒和固（液）体废弃物处理监督，以及进口冷链食品、农产品和高风险非冷链集装箱货物抽样检测和预防性消毒监督。强化动植物检疫，加强非洲猪瘟、高致病性禽流感、沙漠蝗、红火蚁、松材线虫等重大动植物疫情防控，积极参与智慧动植检建设，深入开展“国门绿盾 2022”行动，提高外来入侵物种防控及进境动植物疫情截获成效。加强对新情况的研判，密切关注境外疫情流行趋势、毗邻国家（地区）疫情有关情况，遇到突发事件第一时间请示报告。持续加强内部防护，严格遵守工作纪律和属地防疫要求，规范业余社交，强化应急工作准备。

二是强化全链条监管。正面监管突出政治安全、意识形态、文化安全等重点领域，加强涉恐、涉爆、涉枪、涉毒物品及反宣品、违禁音像制品的监管查缉，严格落实禁限管控措施。规范口岸检查作业，提升现场主动查发能力。持续强化危险品、敏感消费品等重点商品检验。后续监管突出查发问题导向，深化“互联网+稽核查”运用，提升精准查发能力。持续推进智慧监管。坚持依法科学征管，加强关区税收形势分析和税收风险态势研判，强化职能监控和指导，发挥综合治税机制的作用，全力以赴完成税收预算目标。推进关检业务深度融合，强化国门生物安全检测能力建设，加强实验室生物安全管理。充分发挥风险防控分局、监控指挥中心和各工作专班的作用，加强对业务运行的监控、分析和预警，把风险抓早抓小，强化源头管控。优化调整风险布控规则，推进通关效率不断提升。

三是强化打击走私工作。围绕“中央关注、社会关切、群众关心”的突出走私问题，强化重点打击，聚焦重点区域、重点领域、重点商品，持续开展“国门利剑2022”联合专项行动。严厉打击“洋垃圾”、象牙等濒危物种及其制品走私。巩固海南离岛免税“套代购”走私整治成效。联合打击骗取留抵退税。着力查处大案要案。落实海关总署党委打击走私相关文件精神，加强对打私工作的组织领导，推进缉私专业能力建设，深化“智慧缉私”，发挥大数据系统实战作用。强化缉私综合保障。推动地方政府落实反走私综合治理主体责任。

“兴边”就是要高标准用好用足、落实落细海关总署出台的促进外贸保稳提质十条措施和助企纾困降成本七项措施。

一是要保市场主体。开展AEO企业认证精准培育，建立AEO企业联系配合和规范案件信息录入优化信息共享两个机制，发挥企业协调员作用，助力企业在境内外享受同等便利。开展技术性贸易措施调查研究，助力企业跨越国外技术贸易壁垒“走出去”。强化知识产权海关保护，维护国家和企业利益。将主动披露适用范围扩大到检验检疫领域，减少轻微违规行为对企业经营的影响。发挥外贸形势分析会议机制作用，加强、加密、加深进出口分析和政策研究，争取形成高水平、有价值的研究成果和政策建议，每季度按时提交高质量调研报告。深化业务改革创新，健全完善海关业务问题直报点机制，解决基层和企业实际问题，积极释放改革红利，增强企业获得感。

二是要保跨境物流畅通。深化通关便利化改革，全面推广“两步申报” “提前申报”“预约通关”“两段准入”“先放后检”等便利化模式，促进各项改革有机结合、叠加发力。持续优化口岸营商环境，巩固压缩整体通关时间工作成效。综合运用企业自主选择申报口岸、舱单归并申报、“单一窗口”“预约通关”等措施，支持“长满欧”“长珲欧”中欧班列常态化运营。践行“智慧海关、智能边境、智享联通”理念，深化与俄罗斯远东海关局国际合作，积极推广“顺势监管”和“嵌入式监管”，促进互联互通、提升口岸通关便利化水平。

三是要保产业链供应链稳定。认真落实减税降费措施和各项税收优惠政策，全力扶持重点产业扩大进出口，帮助企业进一步优化产业链布局。加大力度支持优质农食产品检疫准入，推进落实大宗资源型商品“先放后检”和第三方检验结果采信制度，服务国内市场保供稳价。推广经核准出口商制度、原产地证书自助打印政策，提升企业利用 RCEP 的便利性。大力支持跨境电商、市场采购贸易等新业态健康发展，支持珲春等地发展“边民互市”贸易落地加工，发挥互市贸易兴边富民作用。

四是要保开发开放平台建设。积极落实《中华人民共和国海关综合保税区管理办法》相关便利化任务举措，持续推进自由贸易试验区海关监管创新制度的复制推广，支持鼓励长春兴隆、珲春综合保税区先行先试，着力发挥开放平台高地引领作用。支持长春新区、中韩（长春）国际合作示范区、珲春海洋经济发展示范区等省内重点平台建设，围绕提升海关创新政策研究供给能力、推动边贸创新发展等，持续为开发开放平台建设赋能增效。

同志们，现在时间过半、任务过半，监管服务任务很艰巨，整体要求非常高，对领导干部履职担当提出了更高的要求。在这里，我想对各级领导干部再提几点希望。

第一，要在政治上靠得住。要不断加强理论学习，全面把握党中央新思想、新观点、新论断、新要求，做到真懂、真信、真用，提升政治素养，增强政治定力，始终对党忠诚、听党指挥，严守政治纪律和政治规矩，自觉在思想上政治上行动上同党中央保持高度一致，坚定捍卫“两个确立”、坚决做到“两个维护”。坚持系统观念，充分认识关区各项工作在守卫国门安全和服务国家经济社会发展大局中的重要作用，善于观大势、把方向、谋大局，切实提高政治站位，把准担当作为的政治方向。

第二，要在担当上作表率。各级领导干部特别是“一把手”要发挥带头示范作用，提升两级想问题，下沉一级抓落实，既当“指挥员”，又当“战斗员”，走在前列，敢干、实干、苦干、善干，推动形成良好氛围。要带头解放思想、更新观念、拓宽视野，学在前、走在前、做在前，听实话、察实情、求实效。

第三，要在作风上树标杆。领导干部，特别是各部门单位的“一把手”，处于关键位置、发挥关键作用，更要强化自我修炼、自我约束、自我塑造，克己奉公、正己率人。要带头加强纪律作风建设，切实扛起管党治党政治责任，履行好“一岗双责”，要求别人做到的自己首先做到，要求别人不做的自己坚决不做，强化纪律作风日常养成，引领带动全体干部职工切实将全面从严治党和准军事化纪律部队各项要求落实到位。

同志们，一分部署、九分落实。做好 2022 年各项重点工作，任务艰巨，责任重大。我们要更加紧密地团结在以习近平同志为核心的党中央周围，增强“四个意识”、坚定“四个自信”、做到“两个维护”，坚定信心、勇毅前行，稳字当头、稳中求进，以实际行动把党中央、国务院重大决策部署和海关总署党委各项重点任务落实到位，奋力推进社会主义现代化海关建设，以优异成绩迎接党的二十大胜利召开！

在长春海关党委理论中心组（扩大）学习暨处级主要负责同志学习贯彻党的二十大精神学习班上的总结讲话

长春海关党委书记、关长　俞晓丹

（2022年11月11日）

为期5天的长春海关党委理论学习中心组（扩大）学习暨处级主要负责同志学习贯彻党的二十大精神专题学习班，已经完成了各项议程。其间，我们认真学习党的二十大精神，邀请吉林省委党校专家进行辅导讲座，开展分组研讨和大会交流发言，大家互相学习，普遍反映收获很大，起到了统一思想、提高认识，凝聚共识、鼓舞干劲的作用，学习培训达到了预期效果。下面，我讲3点意见。

一、本次学习的主要收获

一是有感悟，捍卫核心铸忠诚。通过学习，使认识再深化、站位再提高、思想再统一。大家对坚决捍卫“两个确立”的极端重要性有了更加深入的思考，充分认识到学习贯彻党的二十大精神最紧要的任务就是要深刻领悟“两个确立”的决定性意义。习近平总书记作为党的核心、人民领袖、军队统帅所展现的坚定信仰信念、鲜明人民立场、顽强意志品质，赢得了全党全国全军衷心拥护，赢得了国际社会高度赞誉。大家坚决拥护习近平总书记继续当选中共中央总书记的心情是激动的，态度是鲜明的，立场是坚定的。大家纷纷表示“对党忠诚是具体的、有实质内容的，不能表起态来调门挺亮，较起真来变形走样”，“要打造新时代新征程最讲党性、最讲政治、最讲忠诚、最讲担当的机关”。大家一致认为，因为有习近平总书记继续掌舵领航，有习近平新时代中国特色社会主义思想的科学指引，党的事业就一定能接续发展、国家就一定能长治久安、海关事业就一定能阔步向前。

二是有表达，信赖核心担使命。通过学习，使担当再强化、力量再凝聚、使命再牢记。大家通过分组研讨和大会交流发言的形式，纷纷表达了对“两个确立”的坚决捍卫，表达了对习近平总书记继续领航掌舵的坚决拥护，表达了对习近平总书记的敬仰。大家纷纷表示，在推进中国式现代化进程中海关责任重大、不可替代，要以更大担当、更大作为担负使命任务，贡献海关力量。有的讲到“要以开口能讲、提笔能写、问策能对、遇事能办、规矩能守的素质能力担当作为”；有的讲到“要牢固树立岗位就是使命，责任就是命令的担当意识”。大家一致表示，要围绕贯彻落实党的二十大精神，以实际行动推动党的二十大部署涉及海关的12个方面重点工作落地见效。

三是有情感，维护核心守国门。通过学习，使感情再延续、状态再保持、责任再压实。我们的情感是对习近平总书记“我将无我，不负人民”赤子情怀的爱戴，是对习近平总书记“得罪千百人，不负十四亿”使命担当的崇敬，是对习近平总书记“撸起袖子加油干”实干奋斗的信赖。大家在交流中，结合实际工作，将对习近平总书记的情感转化为守国门的力量和劲头，扎扎实实将党的二十大作出的各项部署付诸行动。有的表示要“脚踏实地、稳扎稳打，在检疫监管中有效拦截重大动植物疫情和外来物种入侵，筑牢国门生物安全屏障”；有的表示“要把工作当成使命干，要把国门当作阵地守”。大家一致表示，牢记“三个务必”，保持奋发有为的精神状态，坚守国门安全，为高水平开放高质量发展保驾护航。

四是有行动，紧跟核心促发展。通过学习，使思路再理清、方向再聚焦、目标再明确。大家积极出谋划策、建言献策，为促进地方经济发展、更好地服务吉林省特色产业提供了很多好的意见建议。大家纷纷表示，党的二十大报告字字千钧、句句铿锵、事事振奋，党的二十大作出的重大部署为海关工作指明了方向、提供了遵循。有的表示要“深学深悟、苦干实干，在落实更好地服务地方经济发展方面提出切实可行的思路和举措”；有的表示要“用‘大步伐’完成‘大进步’，用‘大进步’争创‘快发展’”；有的表示要“创新监管模式，助力做大做强一般贸易，促进跨境电商等新业态健康发展”。大家一致表示，坚定不移沿着习近平总书记指引的方向前进，立足长春海关职责定位，全力服务加快构建新发展格局。

五是有成效，拥戴核心齐奋斗。通过学习，使士气再振奋、斗志再鼓舞、征程再出发。从大家的交流中发现，关区领导干部的政治意识得到进一步提升，思想意志得到进一步统一，工作作风得到进一步转变。大家纷纷表示，团结才能胜利，奋斗才能成功。要更加紧密地团结在以习近平同志为核心的党中央周围，众志成城、勠力同心、齐心协力，确保中国号这艘巨轮劈波斩浪、扬帆远航、行稳致远。有的表示“要永葆‘闯’的精神，‘创’的劲头、‘干’的作风”，履职尽责、团结奋斗；有的表示“在准军事化纪律部队建设上坚持‘强能’和‘塑形’一体推进，凝聚团结奋斗的力量”；有的表示“要建设海关文化，提炼边关精神，培树身边榜样”。大家一致表示“要团结成一块坚硬的钢铁，心往一处想，劲往一处使，以团结凝聚力量，以奋斗开创未来”。

二、迅速掀起学习宣传贯彻党的二十大精神热潮

今后一段时间内学习宣传贯彻党的二十大精神是我们重中之重的任务、首要的政治任务，也是未来巡视巡察的重点，学习宣传贯彻

党的二十大精神规定动作一定要做到位，自选动作一定要讲规矩。经过一周的学习，总的效果是好的，同志们围绕学习党的二十大精神，落实海关总署党委“12 个必”工作任务和“15 字”工作要求进行了深入的思考。在开班辅导讲话中，我围绕“铸忠诚、担使命、守国门、促发展、齐奋斗”结合长春海关实际提出了 14 个具体问题，很多同志结合本职工作谈了认识、谈了想法、谈了思路，大家谈得都很好。

学习好、宣传好、贯彻好党的二十大精神事关党和国家工作全局、事关海关事业长远发展，是当前和今后一个时期的首要政治任务。海关作为国家机关，是贯彻落实党中央决策部署的“最初一公里”。要切实按照习近平总书记提出的全面学习、全面把握、全面落实的重要指示精神，按照总署党委统一部署安排，集中精力、聚精会神把所在部门和单位的学习发动好、组织好，不断增强学习宣传贯彻的思想自觉、政治自觉、行动自觉，带着感情学，带着问题学，带着使命学，切实用党的二十大精神武装头脑、指导实践、推动工作。

一是要形成“三个声势”，确保学习宣传贯彻党的二十大精神入脑入心。形成学习声势。各部门、各单位要认真谋划学习宣传贯彻党的二十大精神工作，分专题、分阶段抓好学习研讨。各基层党组织要通过“三会一课”、主题党日等形式原原本本、原汁原味开展学习，深化对党的二十大精神内涵实质的理解和思考，要保证时间、保证质量、保证效果，做到全覆盖、无死角、不掉队。要针对人员相对分散、防疫“封闭管理”等实际，务实灵活多样的学习载体，确保各项学习要求不折不扣落到实处，引导广大党员干部真正在学习中实现党性再提升、思想再解放、信心再增强、精神再提振。形成宣讲声势。紧密联系海关事业发展实际，紧密联系思想工作实际，把好基调、把好导向，统筹线上线下，全面开展形式多样的宣讲活动。坚持领导干部带头、党委书记带头宣讲党的二十大精神，党委委员在分管领域、条线、所在党支部开展宣讲，基层党支部书记在本支部开展宣讲，以实际行动带动广大党员干部群众的学习。领导干部要走出机关、深入基层、下到一线，全方位宣讲党的二十大精神，交流心得体会，引导广大党员干部在深刻领悟“两个确立”决定性意义上表达更充分、拥护拥戴习近平总书记继续领航掌舵立场上更坚定。形成宣传声势。要严格按照党中央精神全面准确开展宣传，加强对各类宣传阵地管理和稿件审核把关。在这里，我要再次强调，全体领导干部要认真学习涉及党的二十大的规范表述。要营造学习贯彻党的二十大精神浓厚氛围，线上要在网站开设“深入学习宣传贯彻党的二十大精神”专栏，依托“春意边关”微信公众号，通过征文、理论研究等方式，刊载交流不同层面的学习心得体会，为党员干部交流学习搭建平台；线下要宣传各单位开展学习贯彻的好经验、好做法，多角度展示学习宣传贯彻成果。要注重宣传成效，在系统内外各类媒体平台全方位展现海关为民服务、助企纾困、促外贸保稳提质等工作实绩实效，扩大海关工作的影响力。要充分利用各类宣传平台，从各个角度、各个层面，把长春海关的工作展现出来，特别是对党的二十大精神学习宣传贯彻的工作情况要充分展现出来。

二是要抓好“三个着力”，确保学习宣传

贯彻党的二十大精神落实落细。着力统筹谋划，制订关区学习宣传贯彻党的二十大精神工作方案，重点围绕海关总署党委提出的“12 个必”工作要求进行细化，制定明确的时间表、施工图。要将学习宣传贯彻党的二十大精神纳入党建考核内容、纳入党支部书记述职评议内容、纳入干部教育培训重要内容，做好分级分批专题培训、集中轮训、全员培训计划。着力压实责任。各单位党委对本单位学习宣传贯彻工作负总责，研究制订实施方案，列出专题抓好学习研讨和教育培训。各部门、单位主要负责同志要担负起学习宣传贯彻落实的“第一责任人”职责，亲自研究部署、亲自推动落实，充分发挥“头雁”效应，走在前、学在前、做在前，以“关键少数”带动整体参与，形成一级抓一级、层层抓落实的良好局面。各基层党组织要充分发挥战斗堡垒作用，通过党员大会、党小组学习等形式，组织好全员学习。着力督促检查。强化分级分类指导，根据不同层级、不同类型党组织和党员的实际情况，因地制宜、精准指导，确保学习内容充实、过程扎实、效果务实。总关将对各单位学习宣传贯彻情况进行全程跟踪督导检查，及时发现和解决学得不深、结合得不紧、效果不好等方面的突出问题，在求实、务实、落实上下功夫，坚决杜绝学习宣传贯彻搞形式主义、官僚主义。在党的二十大精神学习宣传贯彻过程中，形成的各种材料要认真整理、要认真归档保存。各派驻纪检组要加强对学习宣传贯彻情况的专门监督，形成监督合力，确保学习宣传贯彻既见行动又见成效。

三是做好“三个贯穿”，确保学习宣传贯彻党的二十大精神走深走实。贯穿年底重点工作。各部门单位要按照两级海关年初、年中工作会议部署，有针对性地盘点梳理今年以来的重点工作，坚持问题导向，查短板找差距，厘清具体难点和薄弱环节，加大力度查缺补漏，切实把党的二十大精神贯穿到海关工作全领域全过程。进一步强化指标意识，职能部门要认真研究梳理条线指标，及时掌握指标完成进度和考核情况，推动关区保质保量按时完成好全年目标任务。贯穿促外贸稳增长。要充分发挥海关作为国内国际双循环交汇枢纽的重要作用，为吉林外贸实现高质量发展保驾护航。充分利用职能优势，加快促进跨境贸易便利化，积极推动企业“引进来”“走出去”，助力吉林打造高水平对外开放平台。要真正聚焦企业群众急难愁盼的问题，着力解难事办实事，避免重形式走过场，树立海关可亲、可敬、可靠的形象。贯穿全面从严治党和全面加强党的建设。持之以恒推进全面从严治党，深入推进新时代党的建设新的伟大工程，健全关区全面从严治党体系，坚持不懈用习近平新时代中国特色社会主义思想凝心铸魂。坚持党的自我革命永远在路上，建设堪当民族复兴重任的高素质干部队伍，坚持大抓基层的鲜明导向，不断增强党组织政治功能和组织功能，把各级党组织建设得更加坚强有力，打造堪当新时代重任的准军事化纪律部队。坚持以严的基调强化正风肃纪，坚决打赢反腐败斗争攻坚战持久战。

三、扎实做好年底各项重点工作

2022 年还剩不到两个月的时间，“年终岁尾”各项工作都进入了“冲刺”阶段、进入了倒计时。我们要深入学习宣传贯彻党的二十大精神，增强使命感、责任感、紧迫感，落实

“疫情要防住、经济要稳住、发展要安全”的重要要求，围绕长春海关“151”总体工作思路，扎实推进各项任务圆满收官。下面，我再强调8个方面的重点工作。

一是科学精准做好口岸疫情防控。11月10日，中共中央政治局常务委员会召开会议，听取疫情防控工作汇报，研究部署进一步优化防控工作的二十条措施，下一步疫情防控措施会更加优化、更加精准。要完整、准确、全面贯彻落实党中央决策部署，这也是我们坚决捍卫“两个确立”，坚决贯彻党的二十大精神的重要实践。坚定不移落实“外防输入、内防反弹”总策略和“动态清零”总方针，严格落实海关总署“四严四零”要求，加强疫情跟踪分析监测，及时调整完善防控措施，严格规范做好入境人员卫生检疫和进口冷链食品、农产品高风险非冷链集装箱货物的检疫监管，科学精准分级分类监督入境客运航空器及高风险交通工具终末消毒。统筹推进延吉机场复航和相关口岸恢复通关准备工作，做足万全准备。坚持多病共防，加大各类疫情疫病口岸防控力度，坚决防止疫情叠加。严格做好内部疫情防控，严格遵守防疫政策和各项纪律要求。进一步加强对一线封闭管理人员的关心关爱，各级领导干部特别是“一把手”要切实负起责任，继续开展好“关长走进口岸封管区”活动，举一反三、落实落细、用心用情做好关心关爱，构建形成常态化长效化制度机制。要持续开展常态化监督检查，采取现场督导检查、自查自纠、视频监控检查等方式，开展“四不两直”督导检查，对发现的问题形成问题清单，明确职责、细化分工，一盯到底，确保整改到位。

二是千方百计促进外贸稳增长。2022年以来，我国外贸克服诸多不利因素，实现稳定增长，充分体现了我国经济较强的韧劲和活力。吉林省前10个月进出口总值1275.8亿元，比上年同期下降0.7%，较上月收窄1.2个百分点，省委省政府提出第四季度要实现企稳回升。我们要认真落实党中央、国务院稳经济一揽子措施，抓好已出台促进外贸保稳提质、助企纾困降成本政策措施落实。积极支持粮食等重要农产品和煤炭等能源资源产品进口，服务国内市场保供稳价。持续优化口岸营商环境，密切关注口岸运行情况，做好边境陆路口岸保通保畅，积极协调省外其他口岸海关，帮助省内企业解决异地货物通关等问题，防止货物和运输工具在口岸滞留，全力保障吉林外贸企业供应链产业链稳定畅通。压实地方政府主体责任，推动相关部门加大协调力度，力争2022年年底前完成长春兴隆综合保税区二期验收工作。要做好收官总结报送，加强进出口监测预警，服务中央决策，做好外贸数据发布，稳定市场预期。开展企业调研活动，对地方政府和企业提出的诉求，要时刻保持敏感，不能简单地答复“不符合政策、没有先例”，杜绝“推拖等靠”情况发生，要通盘考虑、积极协调、全力以赴，切实为地方和企业办实事、解难题。

三是科学征管，完成税收任务。2022年前10个月，长春海关共征税75.4亿元，同比下降9.6%，税收下行压力较大。要参照海关总署考核指标体系，建立长春海关税收征管指标监控与定期通报机制，持续跟踪做好税收形势研判和风险防控，在扩大税基、涵养税源上下功夫，培育税收增长点，依法科学征管，应收尽收，不征过头税，确保完成税收预算目标，为中央财政作出贡献。聚焦支持产业发展、服务国家战略开展税政调研，积极参与税收政策制定，支持企业技术进步和产业结构转型升级。

四是严格依法加强监管。要努力提高风险布控的精准度，优化布控规则，提高布控指令可操作性。开展好“国门绿盾 2022”专项行动、“跨境电商寄递‘异宠’综合治理”专项行动，防范重大动植物疫情疫病和外来入侵物种传入。强化源头治理，压紧压实进出口食品企业主体责任，加强进口食品安全监管。加大对涉及“安全卫生健康环保”要求的重点敏感商品的检验监管，牢牢守住进出口商品质量安全关。规范口岸检查作业，加强监管场所规范化管理，发挥两级监控指挥体系作用，强化执法作业监督。落实贸易禁限管控措施，强化反恐应急演练，做好维护意识形态安全和“扫黄打非”等工作。强化企业管理和稽核查，提高查发有效性。加强属地查检，做好加工贸易监管。

五是锲而不舍保持打私高压态势。经过持续高压严打，当前反走私形势总体平稳可控，但走私诱因依然存在，特别是在疫情和国内国际经济形势影响下，出现了一些新情况新变化。我们要坚决贯彻落实习近平总书记关于打击走私工作的重要指示批示精神，打好“国门利剑 2022”联合专项行动收官战，加大各现场各渠道监管查缉力度，严防海南离岛免税“套代购”走私、“水客”走私等反弹回潮，保持象牙等濒危物种及其制品、“洋垃圾”、成品油等走私打击力度，着力查处大案要案，重拳打击涉枪、涉毒、涉检违法犯罪，切实维护国家安全稳定和经济社会发展。

六是瞪大眼睛牢牢守住安全生产底线。安全生产没有“完成时”，只有“进行时”，安全生产没有“万无一失”，只有“一失万无”。我们要做到安全意识强化再强化，决不能麻痹大意，决不能自以为是、想当然，决不能光凭经验办事、犯经验主义错误，必须把安全生产作为工作的重点，以“时时放心不下”的责任感，紧盯危险化学品监管、网络信息安全、信访事件处置、执法作业安全和海关监管作业场所、实验室、办公场所及住宿建筑物等重点领域，动态开展排查、排序、排除。巩固“口岸危险品综合治理”百日专项行动成效，组织开展“回头看”，把好的经验做法固化下来，推动建立进出口危险品监管长效机制。推广应用安全生产网格化管理体系建设、常态化滚动化开展全领域风险隐患问题大排查大整改，以“细致、精致、极致”的标准，全面落实“加强版”责任、采取“加强版”措施，牢牢守住不发生重大、系统性风险底线。

七是全力以赴做好各类问题整改工作。持续推进巡视巡察、民主生活会、疫情防控督察、审计、选人用人监督检查、专项整治和专项工作等问题整改，重点要把握 3 个方面。一是坚持统筹联动整改，按照整改责任分工和整改时限，一体部署、一体推进、一体整改，及时更新维护整改清单，对已查发问题紧盯整改到位，确保不贰过，对新出现的问题要剖析原因，立行立改；各牵头部门要加大整改通报力度。二是要坚持问题导向、目标导向，近期总署下发常态化疫情防控监督检查工作方案，2023 年将对长春海关进行审计，督察内审处印发了自查自纠方案，要主动适应常态化监督检查机制，高质量开展监督检查工作，不断提高查发问题、解决问题能力水平，以查夯实根基、以改促进提升，形成常态长效工作机制。三是坚持从根源上解决问题，举一反三、寻根问底，“问题出在下面，根源在上面”，要注重从制度机制层面解决问题，确保整改一项问题，规范一个领域，建立一项制度机制。

八是集思广益谋划好明年工作。2023 年是全面贯彻落实党的二十大精神的开局之年，做好明年海关工作意义重大。各部门单位主要负责同志在这次学习交流过程中，结合工作实际，对长春海关下一步工作提了很多好的建议，各职能部门要吸收采纳，认真分析研究并转化为具体的工作实践。对于大家提出来的工作思路和具体措施，要抓好贯彻落实。要深入进行探索思考，围绕总署党委提出的“12 个必”工作任务和“15 字”工作要求，按照长春海关“151”总体工作思路，统筹开展调查研究，认真谋划 2023 年工作的思路举措，集思广益、群策群力，确保海关总署的各项部署要求在长春海关落实落细、取得实实在在的成效。要提前做好 2023 年长春海关工作会议、全面从严治党工作会议的筹备工作，为 2023 年工作开好局、起好步、打好坚实基础。

同志们，这次党委理论中心组学习班就要结束了，但绝不意味着学习的结束，而是刚刚开始。我们要在全面学习、全面把握、全面落实党的二十大精神上持续发力，做到学习宣传贯彻党的二十大精神“一个也不掉队”。我们要深刻领悟“两个确立”的决定性意义，增强“四个意识”、坚定“四个自信”、做到“两个维护”，更加紧密地团结在以习近平同志为核心的党中央周围，切实把思想统一到党的二十大精神上来，把力量凝聚到党的二十大确定的各项任务上来，众志成城、踔厉奋发、勇毅前行，扎实推进社会主义现代化海关建设，为实现中华民族伟大复兴作出新的更大贡献。

第二篇

专记

长春海关开展捍卫“两个确立”、做到“两个维护”、强化政治机关建设专项教育活动

2022年，长春海关坚决落实海关总署党委部署，闻令而动、听令而行，深入开展捍卫“两个确立”、做到“两个维护”、强化政治机关建设专项教育活动（以下简称“政治机关建设专项教育活动”），大力加强政治机关建设，不断增强政治意识、提高政治能力、强化政治担当，切实把讲政治要求落到实处，推动各项工作取得新进展、新成效。

一、主要工作情况

（一）各级高度重视，全力组织推动落实

长春海关党委形成高度思想共识，亮出鲜明态度和决心，把政治机关建设专项教育活动作为排除风险隐患、解决顽瘴痼疾、实现行稳致远的一次重要契机，坚决扛起主体责任，带领全关做在前、走在前。

加强组织领导。党委第一时间学习贯彻全国海关专题会议精神，按照“全员覆盖、全域查摆、全面整改”的要求，迅速制订工作方案，成立工作专班，接续召开党委会、专题会、推进会进行动员部署，形成“党委带头示范、各层级压实责任、全员深度参与”的工作氛围，做到人人都参与、人人受教育、人人有提高。严格监督指导。成立6个工作专班负责研究、审核、把关梳理政治要求和关区查摆问题。成立2个督导组，负责监督指导、跟进督办。政治机关专项教育活动工作领导小组（以下简称“领导小组”）办公室每月下发重点督导任务清单，以“线上+线下”的方式加强督促推动。采用任务清单、问题清单、整改清单“三单对账”方法进行专项考核，压紧压实“责任链条”。机制化推动落实。领导小组、政治部、党委委员分别召开各类专题会议，研究、讨论、推进具体工作落实。召开党委会议研究部署工作7次，领导小组召开会议3次，政治部召开会议推动工作8次，各工作专班组织工作会议12次。建立“‘五学联动’、全域查摆、整改落实、统筹推动、信息宣传”5项工作机制，贯穿政治机关建设专项教育活动全过程、各环节，确保政治机关建设专项教育活动各项部署要求落实落细、取得实效。积极总结提炼好经验好做法，相关内容被海关总署采用54篇。

（二）持续深化学习研讨，全程强化政治机关意识

党委带头发挥领学促学作用，坚持把学习

研讨贯穿始终，着力纠正思想认识上的偏差，不断强化政治机关意识。

在深化理论学习方面，党委带头落实“第一议题”制度，年初以来党委会议组织学习习近平总书记重要讲话和重要指示批示精神30次，组织党委理论学习中心组（扩大）学习12次。深入研讨交流。党委带头开展调查研究，党委委员到基层调研80次，参加各部门单位党支部主题党日活动和专题学习研讨34次，充分发挥“头雁效应”。搭建“思想理论学用讲坛”交流平台，坚持“因材施教，因人而异”，有计划、分层次、分专题制订个性化研讨方案。在关区选出部门单位主要负责同志、支部书记、青年代表，以“强化政治机关意识，着力建设模范机关”为主题，深入开展交流研讨。长春海关主要负责人参与3场论坛并有针对性地提出要求。各党支部每月开展1次全员研讨，关区组织主题党日活动和支部学习累计1000余次。在加强教育培训方面，从政治层面强化各类培训，着力强化中青年干部党的理论教育，开展十九届六中全会精神、专项教育活动专题培训。深化岗位实训，开展执法一线科长、资质类专业技术人员培训，提升干部素质。组织开展4期党建工作专题培训，举办各类专题培训249期，参训1588人，做到应训尽训、全员覆盖，实现政治能力与业务能力“双提升”。

（三）广泛深入查摆问题，全领域防范化解风险隐患

党委带头强化系统思维，不断提高见微知著能力，着力防范和化解风险隐患，不断夯实安全发展基础。

深入查找问题。党委召开专题会议，认真对照“四个是否”要求，深刻检视反思，查摆问题26项，制定整改措施65项。关区各部门单位逐级查摆问题，深刻剖析根源，制定有效整改措施。彻底排查风险。认真对标对表习近平总书记重要指示和党中央关于经济工作的决策部署，在政治机关建设专项教育活动工作中突出问题导向，把检视问题、查摆问题贯穿全过程、各方面，确保把问题找实、找深、找准。围绕“四个是否”，聚焦从政治层面检视业务工作，对照政治要求查、结合工作职责查、自上而下全面查，形成纵向到底、横向到边、全面覆盖的“地毯式”排查模式。关区各部门单位经过4轮查摆、“四上四下”，查找出缺乏大局意识和全局观念、理论联系实际不够、专业能力不强、学用脱节等亟待解决的突出问题，同时也查出可能存在的风险隐患，整理汇总形成长春海关“学查改”专项工作、政治机关建设专项教育活动的问题清单，关区共查摆问题239项。强化风险防控。聚焦“7+21”项重大、系统性风险，建立常态化、滚动式风险排查整改机制，动态开展风险排查、排序、排除。发挥两级风险管理委员会作用，系统性梳理、体制性预防、应急式处理好关区业务领域发现的或可能存在的重大、系统性风险。重点抓好“口岸危险品综合治理”百日专项行动成果巩固、安全生产大检查“回头看”、推广应用安全生产网格化管理体系建设，全面落实“加强版”责任、采取“加强版”措施，坚决守牢不发生重大、系统性风险底线。

（四）求实问效整改提高，全面巩固拓展活动成效

党委坚持举一反三、远近结合，从严从紧从实狠抓整改落实，切实以问题整改提升工作实效。

在压实整改责任方面，党委对关区整改工作负总责，各部门单位领导班子对本部门单位整改工作负责，主要负责同志作为第一责任人对整改落实进行研究部署、加强指导，班子成员按分工抓好具体推进，确保事事有人抓、件件有着落。在明确整改任务方面，领导小组办公室对查摆出来的每个问题，建立一套完整的“身份信息”，明确整改目标、整改措施、分管领导、责任单位、整改时限、取得成效，将问题整改责任落实到人，实现问题根源剖析精准、整改责任落实精准。各部门单位健全完善操作规范、业务指引、流程图表，实现由“推着改”到“带着改”转变。关区制定整改措施500条，整改完成率达100%。在巩固整改成效方面，明确海关监管职能和责任，注重建章立制，制订长春海关处理好“政治与业务关系”专项工作方案，推动整改常态长效。结合巩固深化“我为群众办实事”成果，切实把讲政治的外部要求转化为内在动力和有力举措，全力打造“落地见效”“最后一公里”等“比学赶超”展示平台。2022年，关区推出“我为群众办实事”实践活动典型案例7个，以点带面促进整改落地落实，在“亮清单、晒实事”中营造互促互鉴、比学赶超的积极氛围。

二、取得的主要成效

（一）强化政治机关意识，旗帜鲜明讲政治更加自觉

关区广大党员干部政治站位进一步提高，对海关作为国家机关首先是政治机关的定位更加明晰，更加自觉从政治和大局的高度审视和思考业务工作，捍卫“两个确立”、做到“两个维护”更加坚决，落实习近平总书记重要指示批示精神和党中央决策部署更加有力。政治敏锐性进一步增强，关区共梳理政治要求1160条、政治要求的具体内容1252条、整理各类讲话文件1582份，一并汇编成册，实现政治要求覆盖关区各个条线，作为讲政治的“作业指导书”下发关区，切实将政治要求融入履职尽责、融入把关服务、融入日常工作，广大党员干部对“没有脱离政治的业务，也没有脱离业务的政治”认识更加深刻。政治能力进一步提升，将讲政治从外部要求转化为内在主动，从政治上谋划、部署、推动工作，从业务上落实政治任务、政治要求的能力水平进一步提高，广大党员干部立足岗位干事创业、争先创优。2022年，长春海关全力服务吉林省全面振兴和全方位振兴入选吉林省直机关“奋斗十四五，建功新时代”主题实践活动业绩突出项目，1名同志被评选为业绩突出项目带头人，长春海关吉林国际旅行卫生保健中心获评吉林省直机关“工人先锋号”，1人当选吉林省十二大党代表，1名同志获评吉林省直机关“五一劳动奖章”，1名同志获评“吉林好人·战‘疫’先锋”称号。

（二）强化系统观念，工作统筹协调更加有力

关区广大党员干部进一步增强系统思维，注重问题导向、目标导向、结果导向，更加自觉地在政策制定、执行和反馈等环节运用系统观念，防止局部合理政策叠加起来造成负面效应。进一步提高统筹协调效能，综合部门的统筹能力增强，职能部门和隶属海关的联系配合能力提高，下对上的响应、左和右的呼应、上

对下的反应更加及时高效，全关一盘棋形成强大合力，共同促进长春海关事业高质量发展。进一步增强大局意识，对“国之大者”学习理解更加深刻，自觉融入、主动服务党和国家事业发展全局、海关工作大局，能够以更高站位、更加深入地思考谋划关区工作，在大局中思考、在大局下行动。

（三）强化风险防控，安全发展基础更加厚实

各级党员干部增强风险意识，以“时时放心不下”的责任感，以如履薄冰、如临深渊的警觉，扎实抓好风险全领域防控，促进高质量发展和高水平安全的良性互动。健全风险防控机制，一体推进系统性梳理、体制性预防和应急式处置，关区风险查摆、研判和防控机制更加完善，切实防范单项风险、一般风险演化为系统风险、政治风险。提高了见微知著能力，更加注重从苗头倾向看发展走向，对安全生产领域的风险苗头及时处置，较为稳妥地应对突发事件发生，以实际行动防风险、保稳定。

（四）强化责任担当，守国门、促发展更加高效

各部门单位扛起政治担当，认真落实“疫情要防住、经济要稳住、发展要安全”的重要要求，高效统筹口岸疫情防控和促外贸稳增长。毫不松懈抓好常态化疫情防控，大力弘扬伟大抗疫精神，全面加强“多病共防”，严防疫情叠加输入风险，全力筑牢国门安全防线。千方百计促进外贸保稳提质，推动落实营商环境创新试点工作，加强成效评估，持续推动促进外贸保稳提质和助企纾困降成本各项措施落地落实。强化敏感商品和重点区域监管持续强化进出口危险品及其包装检验监管，坚决打击“高危低报、多危少报、涉危不报”行为。强化重点敏感商品质量安全检验监管，严把进出口商品质量安全关。积极开展政策研究，为地方外贸经济发展建言献策，多篇报告、专报获海关总署、地方领导批示。

撰稿人

赵　娜

长春海关扎实开展“海关重点项目和财物管理以权谋私”专项整治工作

2022年，按照海关总署党委和驻署纪检监察组的部署，长春海关推进开展“海关重点项目和财物管理以权谋私”专项整治工作，并将此次专项整治工作作为推进全面从严治党、提升海关治理能力、加强清廉海关建设的重要抓手，推动形成“两个责任”同向发力、各级班子上下贯通、各业务条线协调联动的工作格局，全力推进专项整治走深走实、取得成效。

一、突出谋篇布局的引领性，上下联动提升“推动力”

（一）党委聚焦政治责任，“统筹”与“推动”相统一

长春海关党委第一时间学习贯彻专项整治工作动员部署会议精神，成立领导小组，建立党委书记抓总、其他党委委员履行“一岗双责”、党委纪检组监督协助、职能部门和基层单位深度参与的工作机制，共召开党委会4次、形势分析和工作督查例会4次，第一时间学习掌握海关总署专项整治工作最新要求，并调整工作重点。新一届党委班子成立以来，党委书记坚决落实“第一责任人”职责，听取专项整治工作汇报3次，开展谈话39次，充分发挥“头雁效应”；其他党委委员落实“一岗双责”，经常性加强检查、督促和指导，听取分管部门单位工作汇报77次，党委班子成员对专项整治工作文件、工作报告等共作出批示20余次，确保推动落实有速度、有力度、有深度。

（二）党委纪检组聚焦监督责任，“牵头”与“专责”相统一

扎实履行协助职责和监督专责，牵头协调职能部门结合实际，制定《专项整治工作任务分解表》，细化5个方面60项具体任务，成立领导小组办公室，有序推进专项整治工作。制发《专项整治工作监督表》，指导派驻纪检组“抵近监督”，督促各驻在单位梳理项目清单、排查风险问题、审核剖析材料、开展谈心谈话等工作，压实各环节责任。积极克服属地疫情影响，将听取汇报和廉政谈话相结合、查找问题和指导工作相结合、传导压力和释放信号相结合，以视频形式进行“一对一”“面对面”提示提醒，及时解决苗头性问题。党委纪检组组长与分管党委委员联合召开关长办公会3次，听取重点职能部门专项整治工作进展情况，强化学习教育、查缺补漏、研判风险。

（三）各责任部门聚焦条线职能，“质量”与“进度”相统一

各部门单位统一思想，提高认识，按照党委统一部署，结合工作方案，明确“任务单”、划好“责任田”。领导小组办公室共召开工作推进会议25次，各单位部门召开专题会议106次，各级“一把手”听取工作汇报150次，持续压紧压实相关单位部门主体责任，避免出现“上热、中温、下冷”的现象，形成职能部门“带头干”、隶属海关和事业单位“全面查”、派驻纪检组“再监督”的工作格局。2022年3—4月吉林省疫情突发期间，主动向海关总署专项整治领导小组综合组汇报情况，及时调整工作部署，灵活创新工作方式，确保整治工作质量，全力追赶工作进度。

二、突出全面自查的针对性，拓宽渠道提升“影响力”

多点多线问题线索排查。党委成员结合基层调研，全流程参与涉及重点项目和财物管理领域的具体工作5次，实现融入式查问题、找漏洞。完善“网、信、访、电、微”信访举报渠道，共发放调查问卷2000余份，向542家企业和个人、244名退休干部征求意见建议。起底问题线索档案213个，其中涉及重点项目和财物管理方面问题线索95个，排查2012年以来巡视巡察发现的问题22个、督察审计发现的问题57个，起底排查离岗离职人员69名。主动走访地方纪委监委，就问题线索查发移送、审查调查协作配合、违纪案件联合查办等深入交流，形成监督合力。抓紧抓严重点项目梳理。各职能部门积极与相关司局建立联系，及时沟通项目填报细节，指导、审核隶属海关规范完成重点项目清单填报工作。疫情期间，采取视频联动、远程办公、数据恢复等手段克服居家办公影响，线下组织成立资料查阅小组，查阅档案资料近2600份。建立“执行单位分管领导初审、职能部门汇总复审、综合工作组集体终审”的三级审核机制，梳理重点项目共426项，做实做细项目分析研判，确定高风险重点项目5个。组织个人违规事项申报，按照“线上申报、部门汇总、两级核查”工作机制，组织违规事项个人申报工作，不断释放“自查从宽、被查从严”的政策信号，共有523名干部职工完成违规事项申报，排查处级领导干部亲属从业情况112人，确保应报尽报、应填尽填，不漏一人。分层分级抓好逐一谈心谈话。制订工作方案，召开专题培训会议，细化谈话提纲，形成“应谈必谈人员清单”，542人逐一谈话全部按时高质量完成，共发现问题7个，查找高风险岗位12个，研判廉政风险6个，助力深挖问题线索，确定重点关注人员7人。审核个人剖析材料，明确人员范围、撰写内容、时限要求，严格规范材料内容，总计449人按时报送个人剖析材料，由所在科室、职能部门、分管领导、派驻纪检组层层审核、逐级把关；按20%比例抽查复核，对剖析不够深刻、聚焦不够准确、缺少规定要素、内容雷同相似4种情况实行“必退回”，确保问题找得准、想得深、看得透。

三、突出风险排查的精准性，靶向施治提升“渗透力”

通过案件起底，反查项目执行情况。全面核查2012年以来专项整治领域违纪违法案件涉及的16个重点项目，逐一研判是否存在其

他以权谋私行为。通过投标企业调研，反查项目招标情况。编制“重点项目涉及企业清单”“财物管理领域涉及企业清单”，全面梳理企业信息，对投标未中标的346家企业开展“全覆盖”调研，研判海关工作人员是否潜藏廉政风险和其他违纪问题。通过中标企业汇总，反查企业关联项目。梳理汇总156家中标企业调研情况，重点核查项目招标过程是否合规，编制“项目涉及企业‘负面清单’”，减少项目风险。严肃执纪审查，对涉及非执法领域的问题线索坚持“先查先办、快查快办”原则，对4个相关问题线索开展初核，确保实现政治效果、纪法效果、社会效果有机统一。

四、突出学习教育的实效性，学做结合提升“内动力”

聚焦教育引领。党委将学习教育贯穿专项整治全过程，精心制订专项整治工作学习教育计划，学好用好海关总署汇编的专项教育学习资料，明确学习要求、责任部门、完成时限和15项具体措施。深化警示教育，下发廉政教育的专刊和3起违纪案件通报，用“身边事”教育“身边人”，强化全员纪法意识和廉政意识。坚持系统思维。将学习教育工作与“学查改”专项工作和政治机关专项教育活动等重点工作紧密结合起来，一体落实、协同推进，释放叠加效应。推动各级党组织运用“三会一课”、主题党日等形式，每月开展1次专题学习，进一步树牢政治意识和规矩意识。加强“以考促改”，编制专项整治教育测试题，利用“钉钉”平台、线上线下自测、远程监考等方式开展纪法学习教育测试，完成关区508人自测，随机抽查69人，参考人员成绩均合格，达到了“以考促学、以学促用”目的。组织409人报名参加海关总署“钉钉”考试，纸本答题99人，确保应考尽考。深化督导检查。坚持高标准、严要求，通过线上沟通、编发廉政教育相关专刊和支部工作提醒、定期检查考核等方式明确学习重点，将纪法教育情况纳入每季度党支部检查内容，推动学习教育走深走实。

五、突出制度建设的长效性，深化整改提升“执行力”

认真落实驻署纪检监察组指出的“查找制度短板、督促健全完善，一体推进惩治腐败和防控风险”要求，推动即知即改、立行立改、真改实改，强化靠制度管人、管事、管权的有效机制。对照总署视频督导检查反馈意见、全面自查阶段突出问题及廉政风险，研究制订整改工作方案，针对12个方面57个问题，制定整改措施64个。抓实抓细源头治理，推动修订制度57个，完善程序42个。跟踪整改进度，紧盯实验室设备调配使用，督促相关部门提高设备使用效率，共调配设备43台（套），减少闲置设备资产894万元，有效盘活资产，促进资源优化配置，做实专项整治“后半篇文章”。

撰稿人

李 莹

长春海关科学精准高效做好口岸疫情防控工作

2022年，长春海关以习近平新时代中国特色社会主义思想为指引，坚决贯彻落实党中央、国务院决策部署，不折不扣执行海关总署各项疫情防控部署要求，落实“口岸疫情防控海关必坚守”要求，坚持措施科学精准、行动坚决果断、责任压紧压实，牢牢守住“外防输入”国门关口。

一、坚持政治引领

面对新冠疫情，以及国际形势复杂多变等带来的风险挑战，长春海关党委切实扛起疫情防控政治责任，坚决落实“疫情要防住、经济要稳住、发展要安全”要求，忠诚驻守边关国门，严防死守筑牢口岸检疫防线。

（一）践行“两个维护”坚定坚决

长春海关坚持党委会“第一议题”制度，第一时间通过党委会、党委理论中心组（扩大）学习、专题会议等形式，学习习近平总书记关于疫情防控的重要讲话和重要指示批示精神，传达党中央、国务院重大决策部署，分析研判形势、推动工作落实。

（二）组织保障坚强有力

以关长、党委书记任组长的疫情防控工作指挥部下设10个工作组和15个工作专班，实行扁平化指挥、体系化设计、机制化推进、专班化运行，召开疫情防控指挥部会议19次，指挥部办公室会议4次，疫情防控工作专题视频会议6次，疫情防控暨安全生产视频会商调度会议26次，及时学习传达国务院及海关总署最新防控政策及优化调整要求，研究部署解决口岸疫情防控重点难点问题，疫情防控指挥体系始终处于激活状态并保持快速运转。

（三）持续压紧压实责任

长春海关落实关领导与口岸隶属海关疫情防控重点联系机制，两级海关“一把手”亲自指挥、亲自部署，分管关领导分兵把守、落实责任。发挥“指挥部+现场”两级监控指挥中心管控作用，提高现场处置效能。指挥部各工作组密切协作、上传下达、督导检查，形成疫情防控合力，各隶属海关主要负责人、分管检疫监管工作的副关长靠前指挥、履职尽责，各工作专班各司其职、统筹联动，确保各项防控措施有效落实。

二、强化科学部署

（一）强化制度机制建设

长春海关根据最新文件要求修订完善长春海关口岸疫情防控旅检岗位工作指引和长春海关疫情防控手册，同时针对入出境包机检疫、一线人员高温中暑应急处置、口岸猴痘疫情防控、邻国（地区）疫情、口岸公共卫生风险评估等制订工作方案预案20余个，指导隶属海关科学精准落实口岸疫情防控各项措施。各口岸隶属海关结合本口岸通关和作业模式，及时更新完善“一口岸一方案一预案”。

（二）加强疫情分析研判预警

长春海关充分发挥陆上邻国（地区）疫情防控工作专班作用，密切关注毗邻国家（地区）疫情形势，每周定期报送研判报告；成立国外疫情研判评估工作组，每日开展46个非洲国家（地区）新冠疫情防控措施的收集和综合研判工作，形成评估报告300余期；成立疫情防控工作专家组，涵盖疫情监测、风险评估、风险预警和协同联动处置等制度，进一步规范疫情风险预警处置工作；每季度开展口岸公共卫生风险评估，针对霍乱、邻国（地区）疫情等开展专题风险分析研判，提出口岸防控措施，提升早期监测预警能力。

（三）加大应急能力储备

长春海关贯彻海关总署“重大风险有预判、有预警、有预案、有预演”要求，有效应对邻国（地区）爆发的大规模发热事件。在关区大部分陆路口岸所在城市因本土疫情实施静默情况下，不等不靠，迅速组织开展由长春海关关领导全部参加的应急指挥体系演练，有序组织隶属海关开展“实战+桌面”等演练20余次，以迅速有力的措施妥善应对此次突发疫情事件至疫情结束。

三、从严从紧落实落细口岸疫情防控措施

（一）统筹做好“人、物、环境”同防、多病共防

长春海关严格出入境人员卫生检疫，加强对机组人员、陆路口岸司乘人员精准检疫；持续做好进口高风险非冷链集装箱货物口岸环节新冠病毒检测和预防性消毒监督工作；做好海关监管作业现场及人员封闭管理场所新冠病毒环境监测工作；压紧压实航空企业主体责任，分级分类指导做好入境客运航空器终末消毒监督工作。根据全球疫情形势，有针对性地加强多病共防，严防风险叠加。

（二）从严就高做好个人安全防护

长春海关充分发挥长春海关安全防护工作专班作用，建立每日视频监控、每周连线会商、每月问题通报、每季度专项督查的长效工作机制，坚持业务工作与安全防护工作同研究、同部署、同督促。对人防、物防、实验室各条线疫情防控工作人员的安全防护、洗消区域消毒和医疗废弃物处理等重点环节，开展全流程严格监督检查，建立问题台账清单、屡查屡犯问题清单、反馈协调处理单，针对不规范问题当日“点对点”“一对一”通知各业务现场，定期对整改工作开展“回头看”，形成“监督检查—问题跟踪—反馈整改—及时销号”的闭环链条，问题出现的频次和涉及人员的数量大幅降低，各业务现场个人防护水平总体大幅提升。从严落实封闭管理措施，统筹安排封闭管理周期，确保及时轮休、调休、补休。

（三）持续优化口岸作业流程

长春海关科学规划口岸卫生检疫作业区域，合理调整场地布局，升级改造卫生检疫作业通道，实现各检疫监管环节无缝衔接，各岗位关员可兼顾前后、旅客科学分流不交叉不走“回头路”，同时推动口岸卫生检疫电子化功能应用，推广远程核验、远程流调、一码通关的

卫生检疫模式，提升口岸一线工作效率、降低关员感染风险。在落实疫情防控要求的同时，科学精准化解航班检疫监管堵点，提升旅客通关效率和通关体验，航班通关时间整体压缩75%，高风险岗位人员节省80%。

四、密切联防联控

（一）加强沟通密切协作配合

严格落实国务院联防联控机制和海关总署有关疫情防控部署要求，将口岸疫情防控工作有机融入地方联防联控机制的整体链条，持续完善口岸疫情防控工作方案预案，做到与地方疫情防控政策和应急机制的充分对接。通过积极努力争取，省联防联控机制在海关人力资源、防控物资和封闭管理隔离房间等保障上给予大力支持。

（二）健全完善口岸检疫闭环

不断加强与地方联防联控机制在入境人员移交、信息通报等方面协作配合，做到无缝对接、闭环管理。与吉林省卫生健康委员会联合制订吉林省猴痘病例监测方案，密切配合，加强猴痘疫情防控工作。

（三）凝聚防控整体合力

积极参与省级疫情防控7个工作组及口岸城市防控专班，从海关职能角度提出多条防控建议，有效筑牢疫情防控闭环。主动宣传海关工作，向省疫情防控工作领导小组办公室报送关区疫情防控措施，累计采用46条。

2022年，长春海关严格按照海关总署口岸疫情防控工作部署，落实各项口岸检疫监管措施，适时优化检疫流程和措施，确保规定动作100%落实到位，做到“守土有责、守土担责、守土尽责”，用实际行动践行了“两个维护”。全年关区共检疫查验出入境人员7.58万人次，同比下降9.7%。

撰稿人

李　帅

长春海关扎实做好安全生产工作

2022 年，长春海关坚决贯彻落实习近平总书记关于安全生产的重要指示批示精神和党中央、国务院关于安全生产重大决策部署，落细海关总署安全生产工作相关要求，始终牢记党中央关于“疫情要防住、经济要稳住、发展要安全”的决策部署，将抓安全生产作为工作中的重中之重，关区全年实现重大重特大安全事故零发生，牢牢守住了“不冒烟、不出响、无事故”的安全底线。

一、高度重视、提高站位，坚决贯彻落实习近平总书记重要指示批示精神

全面学习领会，安全意识持续增强。组织专题学习习近平总书记关于安全生产重要论述、《中华人民共和国安全生产法》（以下简称《安全生产法》）等内容，重温《生命重于泰山》电视专题片，强化全体关员安全生产意识，坚决守护国门安全。组织召开 11 次安全生产工作领导小组（扩大）会议和“口岸危险品综合治理”百日行动专题会议等，将安全生产工作列为每周口岸疫情防控暨安全生产会商调度会的重要内容，切实推进整改落实。压紧压实责任，工作落实更加到位。关区两级党委自上而下成立由主要负责人任组长、分管关领导任副组长的安全生产工作领导小组和“口岸危险品综合治理”百日专项行动领导小组，每月召开会议部署开展各项安全生产工作，压紧压实两级党委安全生产责任。建立完善机制，管理形成长效机制。每周召开安全生产会商调度会，建立工作台账，通报整改情况，逐项整改销号，形成工作闭环；建立联系机制、通报机制、巡查机制和“吹哨人”预警机制 4 项机制，领导班子开展定期巡查、重要时间节点关领导开展“四不两直”检查，累计巡查检查 300 余次，发动全体干部职工积极参与安全生产监督管理，发现问题加强衔接、形成合力，对责任不落实、风险排查不彻底、整改不到位的，第一时间进行通报；持续动态更新“问题隐患清单”“制度措施清单”和“底数清单”3 项清单，建立“日报告、零报告”台账，加强动态化管理、常态化检查，确保风险隐患及时排查，问题动态清零见底。

二、加强宣传、创新形式，全力营造良好的安全生产工作氛围

创新开展安全生产月“五个一次”主题活动。聚焦主题、突出重点，按照关长俞晓丹工作要求，迅速掀起安全生产月“五个一次”活动热潮，即开展一次“党日”“团日”活动，累计组织活动 140 余次，1000 余人参加；开展

一次警示教育活动，累计组织观看《生命重于泰山》电视专题片和安全生产警示教育片34次、覆盖1100余人，向关区245家企业开展政策宣讲，累计134次、发放宣传资料500余份、帮助企业解决困难50余件次；开展一次“争当‘吹哨人’、征集合理化建议”主题活动，累计征集合理化建议174条；开展一次安全生产知识培训，累计组织培训50余次，900余人次参加；开展一次应急处置演练，累计组织消防、防震、防汛等应急处置演练22次，580余人参加。认真组织开展口岸监管涉恐突发事件应急处置演练。在延吉海关保税物流中心（B型）组织开展了货物通关与涉恐突发事件应急处置演练，邀请相关联防联控部门领导观摩指导，有效检验和提升联防联控机制的运行效率和对突发事件的应急处置能力，进一步增强口岸突发事件应急处置监管合力。关区相关隶属海关结合口岸形势和工作实际，全年共计开展各类反恐演练6次，均达到预期效果。发挥机制作用推动安全生产工作持续升温。充分发挥预警机制作用，在关区内建立全覆盖、全天候的意见征集渠道，及时发现和消除事故隐患，形成人人关心安全、人人关注安全的氛围。及时对工作情况进行梳理总结，对成绩突出人员进行表扬，调动全体人员参与活动的积极性。全年累计收集反馈调查问卷362份，收集问题建议36条。

三、突出重点、标本兼治，全方位全领域提升安全生产能力水平

（一）开展安全生产大检查和“回头看”工作

全方位全领域开展安全生产风险隐患自查，印发长春海关安全生产大检查方案，建立巡查机制，制定整改措施，明确责任分工，细化检查方法，形成“问题隐患清单”，聚焦重点领域和关键环节，采取“线上+线下”“督查+督办”“以点带线、以线扩面”等方式，加大检查力度，加密监督频次，坚决防范遏制重特大安全生产事故。着力开展安全生产大检查“回头看”工作，巩固提升关区安全生产大检查工作成效，建立“日报告、零报告”台账，每日收集关区发现的问题隐患及整改情况，实时更新“问题隐患”清单，发现问题立查立改，全年共发现问题并整改问题294个；持续开展安全生产督导检查，在国庆节、党的二十大召开期间，按照海关总署署长俞建华提出的7方面工作要求，关长俞晓丹带队，采取“四不两直”方式对安全生产工作进行督导检查；党委班子成员分赴各部门、单位开展全领域、多轮次的安全生产督导检查；成立4个督导检查组，分赴关区各业务现场开展安全生产督导检查，做到全覆盖、无死角，对发现的突出问题成立专班逐项整改到位，圆满完成全国安全生产专项整治三年行动收官工作。

（二）开展“口岸危险品综合治理”百日专项行动

健全完善“口岸危险品综合治理”百日专项行动工作机制，结合关区实际印发工作方案，明确责任、细化措施，梳理关区危险化学品岗位操作手册和指引18份，危险品突发事件等应急预案16份，联防联控机制19份。优化危险品监管流程，到重点口岸实地调研，联合地方口岸主管部门召开现场会，对危险品采取非接触式货物交接模式，划设专门甩挂、吊箱交接区，增加专用接驳车辆，实现口岸危险品“零积压”。做好“口岸危险品综合治理”

百日专项行动宣传工作，发布信息131条，向海关总署报送关区专项行动信息34条，被采纳14条。坚持“日监测、周通报、月研判”，形成口岸危险品综合治理常态化工作机制。打造“加强版”危险品检验监管体系，成立业务指导组，指导关区口岸快速检验放行进出口危险品。制定进出口危险品及其包装检验等3个操作指引和4张“明白卡”，覆盖危险品检验监管全流程。强化风险分析研判，建立危险品风险信息库、危险品及影子商品库，与哈尔滨海关开展联合研判3次，防止跨关区漂移。建立“每日研判、每周会商”工作机制，固化信息交流机制和快速查发响应机制，累计研判风险信息10余条，联合地方公安机关和边境管理部门开展两轮次巡查、涉及重点要害部位30余处，查纠整改问题6项。百日行动期间，关区共检验监管进口危险化学品109批，检验监管出口危险品及其包装644批，检出不合格14批，针对查发的不合格情况，及时指导企业完成整改。

（三）做好关键时间节点安全生产工作

在党的二十大、两会、元旦、春节、国庆节等关键时间节点，妥善安排值班带班工作，细化落实各项应急处置预案，制定稳妥有效应急措施，按照“第一时间报告”制度，及时做好紧急事件、重特大突发事件处置工作。针对春季吉林省疫情、“3·21”东航航空器飞行事故、广州南沙海关监管作业现场出口货物集装箱发生自燃情况等，第一时间召开相关工作会议并下发通知，强化安全生产责任落实，加大安全生产检查力度，及时发现并督导整改问题隐患。加强会商研判，积极与地方政府、应急管理、交通、边检、公安等部门协作配合，充分发挥联防联控工作机制作用，实现信息及时共享，职责清晰明确，监管协同高效。

撰稿人

刘　扬

长春海关开展促进外贸保稳提质各项工作

2022年，长春海关落实党中央、国务院关于促进外贸保稳提质决策部署，按照海关总署促进外贸保稳提质十条措施和加力帮扶中小企业纾困解难六条措施部署要求，结合实际情况，细化推出《长春海关关于促进外贸保稳提质十六条措施》《长春海关帮扶中小企业纾困解难任务分工方案》等系列措施。组织召开两次关长办公会，分别就落实海关总署党委工作要求、召开关区动员大会、梳理重点工作任务清单、建立长效工作机制等内容进行安排部署。通过建立完善发挥机制作用，确保已出台的一系列措施落实落地，切实让企业享惠。2022年，吉林省货物贸易进出口总值1558.5亿元，同比增长3.6%。其中，出口502.2亿元，同比增长42.1%；进口1056.3亿元，同比下降8.3%。

一、强化分析研判，推广通关便利化模式

长春海关牵头组织对吉林省重点贸易国家和地区、重点商品、重点企业等进出口情况进行分析研判。截至2022年12月，撰写上报海关总署进出口监测分析专题等各类信息、报告100余篇。其中，11篇获海关总署采用、20篇获省政府采用、3篇获得省领导批示。全面推广“两步申报、提前申报”等通关便利化模式。2022年，关区“提前申报”应用率达42%，“两步申报”应用率达16%。实行珲春对俄公路口岸全天候预约通关，实行珲春铁路口岸“7×24小时”工作制，推出延时闭关、简化流程等举措，提高通关效率。2022年，长春关区进、出口货物整体通关时间分别为31.96小时和0.46小时，进、出口整体通关时间压缩比分别为61.19%和92.27%，分别比全国平均水平快8.22小时和0.80小时，进、出口整体通关时间均优于全国平均水平。

二、发挥机制作用，优化对企服务

长春海关通过建立完善“关长送政策上门”“问题清零”“实践案例”“月调度”，开通“技贸服务”栏目等工作机制，及时调度、查摆、评估促外贸保稳提质工作进度及成效，深挖效果好的措施，及时调整效果不显的措施。2022年，各隶属海关开展“关长送政策上门”56次，通过“问题清零”与企业面对面收集问题156项并全部解决。关区2022年共上报工作专报及调研报告21篇，形成助企事例175项，其中37项已形成实践案例在中央电视

台《新闻直播间》栏目、《吉林日报》等平台发布。在长春海关门户网站开通“技贸服务”栏目，定期更新通报情况、国外进出口政策措施、我国出口产品违规通报情况及欧盟预警信息等；开展2022年度技术性贸易措施影响统计调查工作，汇总有效问卷220份，其中常规调查企业180家、专项调查企业40家。

三、落实创新举措，助力重点产业发展

长春海关落实支持吉林省资源型商品进口创新举措，对进口液化气不再实施政策性布控抽样送检，将关区进口液化气检验监管流程时长从10个工作日压缩至3小时以内。落实进口铁精粉批批“先放后检”和“品质检验依企业申请实施”，将口岸通关时长从72小时压缩至3小时，压缩比达95.8%。落实进口煤炭、铁精粉、液化石油气等大宗资源型商品“重量鉴定依企业申请实施”。充分利用海关特殊监管区域对外开放平台优势，促进汽车产业高质量发展。对一汽集团红旗、解放等自主品牌汽车出口采用“入区退税+班列运输”监管模式，进入综合保税区车辆即可享受出口退税并在综合保税区内存储，根据企业海外实际销售需求，即时办理出区业务，增大企业灵活自主选择空间。对涉及CCC认证的部分进口汽车零部件产品采信认证证书，对符合免予办理CCC认证的进口汽车零部件实施“先声明后验证”，提升出口汽车周转率，实现运输、存储之间的最优匹配。

四、提升行政效能，落实税款担保改革

长春海关将关区行政许可事项纳入吉林省省级行政许可事项清单，调整行政审批事项目录清单并对外公开，受理行政审批事项实现“零超时”“零差评”。推动关企协调员机制建设，对企业提出的疑问进行“问题清零”。加强知识产权海关保护，开展“龙腾行动2022”“蓝网行动2022”，在寄递渠道加大对“化整为零”“蚂蚁搬家”式进出口侵权行为的打击力度。不定期向企业推送海关新政策，引导企业加强海关法律法规的学习，提升守法自律意识及内控管理水平。大力推广关税保证保险、集团财务工作担保等新型担保方式，实现“一保多用、循环使用”。截至2022年年底，长春关区共受理20家担保机构申请的多元化税款担保备案超40份，惠及进出口企业20余家。提升企业利用RCEP的便利性，审核经核准出口商1家；原产地证书自助打印率达80%。

五、畅通贸易通道，打造高水平开放平台

长春海关积极支持中欧班列发展，持续推进《长春海关支持中欧班列发展的十五条细化措施》落地实施。第一时间公示海关各项业务办理流程，鼓励企业采取舱单归并，综合运用多种作业模式即到即提，加强与满洲里等口岸型海关沟通配合，不断优化业务流程，推广“顺势监管”模式，进一步强化非侵入式查验设备应用，全力支持“长满欧”“长珲欧”班列常态化运营。2022年，长春海关共监管中欧班列承运进出口货物超1.1万箱次。推动国家跨境电商综合试验区及试点城市优惠政策平稳落地，大力推广跨境电商保税进口、B2B出口等业务模式发展，珲春跨境电商出口业务逐年增长，已正式备案海外仓1家，为企业提供“一对一”方案支持，促进吉林省跨境电商创

新发展。保障2022年“6·18”期间跨境电商业务高峰期通关有序，消除疫情对外贸企业带来的负面影响。支持珲春获批国家市场采购贸易试点。做好珲春“边民互市”贸易业务恢复前的准备工作，组织各相关部门单位开展海关总署版“边民互市”贸易2.0系统对接及功能测试，累计备案边民合作社14家，落地加工企业18家。支持珲春铁路互市贸易区、长白边民互市贸易区设立。根据邮政公司申请，为企业开通出口至韩国的临时邮路，保障企业出口邮件5万多件。

六、聚焦特色产业，助力地方外贸高质量发展

长春海关系统领会、准确把握海关总署促稳提质系列措施，支持吉林省构建“一主六双”产业空间布局。支持吉林省“秸秆变肉”暨千万头肉牛工程。派员参加集安进口肉牛隔离场现场办公，向相关部门和企业反馈3条建议，支持企业引进优质种牛。制订《输澳大利亚木制家具熏蒸处理联合监管实施方案（试行）》，探索口岸型海关和属地型海关联合监管模式创新，解决木制家具熏蒸难题，支持关区企业顺利出口。督促关区企业在出口前做好生产、储存期间斑皮蠹属有害生物防控工作，确保该企业输澳中药材、松子等产品顺利出口。制订长春海关出口土耳其食品添加剂柠檬酸出具健康证书专项工作的方案、出口食品添加剂柠檬酸检验业务的工作指引，保障关区食品添加剂柠檬酸顺利出口至土耳其。针对珲春铁路口岸本年度受疫情影响进口煤炭出现积压的问题，基于对进口煤炭质量安全状况风险评估，“一事一策”制定进口煤炭快速验放通关措施，使实验室检测速率提高1倍以上，仅用1个月时间便实现了积压煤炭“清零”，珲春铁路口岸实现进口煤炭“随检随放”，保障进口能源及时供应至需求企业。

撰稿人

崔程治

长春海关支持吉林省汽车产业高质量发展

2022年，长春海关支持对吉林省汽车产业的扶持，充分利用海关特殊监管区域对外开放平台优势，促进汽车产业高质量发展。

一、释放政策叠加效应“红利”

充分利用综合保税区“分送集报+汇总征税”政策叠加优势，对一汽集团红旗、解放等自主品牌汽车出口，采用“入区退税+班列运输”监管模式。进入综合保税区车辆即可享受出口退税并在综合保税区内存储，根据企业海外实际销售需求，即时办理出区业务，增大企业灵活自主选择空间。助力企业享受RCEP关税减让优惠，全面落实进口税收优惠政策，综合运用汇总征税、减免税、政策性退税、税政调研等税收政策，支持汽车产业发展及商品进口。针对长春兴隆综合保税区内汽车零部件企业“小批量、高频次”贸易实际，帮助企业实现货物分批出区、汇总申报，有效缓解企业因海运、空运物流紧张带来的压力，降低物流成本，提升通关效率及企业全链条竞争力。会同地方政府强化政策研究，推动整车保税存储、整车平行进口等具有吉林省特色的差别化创新。充分发挥企业协调员、关企联络员机制，打通长春兴隆整车进口口岸平行进口关键节点，落实进口汽车零部件便利化措施。帮助吉林省汽车企业解决货物仓储和缓税的难题，指导物流企业仓库增容，改进软硬件设施，助力企业抢占商机。

二、量身打造便利化通关方案

全面推广“两步申报”“提前申报”等便利化通关模式。加大宣传力度，促进企业了解“自助打印”“经核准出口商”等便利措施。支持中国第一汽车集团有限公司测试用汽车零部件通过暂时进出境方式进出口，按照海关暂时进出境监管要求，为满足企业试验设备实际需求，对因试验周期长等因素影响，超过复运进出境期限6个月的，最多可再办理延期3次，每次6个月。采用“第三方检验结果采信”模式，通过长春兴隆整车进口口岸监管整车1000台进口、货值2.5亿元，为企业节省通关物流成本130万元。

三、打通通关关键环节

成立“平行进口车研讨专班”，研究制订平行进口车监管工作方案，推动综合保税区管委会、长春市商务局和国际陆港公司等部门共同研究汽车平行进口、保税仓储业务发展。先后解决了长春兴隆整车进口口岸标准符合性整改场所建设、验收等难题，打通长春兴隆整车进口口岸开展汽车平行进口业务关键环节。落实“汇总征税”“自报自缴”等便利措施，保障汽车产业链、供应链稳定，兴隆综合保税区已顺利完成3辆平行进口汽车进口通关测试。2022年汽车进口平行4批，共4辆，货值38.22万美元，为吉林省进一步发展平行进口车业务奠定基础。

四、优化服务机制

开展专题调研，了解中国第一汽车集团有限公司等重点企业在国际贸易和出口通关环节遇到的急事、难事，快速解决一批汽车企业“急难愁盼”问题。对中国第一汽车集团有限公司实行关企联络员制度，实施“一对一”“点到点”闭环帮扶，采用“保税存储+分送集报+分类监管”监管模式，保障货物通关监管现场业务不断、工作不乱。引导汽车企业将区外直接出口转为综合保税区内保税出口，入区即享退税便利和货物存储优惠。开展整车出口预警监测统计分析，推动地方政府解决整车进口口岸标准符合性整改等难题。

五、提高通关效率

通过对涉及CCC认证的部分进口汽车零部件产品采信认证证书、对符合免予办理强制性产品认证的进口汽车零部件“先声明后验证”，为汽车及零部件企业签发商品归类预裁定13份。大力推广原产地优惠政策，签发原产地证书5400余份。持续跟踪解决一汽大众汽车有限公司进口货物抽检比例高的问题，进口货物目的地查验率下降至原来的五分之一，国际通关成本降低50%以上，每年为一汽大众汽车有限公司节约倒箱费约100万元。推动汽车产业企业物流优化与综合保税区优惠政策叠加组合。加大对留学回国人员购买国产免税小汽车优惠政策宣传力度，优化核批流程，提高办理时效，积极引导留学回国人员购买中国第一汽车集团有限公司产乘用车。为保障运抵的汽车零配件第一时间投产，开通“汽车零配件申报专用窗口”，每年可为各类汽车企业节约转运、装卸费约100万元。开辟整车出口绿色通道，建立专人专岗许可证核销制度，与口岸联检部门合作推出“联合速检机制”，实现“随到随检随放”。提供预约通关服务，设立汽车出口业务受理专窗，专人专岗提供政策咨询、许可证核销手续办理等服务。

六、深化多元化税收担保改革

支持汽车产业企业利用“一保多用”、关税保证保险、集团财务公司担保等多种方式开展海关税款担保业务，持续助力企业减负增效。释放“一保多用”政策红利，批准备案一汽财务有限公司为其成员单位开具进口关税保函，此保函每年可为中国第一汽车集团内企业进出口节约担保资金达1100万元，中国第一汽车集团项下进出口公司可以凭一汽财务有限公司保函在全国海关办理通关业务。自开通一汽财务有限公司担保业务以来，减轻了其运营成本，较金融机构担保节省资金140%。落实国家“十四五”期间享受科技创新、鼓励项目等进口减免税政策，采取“预审核、快复核”的方式提高审批效率，推动国家税收优惠政策惠及更多汽车产业企业。

七、持续开展 AEO 培育计划

制发《长春海关关于落实高级认证企业便利措施促进外贸保稳提质的通知》，将符合条件的 2 家汽车产业链供应链上下游企业纳入 AEO 信用培育清单。计划在 4 家有意向申请海关 AEO 的汽车零部件企业中，挑选 1 家企业开展信用培育，并根据培育情况开展实地认证。加大对各隶属海关和口岸现场的督导力度，一并推动新增 6 项 AEO 优惠措施落地见效。发挥海关企业协调员作用，为 AEO 企业提供服务。发挥原产地证国际市场“经济护照”的作用，提升吉林省企业在国际贸易中的竞争力。

撰稿人

崔程治

长春海关打击走私重点专项工作

2022年，长春海关坚决贯彻落实习近平总书记关于打击走私工作的重要指示批示精神，贯彻落实海关总署党委关于加强打私工作“1+6”文件精神，开展“国门利剑2022”联合专项行动和“蓝天”“护卫”“净边”“国门勇士”等专项打击行动，持续强化专业打私，落实海关全员打私，推动多警种合成打私，深化反走私综合治理，加强反走私专业能力建设，坚决维护边境地区政治安全和社会大局稳定。

一、坚持“把好国门就是最大的服务”理念，贯彻落实习近平总书记重要指示批示精神

长春海关以迎接宣传党的二十大为主题主线，围绕“中央关注、社会关切、群众关心”的突出问题，聚焦涉枪涉爆涉毒违禁品走私、跨境带疫走私、涉税走私、跨境电商渠道走私、非设关地走私向设关地漂移，以及反渗透反颠覆斗争等风险点，从维护国家安全的高度深刻认识开展“国门利剑2022”联合专项行动的重要意义，成立专项行动领导小组，制发长春海关打击走私“国门利剑2022”联合专项行动方案及任务分解，明确“水客”走私、象牙等濒危野生动植物及其制品走私、“洋垃圾”走私、涉枪涉毒等违禁品、重点涉税商品及重点领域、边境地区走私6项打击重点和14项工作任务。召开长春海关形势分析及工作督查例会，多次听取监管、风控、缉私等部门工作汇报，对开展“国门利剑2022”联合专项行动提出工作要求。组织督审部门对打击走私“国门利剑2022”联合专项行动落实情况开展专项督察，各分管关领导按照分工加强对打私工作开展情况的督导检查，确保海关总署和长春海关党委相关工作部署落实落细。在执法检查、考核工作中，将联合行动贯彻落实情况作为重点督导检查内容，不断推进“国门利剑2022”联合专项行动向纵深开展。各隶属海关、各职能部门按照联合行动方案要求，深入分析关区监管形势和走私违法活动特点，细化行动方案、严密工作措施、持续高压严打。加强与地方公安、边境管理等部门建立信息共享、协同高效、运行顺畅的警务协作机制，最大限度地发挥“缉私垂管、国门一线、公安专业”优势，

全面提升打私效能。2022年，刑事立案30起、案值2.48亿元，同比分别增长1.5倍、4.74倍；行政立案60起、案值1.01亿元，同比下降15.5%、45.9%。侦办走私雪茄烟进境案1起，案值4000余万元，查扣雪茄烟1.9万余支，抓获犯罪嫌疑人23人。

二、坚持全关“一盘棋”，提升全员打私效能

长春海关全面落实海关总署党委“1+6”文件精神，召开2022年长春海关缉私工作会议，印发两级缉私工作会议重点工作任务分解，全面系统部署关区打私工作任务，推动各层级打私责任有效落实。印发制度3项，构建“风险+职能+现场+缉私”一体化打私模式，持续优化全员打私工作机制。印发长春海关对行政处罚“快简”案件的操作细则，进一步规范“快简”案件办理。建立“以案说法、服务监管”机制，保障缉私反哺监管规范有效。完善关区打私量化考评机制，推动各层级打私责任有效落实。深化机检查验及智能审图应用，加大对货运、行邮、快件等重点渠道的监管力度，全力封堵走私渠道。整合数据资源，探索大数据分析和模型应用，强化线索移交。充分发挥在估价、归类、税款计核等方面的专业优势，为缉私部门办理案件提供专业支持。为缉私办案提供卫生防疫指导。组织开展“国门绿盾2022”“跨境电商寄递‘异宠’综合治理”专项行动，维护国门生物安全。推进“国门守护”行动，从源头防范进口食品安全风险。加强对再生金属检验监管，严防固体废物落地入境。加强进出口商品监测分析，持续对骗税重点敏感商品开展常态化监控。发挥大数据优势，确定重点高风险行业，开展专项稽查。对缉私工作经费、警务装备、业务办公设施、信息化建设、系统基础运维等予以支持和保障。持续加大对打击走私成果的宣传力度，展示海关为国把关的成效。加强全员打私绩效考核，推动各隶属海关领导班子有效落实打私责任。落实打私反腐“一案双查”要求，推进监督执纪“四种形态”实践运用。全年，海关业务部门成案66起，其中刑事案件10起、行政案件56起，分别占查办刑事、行政案件总数的33.3%、94.9%。

三、坚持敢于斗争善于斗争，提升防范重大风险能力水平

长春海关始终把防范政治安全风险置于首位，以党的二十大安保维稳活动为牵引，严厉打击枪、爆、毒、反宣品、涉边及核生化走私，坚决防止走私风险向政治领域外溢传导。开展夏季治安打击整治“百日行动”，侦办的1起寄递渠道走私毒品进境案被列入海关总署缉私局第三波集群战役；开展夏夜治安巡查宣防集中统一行动，推动严打整治取得成效。长春海关缉私局开展的集群战役、夏夜巡查宣防以及打击毒品走私工作得到海关总署缉私局领导的充分肯定。推进“固边兴边”专项工作，建立“1+5”智慧边境巡查工作机制。依托党政军警民合力强边固防制度优势，加强同地方公安、边境管理等部门协作配合，加大非设关地走私打击力度，纵深推进边境安全防控体系

建设。深化缉私信访突出问题攻坚化解，开展做好信访工作、严防“三个风险”专项活动，成功化解1起信访问题。开展枪支安全专项排查整治，确保内部枪支弹药绝对安全。制订处置突发事件应急工作预案，建立统一指挥、职责明确、运转有序、反应迅速、处置有力的应急处置体系，坚决守牢安全底线。

四、坚持系统观念，取得反走私综合治理新成效

长春海关向时任吉林省省长韩俊汇报长春海关关于推动吉林省打私办实体化运作的工作情况，向吉林省政府汇报全国打私办主任会议精神，推动反走私综合治理深度融入平安吉林建设，积极推进吉林省打私办实体化运作。12月8日，吉林省政府办公厅下发文件调整吉林省打击走私综合治理领导小组，全省反走私综合治理领导体系日趋完备。常态化开展扫黑除恶专项斗争，加强与地方公安在反走私、反渗透、反颠覆领域协作，形成“一点触发、多点响应”的工作格局。与生态环境、财政等部门联合制定关于吉林省非法入境固体废物移交处理工作联系配合的相关办法，推进非法入境固体废弃物移交处理。协调发改委、税务、交通等部门共同推进成品油行业治理。与检、法部门加强对新增管辖罪名适用、咖啡因毒品属性认定疑难问题研究。与吉林省烟草专卖局联合打击各类涉烟走私贩私行为。推进打击跨境野生动物犯罪国际执法合作；深化与俄罗斯远东地区海关双边执法协作，严厉打击走私海产品、矿产品等违法行为，“打、防、管、控”一体化反走私综合治理工作格局更加优化。在“中国反走私”等微信公众号刊发反走私“五进”主题宣传活动新闻稿件10篇，反走私宣传的覆盖面和影响力实现双提升。

五、坚持守正创新，实现缉私改革发展新跨越

长春海关依托“智慧海关”、公安信息化建设，稳步推进“四个中心”等“智慧缉私”重点项目基础建设与优化升级，“信息中心”集成为“一个系统平台、两大功能区域、三项基本功能”缉私作战“流水线”。创新建模打击、类案打击、滚动打击模式，实现精准高效、全链条打击。完成司法鉴定中心年度资质盲测，具备资质的民警从4人增加到6人，实战支撑能力得到提升。探索构建符合关区缉私特色的一体化新型警务运行模式，加快推进与之相衔接、相配套的机制制度改革。印发长春海关缉私局推进公安执法责任体系改革的任务清单，加快构建与现代警务管理体制相适应、与执法监督管理体系相衔接的缉私执法责任体系。印发加强规范刑事执法工作的相关文件，严格执行“两统一”工作机制，强化刑事案件监督管理。定期印发相关录入质量通报，加大执法办案监督指导力度。2022年，长春海关缉私部门刑事执法质量考评在全国42个直属局中排名第九，进入全国先进行列。加强与长春市人民检察院执法衔接，推动“侦查监督与协作配合办公室”建立。印发关于办理刑事、行政案件回访工作实施细则的相关文件，不断优化缉私执法“三个效果”。制定服务经济社会

发展助力稳住经济大盘工作措施，推动优化进出口贸易营商环境，主动服务保障吉林经济发展大局。

撰稿人

聂楚瑶

第三篇

大事记

2022 年长春海关大事记

1月

4 日 副关长石建平参加省政府 2022 年第 1 次党组（扩大）会议暨理论学习中心组第 1 次集体学习。

副关长张君到监控指挥中心带班巡察长春龙嘉机场口岸出入境航班检疫监管情况，对进一步优化检疫监管流程提出具体要求。

6 日 在关关党委委员参加全国海关专题视频会议。

副关长谢兵到省政府参加对俄口岸通关工作专题会议。

7 日 缉私局局长裴宏林参加吉林省直机关工委党建工作暨星级评定考评验收组在缉私局星级达标考评验收活动。

长春海关制发企业信用管理改革以来首份《失信企业认定告知书》。

8 日 副关长张君会见省政府第二绩效考评组组长孙士学，介绍长春海关相关工作情况，交流考评指标具体要求。

12 日 缉私局局长裴宏林参加全国海关缉私部门专题部署视频会议。

副关长张君会见长春兴隆综合保税区管委会副主任于海军，交流长春兴隆整车进口口岸建设和汽车平行进口工作。

13 日 关长董岩参加长春海关与同方威视技术股份有限公司合作备忘录签署仪式，副关长张君与该公司彭华共同签署合作备忘录。

14 日 长春海关召开党史学习教育总结会。

长春海关召开捍卫“两个确立”、做到“两个维护”、强化政治机关建设专项教育活动专题会议。

政治部主任张赞参加辽源海关巡察反馈视频会议。

副关长谢兵参加海关总署卫生检疫司组织召开的北京冬奥会卫生检疫工作视频会议；同日，主持召开长春海关北京冬奥会卫生检疫工作协调会，传达会议精神并对相关工作进行部署。

缉私局局长裴宏林参加 2021 年度省直机关党委书记抓基层党建工作述职评议会议。

17 日 长春海关与俄罗斯远东海关局 2021 年度会晤工作收官，关长董岩与俄罗斯远东海关局局长拉德金书面交换意见。

缉私局局长裴宏林到省公安厅参加全国公安厅局长会议。

缉私局局长裴宏林参加全国公安队伍教育整顿总结电视电话会议。

18 日 副关长谢兵到省政府参加吉林省政

府第十三届九次全体会议。同日，参加吉林省政府2022年第1次常务会议。

长春兴隆海关开通北京冬奥会、冬残奥会通关专用窗口。

19日 副关长谢兵参加吉林省口岸疫情防控组工作会议。

副关长石建平参加吉林省推动“专精特新”中小企业高质量发展大会。

20日 党委书记、关长董岩主持召开长春海关2022年第2次党委会议。

缉私局局长裴宏林参加吉林省委政法工作会议。

24日 长春海关党委委员通过视频方式参加2022年全国海关工作会议、全国海关全面从严治党工作会议。

关长董岩参加总署领导班子和领导干部年度考核暨总署党委干部选拔任用工作“一报告两评议”视频会议。

25日 副关长谢兵、副关长张君参加总署进一步做好寄递渠道新冠疫情个人防护工作专题视频会议。

纪检组组长李晋生参加2022年全国海关纪检监察工作视频会议。

26日 副关长谢兵现场指挥冬奥会航班备降保障演练。

副关长谢兵参加海关总署卫生检疫司北京冬奥会、冬残奥会口岸卫生检疫工作视频会议。

27日 海关总署署长倪岳峰视频慰问延吉海关干部职工，了解疫情防控措施落实和监管通关工作情况，提出有关工作要求。

党委书记、关长董岩主持召开长春海关2022年第3次党委会议。

28日 长春海关召开2022年关区工作会议。同日，召开长春海关2022年全面从严治党工作会议及2021年度长春海关领导班子和领导干部年度考核暨任职试用期满署管领导干部述职考评、长春海关党委干部选拔任用工作“一报告两评议”会议。

缉私局局长裴宏林参加全国公安机关党风廉政建设电视电话会议。

副关长张君参加全国海关安全生产电视电话会议，关区安全生产工作领导小组成员单位参会。

2月

7日 副关长谢兵参加全省优化营商环境加强项目建设大会。

8日 关长董岩、省政府副秘书长许才山、缉私局局长裴宏林、副关长张君参加2022年全国海关缉私工作会议暨全国打私办主任视频会议。

9日 副关长谢兵到邮局海关调研邮递渠道疫情防控工作。

10日 副关长石建平参加2022年全国海关动植物检疫工作视频会议。

11日 副关长谢兵会见长春市商务局副局长常忠诚，交流优化口岸营商环境提升跨境贸易便利化水平、促进长春兴隆综合保税区高质量发展、用好RCEP等工作。

16日 省政府副秘书长许才山到珲春铁路口岸、珲春公路口岸调研。

17日 副关长谢兵到省政府参加吉林省深化医药卫生体制改革领导小组（扩大）会议。

22日 副关长谢兵到长白海关调研，听取该关关于常态化疫情防控工作开展情况的汇报。

缉私局局长裴宏林参加吉林省公安厅 2022 年第 8 次厅党委（扩大）会议暨第 1 次厅党委理论学习中心组集体（扩大）学习、第 3 次厅长办公会。

23 日　关长董岩到辽源海关调研，听取该关党委贯彻落实两级海关工作会议、全面从严治党工作会议情况及捍卫“两个确立”、做到“两个维护”、强化政治机关建设专项教育活动推进情况汇报。

副关长张君参加 2022 年全国海关商品检验工作视频会议。

24 日　关长董岩到四平海关调研，听取该关党委贯彻落实两级海关工作会议、全面从严治党工作会议情况及捍卫“两个确立”、做到“两个维护”、强化政治机关建设专项教育活动推进情况汇报。

副关长谢兵到白山海关调研，听取该关关于常态化疫情防控工作开展情况的汇报，现场检查机关内部疫情防控工作规章制度、台账建立情况；实地察看口岸旅检通道岗位规范设置、卫生检疫排查区建设、物防工作措施落实等情况。

副关长石建平参加 2022 年第 4 次省政府党组（扩大）会议暨理论学习中心组第 3 次集体学习。

25 日　关长董岩参加省委有关领导小组 2022 年第 1 次全体会议。

政治部主任张赞参加 2022 年全国海关政治部主任视频会议。

长春海关在吉林省 2021 年度绩效考评中被评为优秀等次。

28 日　党委书记、关长董岩主持召开长春海关 2022 年第 4 次党委会议。

长春海关做好北京 2022 年冬残奥会保障工作，进一步细化冬残奥会保障措施。

长春海关申请的省财政厅地方拨款项目资金通过省级预算会议审查批准，是长春海关首次作为预算部门完成吉林省预算管理一体化编报工作。

3 月

2 日　副关长石建平参加 2022 年全国海关进出口食品安全工作视频会议。

11 日　关长董岩主持召开关区疫情防控专题视频会议，通报吉林省各地区疫情发展态势、省联防联控机制相关工作部署及关区疫情防控形势，就从严加强机关内部疫情防控、统筹推动落实总署疫情防控要求和属地防疫政策进行安排部署。

缉私局局长裴宏林远程参加海关总署缉私局“缉私广议大讲堂”第 2 期（执法规范化建设专题）培训活动。

副关长张君参加北部协作区跨境电商进口监管长效机制启动会暨第一季度形势分析会。

11—13 日　副关长谢兵参加吉林省疫情防控领导小组会议。

15 日　长春海关完成 2022 年北京冬奥会、冬残奥会期间海关监管通关及网络安全保障工作。

18 日　党委书记、关长董岩主持召开 2022 年长春海关第 5 次党委会议。

23 日　纪检组组长李晋生主持召开视频关长办公会，听取“海关重点项目和财物管理以权谋私”专项整治阶段工作情况汇报，研究讨论重点项目清单有关工作。

24日 关长董岩、副关长张君以视频形式参加全国海关持续推进审计问题整改工作会议。

28日 副关长谢兵参加海关总署政法司“捍卫‘两个确立’、做到‘两个维护’，强化政治机关建设专项教育活动”线上联学。

29日 缉私局局长裴宏林以视频形式参加全国缉私部门警示教育动员部署会议。

30日 副关长郭子文参加2022年全国海关属地查检工作部署推进视频会议。

4月

2日 党委书记、关长董岩主持召开长春海关2022年第6次党委会议。

13日 副关长张君参加2022全国海关口岸监管工作会议。

15日 关长董岩、副关长张君参加海关总署安全生产工作领导小组会议暨全国海关安全生产电视电话会议。

20日 党委书记、关长董岩主持召开长春海关2022年第7次党委会议。

副关长谢兵参加2022年吉林省知识产权宣传周（线上）启动仪式。

缉私局局长裴宏林参加2022年第11次公安厅党委（扩大）会议暨第2次理论中心组集体（扩大）学习。

24日 纪检组组长李晋生参加海关总署专项领导小组召开的重点项目清单分析指引应用视频会。

25日 长春海关党委委员参加海关总署举办的学习贯彻党的十九届六中全会精神署管干部轮训班开班式。

关长董岩参加全国海关厅局级“一把手”学习贯彻党的十九届六中全会精神集中学习班。

28日 缉私局局长裴宏林参加全国海关缉私部门视频会议。

30日 副关长谢兵参加2022年第9次省委常委扩大会议及吉林省创建无疫单位和地区动员会。

5月

5日 缉私局局长裴宏林参加平安吉林建设领导小组相关工作会议。

9日 海关总署副署长、党委委员张际文参加长春海关关长任职仪式。

副关长谢兵参加全国促进外贸外资平稳发展电视电话会议。

副关长谢兵到吉林省委参加全国新冠疫情防控工作电视电话会和吉林省疫情防控工作领导小组会议。

10日 党委书记、关长俞晓丹主持召开长春海关2022年第8次党委会议。

11日 政治部主任张赞出席中国共产党吉林省直属机关代表会议。

12日 党委书记、关长俞晓丹主持召开长春海关2022年第9次党委会议。

海关总署署长、党委书记俞建华以视频形式听取长春海关工作情况汇报。

副关长谢兵参加吉林省政府2022年第9次常务会议暨第8次党组（扩大）会议。

纪检组组长李晋生参加吉林省政府系统第5次廉政工作视频会议。

17日 政治部主任张赞参加吉林省宣传思想工作会议。

副关长谢兵参加吉林省政府2022年第10

次常务会议（套开省科技领导小组2022年第一次工作会议）。

18日 副关长石建平参加全省“秸秆变肉”暨千万头肉牛建设工程推进会议。

20日 党委书记、关长俞晓丹主持召开长春海关2022年第10次党委会议。

缉私局局长裴宏林参加2022年第15次省公安厅党委（扩大）会议暨第3次厅党委理论学习中心组集体（扩大）学习会议。

副关长郭子文参加海关总署关税司综合治税电视电话会议。

21日 党委书记、关长俞晓丹主持召开长春海关2022年第11次党委会议。

23日 副关长谢兵在长参加东部地区疫情防控工作会议。

25日 副关长石建平到省政府参加全国稳住经济大盘电视电话会议。

长春海关获评“2021年全省营商环境建设优秀单位”。

24—25日 副关长张君到珲春海关调研。

副关长张君在珲春铁路口岸参加商务厅组织召开的推进珲春铁路口岸实行24小时工作制现场会。

26日 副关长郭子文参加2022年全国海关科技工作会议。

27日 关长俞晓丹拜访吉林省副省长李伟，转达总署党委对吉林省政府的问候，介绍长春海关2022年以来口岸疫情防控及促进外贸保稳提质等工作开展情况。

关长俞晓丹到长春兴隆海关调研。

缉私局局长裴宏林参加2022年第16次省公安厅党委（扩大）会议。

30日 副关长石建平参加全省稳住经济会议。

关税处指导吉林海关认定吉林化纤股份有限公司成为自RCEP生效以来关区首家经核准出口商。

31日 副省长李伟到长春海关调研，到指挥中心察看口岸一线工作情况并召开座谈会。

副关长张君参加科技司网络安全保障工作电视电话会议。

纪检组组长李晋生参加长春海关“海关重点项目和财物管理以权谋私”专项整治工作推进会，听取财务处、口岸监管处主要负责同志关于专项整治工作情况汇报。

6月

1日 副关长谢兵参加省政府2022年第12次常务会议暨第9次党组（扩大）会议。

缉私局局长裴宏林参加全国海关缉私部门维护政治安全、社会稳定重点工作部署视频会议。

6日 副关长张君会见长春市副市长李炜姝，交流海关支持地方外向型经济发展工作情况，长春兴隆海关主要负责同志参加。

7日 关长俞晓丹会见辽源市委书记柴伟、市长程宇，通报海关促进外贸保稳提质措施，就加强关地协作、助力辽源市开发开放平台建设等工作进行交流。其间，联合到辽源市重点外贸企业调研。

缉私局局长裴宏林到吉林海关调研。

8日 关长俞晓丹到辽源海关调研。

关长俞晓丹会见四平市委书记郭灵计、市长胡斌，通报海关促进外贸提质增效措施，交流加强关地协作、助力四平市开发开放平台建设等工作。其间，到四平市两家重点进出口企业调研。

9 日　关长俞晓丹到四平海关调研。

副关长石建平参加珲春市政府组织的进口有关食品企业座谈会。

副关长郭子文到长春绿园海关调研。

8—9 日　副关长石建平到珲春海关调研。

10 日　缉私局局长裴宏林参加全国公安机关打击整治枪爆违法犯罪专项行动部署视频会议。

副关长郭子文会见吉林省商务厅副厅长迟闯，研讨交流数据交换需求及支持促进吉林省外贸发展等工作。

13 日　关长俞晓丹会见金豆投资控股集团有限公司董事长金明南，双方就货物进口等事项进行沟通。

副关长张君与中国邮政集团有限公司吉林省分公司副总经理常雨昌开展视频座谈，研讨企业提出的增设临时邮路、增加海关监管作业时间等问题。

14 日　缉私局局长裴宏林参加总署缉私局有关工作部署视频会议。

副关长张君到长春兴隆海关和兴隆铁路口岸调研。

15 日　党委书记、关长俞晓丹主持召开长春海关 2022 年第 12 次党委会议。

16 日　关长俞晓丹参加驻吉中央单位稳住地方经济会商机制座谈会。

缉私局局长裴宏林参加吉林省公安厅第 17 次厅党委（扩大）会议。

17 日　副关长谢兵在监控指挥中心观看沙坨子口岸旅客入境处置演练。

纪检组组长李晋生参加驻署纪检监察组专项整治第一批视频督促检查培训会。

19—20 日　关长俞晓丹参加中国共产党吉林省第十二次代表大会。

21 日　党委书记、关长俞晓丹主持召开长春海关 2022 年第 14 次党委会议。

缉私局、风险防控分局联合破获关区首起海南离岛免税“套代购”走私案。现场抓获犯罪嫌疑人 2 名、查扣涉案化妆品 280 件。

23 日　关长俞晓丹、政治部主任张赟会见中国共产党吉林省第十二次代表大会代表耿立敏，听取耿立敏关于大会召开情况和会议主要精神的汇报。

副关长郭子文到长春海关缉私局调研。

28 日　党委书记、关长俞晓丹主持召开长春海关 2022 年第 15 次党委会议。

副关长谢兵代表长春海关与吉林省国家安全厅副厅长曲连魁共同签署备忘录。

29 日　关长俞晓丹参加长春海关“光荣在党 50 年”纪念章颁发活动。

关长俞晓丹会见中国检验认证集团吉林有限公司总经理关鹏，了解该公司经营、脱钩情况及继续配合长春海关开展有关工作计划。

30 日　关长俞晓丹、副关长谢兵、副关长郭子文到长春龙嘉机场航空口岸一线检疫监管现场调研。

政治部主任张赟、纪检组组长李晋生分别走访慰问老党员并颁发“光荣在党 50 年”纪念章。

7月

1 日　副关长谢兵参加国务院联防联控机制疫情防控督导工作会。

缉私局局长裴宏林参加缉私局“庆祝香港回归祖国 25 周年大会暨香港特别行政区第六

届政府就职典礼”直播观看活动。

4 日 关长俞晓丹、纪检组组长李晋生参加驻署纪检监察组专题党课学习活动。

副关长谢兵、副关长张君带队到长春龙嘉机场海关调研。

5 日 副关长谢兵到长春龙嘉机场海关带班巡察出入境航班检疫监管情况。

副关长谢兵参加 2022 年全国打击侵权假冒工作电视电话会议。

6—8 日 副关长郭子文到厦门参加全国海关政策研究工作专题会议。

7 日 关长俞晓丹、政治部主任张赞、副关长谢兵与总署“百名科长百日督查”督查组成员座谈交流。

副关长张君参加海关总署防止口岸危化品积压问题专题视频会议。

副关长石建平参加省政府食安委 2022 年第一次全体（扩大）会议。

8 日 副关长石建平到长春海关风险防控分局调研。

副关长张君参加 2022 年海关稽查北部协作区工作视频会议。

12 日 党委书记、关长俞晓丹主持召开长春海关 2022 年第 16 次党委会议。

缉私局局长裴宏林参加全国禁毒工作电视电话会议。

副关长石建平到延吉参加 2022 年延边文化旅游季“云上延边”暨首届延吉恐龙文化旅游季开幕式。

13 日 关长俞晓丹拜访省长韩俊，汇报长春海关加强口岸疫情防控、促进外贸保稳提质及助企纾困降成本等方面工作。

关长俞晓丹参加十二届省委常委会第 4 次会议。

14 日 关长俞晓丹到长春邮局海关调研。

纪检组组长李晋生接受海关总署第四督导检查组组长、深圳海关一级巡视员林国忠对其开展的“海关重点项目和财物管理以权谋私”专项整治“二对一”谈话。

15 日 缉私局局长裴宏林参加 2022 年第 22 次省公安厅党委（扩大）会议。

副关长张君参加海关总署督察内审司“内控示范科室”建设线上推进交流会。

18 日 党委书记、关长俞晓丹主持召开长春海关 2022 年第 17 次党委会议。

19 日 一级巡视员谢兵到省政府参加吉林省政府十三届十次全体会议。

20 日 关长俞晓丹拜访吉林省委书记景俊海，汇报全国海关年中工作会议有关精神及长春海关统筹做好口岸疫情防控和促进外贸保稳提质、助企纾困降成本等工作情况。

关长俞晓丹拜访吉林省委常委、省委秘书长李伟，表示长春海关将贯彻落实吉林省第十二次党代会部署和稳经济大盘 43 条具体政策措施，全力以赴促进外贸保稳提质，为吉林省外向型经济发展贡献海关力量。

关长俞晓丹、副关长张君参加海关总署“口岸危险品综合治理”百日专项行动部署动员会。

缉私局局长裴宏林参加全国缉私部门夏季治安打击整治“百日行动”推进会。

22 日 党委书记、俞晓丹关长主持召开长春海关 2022 年第 18 次党委会议。

一级总监石建平参加吉林省种业振兴大会。

24—25 日 关长俞晓丹到延吉海关调研。

25日 关长俞晓丹到延吉海关缉私分局“李虎烈士纪念室”了解李虎同志生平事迹，深切缅怀英雄。

26日 关长俞晓丹到图们海关、珲春海关调研。

政治部主任张赞参加海关总署2022年全国海关离退休干部工作视频会议。

缉私局局长裴宏林参加全国海关缉私部门年中工作会议暨全国打私办主任会议。

一级总监石建平出席《吉林省人民政府与中国农业发展集团有限公司战略合作框架协议》签约仪式。

副关长张君参加吉林省网络市场监管联席会议。

27日 党委书记、关长俞晓丹主持召开长春海关2022年第19次党委会议。

关长俞晓丹到珲春市调研，会见珲春市委书记盛效儒。其间，到珲春跨境电商监管中心、东北亚跨境电商产业园、互市贸易落地加工基地实地调研，了解企业进出口情况、听取意见建议，宣传推介海关促进外贸保稳提质支持措施。

28日—8月4日 关长俞晓丹走进口岸封管区，在珲春海关进口冷链食品新冠病毒核酸采样作业现场开展抽采样和预防性消毒监督工作。

29日 副关长郭子文参加海关总署保障进出口食品安全和贸易顺畅专题会。

31日 关长俞晓丹参加珲春海关物防工作小组临时党支部“庆祝八一”主题党日活动。

8月

1日 缉私局局长裴宏林参加省公安厅与公安部夏季治安打击整治“百日行动”第十督察组见面汇报会。

副关长张君以视频形式慰问长春龙嘉机场海关入境卫生检疫岗位封闭管理人员。

副关长张君到长春海关风险防控分局调研。

3日 关长俞晓丹在珲春海关调研期间检查三级值班带班工作。

副关长张君到省政府参加2022年全省防震抗震减灾工作领导小组视频会议。

4日 一级巡视员谢兵到省委参加全省疫情防控专题调度会议。

政治部主任张赞参加吉林省党建学会第七次会员代表大会。

6—10日 一级总监石建平到吉林市开展冷链食品传播疫情专项排查整治工作。

9日 缉私局局长裴宏林参加全国公安机关相关工作视频会议。

10—11日 缉私局局长裴宏林到珲春海关缉私分局督导调研打击整治走私犯罪“百日行动”工作情况。

11日 副关长张君会见京东商城东北片区负责人陈浩，就长春海关开展涉案财物拍卖、资产处置及一般采购等业务相关服务需求交换意见。

11—12日 关长俞晓丹到白山市调研。

12日 缉私局局长裴宏林参加全国公安机关夏季治安打击整治“百日行动”第二次推进会议。

副关长张君参加吉林省中医药工作领导小组第二次全体会议。

12—13日 关长俞晓丹到长白海关调研。

13—14日 关长俞晓丹到长白山海关

调研。

15日 党委书记、俞晓丹关长主持召开长春海关2022年第20次党委会议。

15—19日 海关总署政治部主任、党委委员许大纯在长春海关调研，察看二级监控指挥中心，听取党委工作汇报。其间，实地调研该关包保笠峰村和所属图们海关、延吉海关、长白山海关、珲春海关，了解“边关五小工程”、精神文明建设等情况。

16—17日 政治部主任张赞到延吉海关调研。参加执法一线科长代表座谈会，督导检查延吉海关全面从严治党相关制度贯彻落实情况、警示教育月活动和“两个专项”工作开展情况及“如何提高一体化‘三不腐’能力和水平课题”推进情况，听取延吉海关党委工作汇报，并与干部进行谈心谈话。其间，到古城里口岸基层联系点调研。

17日 副关长张君视频慰问长春龙嘉机场海关封闭管理人员。

17—18日 政治部主任张赞到珲春海关调研。

18日 副关长郭子文出席第二十一届中国长春国际农业·食品博览（交易）会开幕式。

19日 关长俞晓丹陪同吉林省委副书记、省长韩俊在图们口岸和龙边境经济合作区调研。

关长俞晓丹到延吉海关、图们海关调研。

副关长张君参加十二届省委常委会第7次会议。

副关长郭子文到哈尔滨海关参加稽查北部协作区交流会议。

23日 关长俞晓丹拜访吉林省委副书记刘伟，汇报长春海关做好口岸疫情防控工作、促进外贸保稳提质及落实全面从严治党等工作情况。

缉私局局长裴宏林以视频形式参加全国缉私部门夏季治安打击整治“百日行动”第二次推进会。

25日 党委书记、关长俞晓丹主持召开长春海关2022年第21次党委会议。

26日 缉私局局长裴宏林以视频形式参加公安部党委理论学习中心组学习（扩大）会暨全国公安机关学习习近平法治思想辅导报告会。

纪检组组长李晋生参加驻署纪检监察组举办的部分海关单位纪检监察工作视频座谈会。

29日 关长俞晓丹到白城海关调研，其间赴吉林梅花氨基酸有限责任公司、洮南市进口种牛备选隔离检疫场进行实地调研。

政治部主任张赞以视频形式参加2022年海关新录用公务员初任培训班动员部署会。

副关长张君参加全国深化“放管服”改革持续优化营商环境电视电话会议。

29—30日 关长俞晓丹到松原海关调研。督导检查政治机关建设专项教育活动、全面从严治党、疫情防控及安全生产责任制落实情况。

29—31日 缉私局局长裴宏林在贵阳参加总署缉私局组织的信息化建设及网络数据安全专题座谈会。

30日 副关长张君参加吉林省打击侵犯知识产权和制售假冒伪劣商品工作领导小组会议。

纪检组组长李晋生到吉林海关调研，听取提高一体推进“三不腐”能力水平心得体会和工作建议，收集对关党委、党委纪检组意见建议，听取有关工作情况汇报。其间，到关区重点外贸企业调研。

31 日 党委书记、关长俞晓丹主持召开长春海关 2022 年第 22 次党委会议。

纪检组组长李晋生到白城海关调研，听取有关工作汇报和提高一体推进“三不腐”能力水平心得体会，收集对关党委、党委纪检组意见建议。

纪检组组长李晋生会见白城市纪委监委副书记于涛，介绍海关“重点项目和财物管理以权谋私”专项整治工作、党风廉政建设和反腐败工作情况。双方就加强协作配合、共同推动纪检监察工作高质量发展等工作达成一致意见。

政治部主任张赞以视频形式参加海关总署“人民满意的公务员”宣讲报告会。

31 日—9 月 1 日 关长俞晓丹分别听取各部门近期重点工作情况汇报。

长春海关承办海关系统值班应急制度制修订集中工作。

9 月

1 日 缉私局局长裴宏林参加 2022 年第 26 次省公安厅党委（扩大）会议。

副关长张君与长春龙嘉机场海关入境一组组员线上座谈。

纪检组组长李晋生到松原海关调研，听取对提高一体推进“三不腐”能力水平的工作汇报和心得体会，收集对关党委、党委纪检组的意见建议。

纪检组组长李晋生会见松原市纪委书记、监察委员会主任毛向阳。介绍“海关重点项目和财物管理以权谋私”专项整治工作、党风廉政建设和反腐败工作情况。双方就开展优化营商环境、服务地方经济、建设清廉海关等相关工作进行沟通交流并达成一致意见。

6 日 党委书记、关长俞晓丹主持召开长春海关 2022 年第 23 次党委会议。

缉私局局长裴宏林参加全省公安机关党风廉政建设暨警示教育工作会议。

7 日 副关长张君参加省知识产权工作领导小组工作会议。

8 日 党委书记、关长俞晓丹主持召开长春海关 2022 年第 24 次党委会议。

省委常委、常务副省长蔡东到长春海关调研。参观关史陈列室、监控指挥中心，听取关长俞晓丹工作汇报，与关党委委员座谈。

9 日 党委书记、关长俞晓丹主持召开长春海关 2022 年第 25 次党委会议。

副关长郭子文参加长春海关网络安全宣传现场活动。

11 日 副关长张君到长春龙嘉机场海关调研，对长春龙嘉机场海关优化入境航班检疫监管流程相关措施提出指导建议。

12 日 政治部主任张赞、副关长张君代表关党委到长春龙嘉机场海关慰问疫情防控一线人员。

13—15 日 一级总监石建平到长白海关开展专项督导检查。

15 日 一级巡视员谢兵参加吉林省疫情防控工作领导小组（扩大）会议。

15—16 日 一级总监石建平到长白山海关开展专项督导检查。

17 日 关长俞晓丹、副关长张君、一级巡视员谢兵到监控指挥中心带班巡察长春龙嘉机场口岸入境航班检疫监管情况。

18—20 日　关长俞晓丹到通化海关调研，实地调研集安公路口岸、集安铁路口岸、老虎哨口岸进出境旅检通道、监管作业场所建设等情况。其间，会见通化市委书记高志国、市长高山、副市长李东友，交流支持服务通化外贸发展有关工作。

关长俞晓丹到集安市大路镇调研进口种牛隔离检疫场选址、建设工作。

19 日　关长俞晓丹到通化海关集安公路口岸监管科联系点跟班作业。

副关长郭子文参加省政府 2022 年第 23 次常务会议。

19—20 日　一级总监石建平到四平海关开展专项督导检查。

20 日　关长俞晓丹到长春海关配合帮扶村太王村调研。

副关长郭子文到中新食品区（吉林）调研。

20—21 日　一级总监石建平到辽源海关开展专项督导检查。

21 日　副关长张君出席总署疫情防控有关工作督查组见面会。

21—22 日　一级总监石建平到松原海关开展专项督导检查。

22 日　副关长张君到基层执法一线联系点长春兴隆海关综合业务科跟班作业。

22—23 日　一级总监石建平到白城海关开展专项督导检查。

23 日　长春海关参加全国海关“防风险、保稳定、迎二十大”专题电视电话会议，关党委委员、一级巡视员、一级总监参加。

关长俞晓丹分别听取各事业单位近期重点工作情况汇报。

副关长张君到省委参加十二届省委常委会第 11 次会议。

副关长郭子文参加海关总署《中国海关年鉴（2022）》编纂总结暨《中国海关年鉴（2023）》编纂启动部署会议。

26 日　关长俞晓丹到长春绿园海关参加保税核批科执法一线联系点跟班作业及党支部主题党日活动。

缉私局局长裴宏林参加公安部组织召开的党的二十大安保维稳动员部署视频会。

27 日　关长俞晓丹到吉林海关调研期间，会见吉林市委书记贺志亮，双方就落实海关助企纾困措施、助力吉林市重点产业和重点企业发展等工作进行深入交流。其间，实地察看吉林市保税物流中心（B 型）建设运行情况。

缉私局局长裴宏林参加海关总署缉私局夏季治安打击整治“百日行动”总结暨党的二十大安保维稳、贯彻“六个严禁”攻坚动员视频会议。

副关长张君参加省兴边富民工作领导小组会议。

副关长郭子文参加全国海关技术性贸易措施交涉应对工作视频会议。

27—28 日　副关长张君到珲春海关开展督导检查。以“四不两直”方式到珲春铁路口岸、口岸通关中心督导检查“口岸危险品综合治理”百日专项行动开展情况，到珲春东北亚国际商品城调研，部署市场采购贸易业务前期准备工作。其间，在珲春海关监管二科、监管三科跟班作业，了解实货监管相关流程和措施。

29 日　党委书记、关长俞晓丹主持召开长春海关 2022 年第 26 次党委会议。

一级总监石建平到省政府参加 2022 年第 24 次常务会议。

长春海关与大连海关首批联合监管输澳木制家具顺利出口。与大连海关联合印发《输澳大利亚木制家具熏蒸处理联合监管实施方案（试行）》，创新协同监管模式，解决关区企业输澳木制家具出口熏蒸难题。首批 7 票木制餐桌椅顺利出口，货值 96.7 万元。

30 日 关长俞晓丹以“四不两直”方式到长春海关技术中心、长春国际旅行卫生保健中心、中国电子口岸数据中心长春分中心、长春绿园海关、长春龙嘉机场海关、涉案财物仓库督导检查。

副关长郭子文参加全国海关信访工作专题培训。

副关长张东到长春邮局海关调研。到国际邮件现场了解监管作业流程和疫情防控工作情况，到基层科室慰问干部职工，与班子成员和科级干部座谈交流，征集意见建议。

10 月

1 日 缉私局局长裴宏林参加公安部视频调度会议。

副关长郭子文以“四不两直”方式到长春兴隆海关检查值班带班工作。

4 日 纪检组组长李晋生到普阳办公区调研。

副关长张东到长春海关技术中心调研。

7 日 副关长张东以“四不两直”方式到长春龙嘉机场海关检查值班带班情况。

8 日 副关长张君参加全省疫情防控专题调度会。

副省长吴靖平到珲春铁路口岸调研。

9 日 副关长张君到长春龙嘉机场海关调研，听取长春龙嘉机场海关党风廉政建设、防风险保稳定等重点工作开展情况。

副关长郭子文到长春兴隆综合保税区调研。先后到德林木业、一汽检测中心、跨境电商保税仓库、进出口商品展示交易中心调研，与综合保税区管委会党工委书记于海军座谈，了解兴隆综合保税区发展情况和下一步规划，副关长郭子文对兴隆综合保税区有关规划提出建议。

副关长张东到中国电子口岸数据中心长春分中心调研，并与该中心领导班子座谈。

12 日 副关长郭子文出席总署办公厅与长春海关青年理论学习小组“同读第四卷　共迎二十大”线上交流研讨会议。

政治部主任张赞到长春国际旅行卫生保健中心调研，实地察看该中心实验室和党建活动室，听取有关工作情况汇报，颁发 2022 年吉林省直机关“工人先锋号”“五一劳动奖”奖牌奖状。

13 日 党委书记、关长俞晓丹主持召开长春海关 2022 年第 27 次党委会议。

长春海关参加海关系统全力以赴做好党的二十大召开期间安全生产工作电视电话会议，关党委委员、一级总监参加。

关党委委员、一级总监在总关机关参观“奋进新征程、建功新时代”党的十九大以来长春海关改革发展主题展及参观“喜迎二十大　奋进新征程”主题书画作品展。

16 日 关党委委员、一级总监集中收听收看中国共产党第二十次全国代表大会开幕会。

党委书记、关长俞晓丹主持召开长春海关 2022 年第 28 次党委会议，党委委员分别就收听收看中国共产党第二十次全国代表大会开幕会交流认识体会，对关区学习贯彻党的二十大精神有关工作进行安排部署。

缉私局局长裴宏林参加全国公安机关视频会议。

缉私局局长裴宏林在缉私局机关观看中国共产党第二十次全国代表大会开幕会。

17 日　关长俞晓丹参加省疫情防控工作领导小组（扩大）会议。

18 日　副关长张君参加省政府与国家疫情防控督导检查组工作对接会。

21 日　副关长郭子文到风险防控分局调研，听取风险防控分局重点工作汇报，就推动学习宣传贯彻党的二十大精神与风险防控实际业务结合、增强业务本领、提升廉政工作水平等提出具体要求。

24 日　党委书记、关长俞晓丹主持召开长春海关 2022 年第 29 次党委会议。

一级总监石建平参加省委办公厅组织召开的传达党的二十大精神会议。

25 日　副关长郭子文到 12360 海关热线工作室调研。

副关长张君出席海关总署督查组反馈问题整改推进专题会议。

26 日　缉私局局长裴宏林参加 2022 年第 30 次省公安厅党委（扩大）会议暨第 6 次厅党委理论学习中心组集体（扩大）学习会议。

27 日　副关长张君到基层执法一线联系点兴隆海关综合业务党支部参加“学习贯彻党的二十大精神　通关‘加速度’纾困‘有温度’”主题党日活动。

副关长郭子文出席海关总署办公厅与长春海关青年理论学习小组第二次线上交流研讨会议。

28 日　副关长张君参加全省疫情防控专题调度会。

副关长郭子文到一汽大众汽车有限公司调研。了解企业生产经营情况和困难诉求，与一汽大众汽车有限公司纪委书记姜博座谈，介绍海关促进外贸保稳提质相关措施，针对企业未来发展提出 3 点建议。其间，参观奥迪 Q5 生产线。

副关长郭子文出席长春绿园海关学习党的二十大精神经验交流研讨会。

副关长张东到省委参加十二届省委常委会第 14 次会议。

31 日　关党委委员、一级总监参加海关总署党委理论中心组（扩大）学习暨司局级主要负责同志学习贯彻党的二十大精神培训班。

11 月

2 日　关党委委员、一级总监参加总署党委理论中心组（扩大）学习暨司局级主要负责同志学习贯彻党的二十大精神培训班。

3 日　关党委委员，一级总监参加总署党委理论中心组（扩大）学习暨司局级主要负责同志学习贯彻党的二十大精神培训班大会交流环节。

副关长张君、副关长张东参加全国海关“口岸危险品综合治理”百日专项行动总结暨常态化工作部署视频会议。

纪检组组长李晋生赴基层执法一线联系点邮局海关查验科参加主题党日活动、跟班作业，听取第三派驻纪检组工作情况汇报。

4 日　关长俞晓丹参加海关总署党委理论学习中心组（扩大）学习暨司局级主要负责同

志学习贯彻党的二十大精神培训班，围绕“建设堪当民族复兴重任的高素质干部队伍海关必力推”作交流发言。

一级总监石建平参加十二届省委常委会第15次会议。

7日 关长俞晓丹参加皓月集团协商座谈会，围绕“支持皓月集团打造千亿级企业”主题作交流发言。

7—8日 副关长郭子文以视频形式参加总署国际司举办的亚欧会议“智慧海关、智能边境、智享联通”国际研讨会。

8日 纪检组组长李晋生参加吉林省委党校专家宣讲会。

9日 副关长郭子文到省吉林市场监管厅参加全省食品安全办公室主任会议。

11日 党委书记、关长俞晓丹主持召开长春海关2022年第30次党委会议。

纪检组组长李晋生出席“全国海关纪检机构学习宣传贯彻党的二十大精神”专题辅导视频会议。

14日 关长俞晓丹参加省委关于党的二十大精神宣讲会议。

14—15日 副关长郭子文到珲春海关调研，听取该关关于学习宣传贯彻党的二十大精神、做好口岸疫情防控、稳外贸促发展保安全等方面工作汇报，与该关领导班子谈心谈话。其间，在风险监控科联系点开展跟班作业，参加主题党日活动。

15日 长春海关完成首批附条件提离进境粮食监管工作，进口货物为1.3万吨阿根廷大豆，货值5500万元。

15—16日 政治部主任张赞到吉林海关执法一线联系点跟班作业，开展党的二十大精神宣讲。

15—18日 纪检组组长李晋生进入长春龙嘉机场口岸封闭管理区，参加防疫工作。

16日 关长俞晓丹参加省委有关工作会议。

副关长张君到长春龙嘉机场海关调研，开展党的二十大精神宣讲。

副关长郭子文到珲春市调研，到珲春综合保税区跨境电商监管中心、东北亚跨境电商产业园实地调研，了解珲春跨境电商业务发展状况和“双11”活动期间电商货物通关监管工作，深入珲春畅达电子商务有限公司了解企业经营、边境仓海外仓建设等情况，宣传海关促进外贸保稳提质支持措施并征集意见建议。

副关长郭子文到图们海关指导学习贯彻党的二十大精神。其间，实地查看边关五小、关史室和准军事化训练用房建设及使用情况，前往该关公路口岸慰问一线关员。

17日 副关长郭子文到延吉海关调研，指导学习贯彻党的二十大精神。其间，实地察看业务大厅、党建活动室，到企业调研外贸发展情况。

长春海关顺利完成“清邮2022”风险防控行动任务。

18日 关长俞晓丹到长春绿园海关基层党支部联系点参加“奋进新征程，展现新作为”主题党日活动。

副关长郭子文参加海关总署风险防控司“一会两机制”经验交流视频会议。

副关长张东到长春海关技术中心调研，开展党的二十大精神宣讲。

21日 关长俞晓丹参加省委有关工作会议。

21—25日 缉私局局长裴宏林到吉林省公安厅参加全国公安机关领导干部学习宣传贯彻党的二十大精神政治培训班。

23日 政治部主任张赞参加全国海关政治部门学习宣传贯彻党的二十大精神学习宣讲视频会议。

24日 纪检组组长李晋生到邮局海关执法一线联系点跟班作业。

25日 副关长张君参加国家口岸管理办公室重点边境口岸工程机械车辆出口视频协调会。

29日 缉私局局长裴宏林参加吉林省公安厅党委（扩大）会议。

30日 党委书记、关长俞晓丹主持召开长春海关2022年第31次党委会议。

12月

6日 党委书记、关长俞晓丹主持召开长春海关2022年第32次党委会议。

7日 缉私局局长裴宏林与吉林省烟草专卖局局长王志勇开展座谈，签署联合打击涉烟走私违法犯罪工作相关文件。其间，参观长春海关缉私局与吉林省烟草专卖局联合侦办的"8·16走私雪茄进境案"案件成果展，副局长许兆山、副局长刘景祥参加。

8日 党委书记、关长俞晓丹主持召开长春海关2022年第33次党委会议。

政治部主任张赞到长春龙嘉机场海关召开干部工作会议。

9日 关党委委员集中开展《中华人民共和国宪法》（以下简称《宪法》）有关内容学习，集体参观长春海关法治文化长廊，听取关于习近平法治思想、《宪法》等内容讲解及关区法治建设工作情况汇报。

副关长张君到长春龙嘉机场海关调研，听取关于青少年运动闭环泡泡模式的准备、方案、预案、保障等工作汇报，就做好青少年运动会相关工作、及时迅速调整口岸疫情防控各项措施、加强机关内部疫情防控和全力做好年终岁尾各项工作提出具体要求。

15日 副关长郭子文以视频形式巡听白城海关党委理论中心组（扩大）学习会议。

纪检组组长李晋生到基层党支部联系点通化海关稽核查企管中心党支部宣讲党的二十大精神，与支部党员座谈。听取党委第四派驻纪检组工作情况汇报。

20日 关长俞晓丹以视频形式参加省政府第30次常务会议。

21日 一级总监石建平到省政府参加吉林省外资外贸工作座谈会。

22日 一级总监石建平参加省委常委第25次会议。

26日 党委书记、关长俞晓丹主持召开长春海关第34次党委会议。

29日 党委书记、关长俞晓丹主持召开长春海关第35次党委会议。

30日 关长俞晓丹、副关长张君参加全国海关全面加强审计问题整改工作专题视频会议。

第四篇

政治建设

党的建设

【概况】2022年，长春海关全面学习、把握、落实党的二十大精神，开展政治机关建设专项教育和“学查改”专项工作。两级党委书记、基层党组织书记分层级实施60个“书记项目”，建立基层党支部结对共建机制；举办“青年、支部书记、部门负责人”3期思想理论学用讲坛，分享心得感悟、思想认识，交流经验做法、亮点成绩，引导党员干部进一步树牢政治机关意识，提升政治能力。全面打造坚强战斗堡垒，开展基层党组织基础工作规范化提升“五个一”专项行动。统筹开展合格支部建设、“四强”党支部争创、党建品牌创建等工作，5个支部党建品牌获评全国海关党建示范（培育）品牌，获评省直机关党建考核优秀等次。组织实施基层党建“双提升”行动，6篇典型经验材料、6堂党课及党建培训课程被海关总署“双提升”行动相关刊物、“钉钉”平台采用，1个支部经验材料入选海关总署党建创新案例。落实全面从严治党政治责任，开展提高一体推进“三不腐”能力和水平课题研究；制定长春海关防范化解海关系统腐败风险重点任务落实清单；组织“书记组长谈责任”系列访谈活动。严格监督执纪，加强对“一把手”和领导班子监督，建立对各部门单位“一把手”和领导班子其他成员开展重点事项监督自查报告制度，出台运用“第一种形态”开展谈话提醒的相关实施细则。深化廉洁文化建设，开展“清风国门”廉洁文化作品征集活动，4人获评协作区东北片区廉洁文化作品一等奖、8人获评二等奖，5件作品入选海关总署廉洁文化创意作品展览。长春海关“坚定捍卫‘两个确立’，坚决做到‘两个维护’以党的政治建设引领海关事业发展新突破”课题获评2022年度吉林省直机关党建优秀研究成果一等奖。1名基层一线党员当选吉林省十二大代表，1个集体和1名个人获评全国海关系统“先进集体”和“先进工作者”称号，2名个人获评“吉林好人”称号，1名个人获评吉林省“优秀志愿者”称号。

【学习宣传贯彻党的二十大精神】2022年，长春海关把学习、宣传、贯彻党的二十大精神作为首要政治任务。第一时间召开党委会议、专题视频会议，举办学习贯彻党的二十大精神学习班，把党员干部的思想行动统一到党的二十大精神上来。在全面学习、全面把握、全面落实上下功夫，推动关区以“六学六讲六进六争先”统筹落实“铸忠诚、担使命、守国门、促发展、齐奋斗”要求。各部门单位通过“党委+支部”联动学、“集体+个人”结合学、“线上+线下”同步学方式，实现全员覆盖，统一党员干部群众的思想和行动。两级党委委员带头宣讲189次、开展调研468次，关区各级党组织开展“线上”“线下”活动累计488次，千余人次参与“我想对党说”活动，青年联学620余人次，44篇学习宣传贯彻党的二十大精神信息被海关总署采用，3篇被省委采用。多渠道、多层次、多角度坚定捍卫“两个确立”、坚决做到“两个维护”，有感悟、有表达、有情感、有行动、有成效。

【**精神文明建设**】2022年，长春海关把精神文明建设工作融入海关全局工作，形成“一把手负总责，班子成员共同抓，党政工青妇共同管，全体干部职工广泛参与”的联动机制。制订关区精神文明创建整体提升计划，持续巩固拓展精神文明创建成果。长春绿园海关、四平海关获评省直机关文明单位；松原海关、辽源海关获评省级文明单位。突出党建引领，推动精神文明建设与党建工作协同发展。突出行业特色，以维护国门安全、促进经济发展为己任，树立诚信为民的行业形象。培育和发展特色海关文化精神，持续打造“开拓创新、敢为人先”“奋发进取、小关争强”等边关文化品牌。

【**思想教育阵地建设**】2022年，长春海关通过微信、网站、报纸等载体，宣传思想政治工作经验做法和成效。发挥“春意边关”新媒体作用，形成“我想对党说”“学习进行时”等8个推送系列，全面展示关区成果。2022年，中央级新闻媒体采用稿件2篇、“学习强国”平台采用稿件16篇。在《海关发布》《金钥匙》等平台发布各类稿件27篇，93篇稿件被海关总署各网站平台采用。《吉林日报》采用宣传稿19篇。

【**青年理论学习**】2022年，长春海关实施青年理论提升工程。成立26个青年理论学习小组，总结提炼“点面体”特色工作法，立足基点、以点带面、聚面成体。各青年理论学习小组围绕学习贯彻党的二十大精神等重点内容，制订青年理论学习小组年度学习计划，明确学习内容、学习方式和学习要求，打造“星火筑梦”“悟思”“海帆”等关区特色品牌，实现“一小组一品牌”关区全覆盖。关区各青年理论学习小组开展学习158次，各级领导干部与青年开展“面对面”学习交流172次，撰写心得体会234篇，开展主题活动57次。

【**志愿服务**】2022年，长春海关成立学雷锋志愿服务队，以“双百共建”活动为载体，开展“社情民意调研室”“团建议事园”等活动。定期组织青年干部开展志愿服务活动，开展“清洁家园”“清理白色垃圾”“阳光手牵手，圆梦感党恩”、普法宣传进社区等活动近百次。在长春市疫情防控最严峻的阶段，第一时间组建长春海关青年突击队，为社区送去防疫用品、食品等急缺物资。成立心理疏导工作小组、帮扶工作小组2个，3名心理咨询师在线为干部职工开展心理辅导70余人次。在统筹口岸疫情防控和促进外贸保稳提质工作中，成立28支党员突击队、

17 支志愿服务队，带领各级党组织和广大党员全力打好疫情防控阻击战和安全防护攻坚战。

【基层党组织建设】2022 年，长春海关不断织密建强组织体系。截至 2022 年年底，关区有党组织 201 个，其中机关党委 9 个、事业单位党委 3 个，党总支 10 个、党支部 179 个，业务一线党支部全部建在科上。常态化用好“智慧党建”系统和吉林“新时代 e 支部”两个平台，对支部日常工作进行可视化、动态化管理。实施每季度督促提醒、组织生活定期检查通报机制，形成常态化梳理、经常性纠偏工作态势。开展基层党组织基础工作规范化提升“五个一”专项行动，制定党建任务工作清单，持续提升关区基层党建标准化、规范化水平。强化分类指导，发挥好民主生活会、组织生活会作用，开展问题查摆，有效解决管理和业务难题。召开关区党建工作会，组织经验介绍，实现“点上破题、线上开花、面上结果”。统筹开展合格支部建设、“四强”党支部争创、党建品牌创建等工作，关区评选“四强”党支部 60 个，“四强”党支部示范点 30 个。共创建党建品牌 169 个，实现“一支部一品牌”，5 个支部党建品牌获评全国海关党建示范（培育）品牌。

【全面从严治党】2022 年，长春海关持续完善全面从严治党体系建设。制发全面从严治党年度重点任务分工方案，确定 56 项重点任务。组织隶属海关单位全面从严治党责任制情况检查考核，党委委员针对检查发现的问题对联系单位“一把手”进行廉政谈话，督促责任落实。健全完善“一把手”监督制度机制，建立机关各部门、隶属海关、事业单位“一把手”和领导班子其他成员重点事项监督自查报告制度，每季度组织自查申报，推动各级领导干部发挥头雁效应，落实“一岗双责”。开展如何提高一体推进“三不腐”能力和水平的课题研究，形成研究报告《提升边关一体推进“三不腐”能力和水平的实践与思考》。制定防范化解海关系统腐败风险重点任务落实清单，细化 188 项落实措施，建立协同会商、定期评估、总结宣传三个工作机制，积极主动防范重大腐败风险。

【纪律作风建设】2022 年，长春海关从严整治“四风”问题。组织开展“内务规范强化月”活动，在节假日等关键节点加强警示提醒，常态化纠治酒驾、醉驾等非职务违纪违法问题。加强政行风建设，开展政务服务场所作风问题大整顿活动，推进政务服务“好差评”系统应用，开通“机关作风建设问题受理直通车”，及时受理企业群众反映的作风问题及意见建议，进一步转变党员干部工作作风，提升为民服务水平，关区政务服务“好差评”系统好评率为 100%。根据立案查实的违纪问题，给予党纪处分 2 人，下发 3 起违纪案件通报，以身边事教育身边人，引导党员干部知敬畏、存戒惧、守底线。制定运用“第一种形态”开展谈话提醒的相关实施细则，以提升监督执纪规范化水平。坚决防范利益冲突行为，组织开展处科级领导干部配偶、子女及其配偶从业情况自查和抽查，抽查 43 名处级领导干部 110 名科级领导干部，未发现有不规范从业行为。

【廉政文化教育】2022 年，长春海关组织开展警示教育月活动。召开加强新时代廉洁文化建设暨警示教育大会，党委书记讲授廉政党课，以“学、谈、展”为重点统筹政治教育、纪法教育和警示教育，明确4方面35项重点学习内容，通过组织学习违纪案件通报、各部门单位结合实际开展廉政形势分析、广大党员干部对照警示案例和“五个有之”全面查找问题不足等活动，推动警示教育走深走实。常态化开展党规党纪教育，组织“书记组长谈责任”系列访谈活动，编发廉政教育相关刊物11期。扎实推进“海关重点项目和财物管理以权谋私”专项整治学习教育，利用“钉钉”平台、线上线下自测、远程监考等方式组织开展测试，关区完成自测508人，随机抽查69人，实现“以考促学、以学促用”。组织27个部门单位446名相关岗位人员撰写个人剖析材料，结合岗位职责进行深入查摆、自我剖析，分析所在岗位易被利用谋私的管理薄弱环节、廉政高风险点。加强廉政文化建设，制订加强新时代海关廉洁文化建设的落实方案，挖掘基层廉政文化热源，创建“亲清联廉”“关廉风清”等廉洁文化品牌。组织“清风国门”廉洁文化创意作品征集和评选推荐活动，4人获评协作区东北片区廉洁文化作品一等奖、8人获评二等奖，5件作品入选海关总署廉洁文化创意作品展览，营造崇廉尚廉的浓厚氛围。

▲2022年8月25日，长春海关召开加强新时代廉洁文化建设暨警示教育大会 （赵娜 摄）

【群众性文化活动】2022年，长春海关机关工会积极弘扬“三实”文化理念，突出主题策划文体活动，丰富关员文化生活，提振干部队伍精气神。组织开展“喜迎二十大”系列活动，开展“喜迎二十大 奋进新征程”主题书画作品征集展览活动，组织开展“喜迎二十大 建功新时代”微视频摄影作品征集活动。微视频《起航新征程》《三十年驻守边关 守国门初心不变》《在青春的赛道上勇创佳绩》分获吉林省直机关评比一等奖、三等奖、优秀奖；摄影作品《丰收》获得二等奖，《喜迎二十大，起舞新征程》《浩气长存》《兴国强路》获得优秀奖。组织开展“喜迎二十大 奋进新征程”气排球比赛、“迎新春、开新局、展新貌”春节游艺活动，举办“关爱女性健康保健知识”专题讲座，组队参加省直机关工会举办的乒乓球、羽毛球、篮球比赛，营造团结、奋进、向上的干部队伍氛围。

【关心关爱干部职工】2022年，长春海关建立安全防护、正向激励、服务保障、心理辅导、宣传报道等工作机制，做实做细关心关爱工作。细化完善“总关心理健康咨询服务工作室—隶属海关心理健康服务站—心理健康辅导员”三级工作网络，编发“长关有爱”心理调适微课堂66期，开展线上心理健康辅导72人次。挖掘疫情防控一线先进典型，及时予以表彰奖励，多维度做好宣传，一系列举措凝聚人心、激发动力。

【组织基层党建“双提升”行动】2022年，长春海关在基层党组织中开展“强化政治功能，组织力凝聚力提升行动”，在党组织书记和党务干部中开展“强化政治意识，党建工作能力提升行动”，即“双提升”行动。组织关区194名党务工作者参加岗位练兵。收集整理岗位练兵学习资料82份，制发党务干部岗位练兵学习资料汇编。6篇典型经验材料、6堂党课及党建培训课程被海关总署“双提升”行动专刊、“钉钉”平台采用。分层级实施60个“书记项目”，1篇经验材料入选全国海关党建创新案例。

撰稿人

刘俊峰　李金营　张润馨　赵　娜　秦冬青

队伍建设

【概况】2022年，长春海关党委以习近平新时代中国特色社会主义思想为指导，贯彻新时代党的建设总要求和新时代党的组织路线，坚持新时代好干部标准，推进干部工作“五大体系”建设，开展忠诚教育凝心铸魂、提升能力强基固本、强化作风建设担当奋斗，树立正确选人用人导向，打造堪当民族复兴重任的高素质干部队伍，为关区各项事业发展提供坚强组织保证。坚持党管干部，用“一把尺”“一张单”“一盘棋”立规矩、亮标准。树立择优导向，精准开展职级晋升、职称评审、关衔晋升工作。开展干部能力素质提升“大培训”，招录34名新录用公务员，建立“机关、边关、一线”分段轮训模式，开展综合实践培养。清理规范事业单位领导职数，加强编外聘用人员管理。制修订8项人事制度，进一步健全完善制度管理体系。在海关总署开展的“一报告两评议”中，长春海关党委干部选拔任用工作满意率、干部监督满意率连续两年保持100%。连续四年在省政府绩效考评中获评“优秀”等次。

【干部选拔任用】2022年，长春海关建立领导班子常态化分析研判机制，注重选拔政治素质过硬、善于抓班子带队伍、敢于担当、廉洁自律的优秀干部。持续优化班子结构，按照“强基固本，实现关区事业可持续发展，优化干部成长路径”的工作原则，对各单位各部门编制数量、业务实际、干部年龄构成、专业结构、工作经历等开展系统分析，合理用好各年龄段干部，加大对优秀年轻干部培养力度，打好队伍长远发展基础，为工作高质量发展提供组织保障。2022年，完成55人转正考核工作，开展处级领导干部岗位交流2人次。

【培养使用优秀年轻干部】2022年，长春海关注重选派优秀年轻干部参与关区巡察、督察审计、执法评估、选人用人监督检查等各项专项工作，多角度考察、识别干部。把疫情防控、重要专项工作、急难险重任务、应对突发事件等重大任务中表现突出的干部识别出来、选拔上来。把好年轻干部入口关，充分利用招录公务员、接收安置军队转业干部等渠道，进一步加大人才源头引进力度，成立“新录用公务员能力提升培养锻炼”工作专班，制订新录用公务员综合实践活动工作方案，组织新录用公务员到机关职能部门学习实践，制订培养锻炼工作计划，建立周复盘、月总结等工作机制跟踪问效。

【考核管理】2022 年，长春海关结合“三位一体”干部考核体系建设，统筹开展干部年度考核、日常考核、专项考核。强化日常管理与考核，坚持以“考”促“干”，强化平时考核、抓实年度考核。年度考核中拿出一定“优秀”名额用于表彰表现突出的职级公务员，鼓励发挥经验和专业优势，充分发挥考核的“指挥棒”“风向标”作用，切实调动关区各层级干部敢于担当、干事创业的积极性和主动性。

【人才培养】2022 年，长春海关注重合理使用各年龄段优秀干部。分层级、分领域、分类别选拔各方面人才，建立业务专家骨干、优秀后备干部和年轻干部等多个人才储备库。加强执法一线科长培养，派员参与海关总署专项工作、跟班学习 8 人次，选派 2 名科长参加“百名科长百日督查”工作，选派 4 名处科级干部组成检查组到沈阳海关开展疫情防控东北地区海关互查工作，提升执法一线科长队伍能力。加强专业技术人才激励培养，发挥评审制度优势，各事业单位有 9 人取得初级职称，6 人取得中级职称；经海关总署高级职称评审委员会评审，2 人取得副高级职称，3 人取得正高级职称。

【干部管理监督】2022 年，长春海关不断健全职责明晰、权责一致的选人用人制度体系。统筹推动“裸官”“不担当不作为”专项整治，坚决防止干部“带病提拔”“带病上岗”。推动两级党委认真落实常态化干部约谈机制，突出对“一把手”和领导班子的监督，加强干部监督、纪检、机关纪委、巡察、督察审计等部门的信息共享，构建立体监督“大格局”，切实将干部监督结果充分运用到干部选拔任用、激励约束、考察奖励全过程。

【干部人事制度建设】2022 年，长春海关持续完善干部人事相关制度机制。制修订干部组织处理、机关集中工作、职称评审管理、机关工作人员请休假和考勤管理、编外聘用人员队伍教育监督管理等方面制度，加强制度刚性约束，切实提升治理能力和水平。落实海关总署事业单位绩效工资改革部署要

▲2022 年 2 月 9 日，长春海关开展 2022 年度领导干部个人有关事项填报专题培训 （白玫 摄）

求，严守总量控制红线、底线，突出优绩优酬分配导向，坚持规范津贴补贴、统筹调控收入差距、健全分配制度“三步走”，切实做到防范系统性风险和发挥分配激励导向作用“双提升”。

【机构编制和编外聘用人员管理】2022年，长春海关加强机构编制和编外聘用人员管理工作。突出机构编制核查成果运用转化，严格按照海关总署要求，清理历史遗留问题。全面加强事业单位党的领导。加强编外聘用人员监督管理，树牢“编外非法外”管理理念，构建事业单位监委会、人事、监察三方协同监督机制，通过定期听取审议报告、开展专项考核检查、组织签订《廉政承诺书》等方式齐抓共管，挺纪在前。划定事业单位编外人员控制总量，科学定岗、盘活存量，实现连续两年用工总量只减不增。对编外人员岗位履职、进出管理、考核评价等6个管理事项建档设卡，形成层层管理、层层负责的管理模式。

【落实关心关爱政策】2022年，长春海关用足用好各项干部职工关心关爱政策，确保有效落实。用足用好艰苦边远地区工资高定一档政策，按时足额发放艰苦边远地区津贴、疫情防控临时性工作补贴，扎实推进机关事业养老保险参保，落实多地就医医保政策，协助有关部门设立干部及家属就医绿色通道，持续解决边关干部职工看病就医难等问题。根据海关总署工作部署开展关衔晋升工作，年内晋升关衔225人次。强化职级职称择优导向和激励作用，重点关注边关建设、执法一线科长、关爱疫情防控一线人员等方面的职级政策落实，统筹考虑优化队伍年龄结构、盘活干部队伍资源等因素。

【口岸疫情防控人力资源保障】2022年，长春海关采取措施确保口岸疫情防控工作人力资源合理充分保障。开展“两仪式、三走访、四慰问、五关怀”关心关爱系列活动。分级分类开展“走进口岸封管区”工作，组织两级党委35名领导干部走进口岸封管区。建立疫情防控一线工作人员保护关心爱护专班推进、健康管理、心理疏导、监督考核等10项机制，持续动态完善更新保护关心爱护措施103项。研究制定“十个一”关心举措和身体健康评估等全链条关爱措施，组建146人应急梯队分批次支援，安排优秀年轻干部、执法一线科长12人次参与一线轮战，在疫情防控一线培养锻炼干部。向海关总署党委提交问题建议22条，其中优化冷链进口食品检疫监管流程建议被海关总署采纳；向职能部门提出关心关爱意见28条，并全部落实到位，整改措施满意率为100%。

【干部能力素质提升大培训】2022年，长春海关把培养高素质干部队伍作为一项系统工程。注重从实践锻炼、专业训练、培养选拔、管理使用、激励担当各环节一体推进，开展机关处长领学领读、青年理论小组研学、新录用公务员机关培养锻炼等多项工作，建立督导师、答疑师、讲解师工作机制，多维度深入挖掘人才、潜才，培养能人、专人，以点带面提升队伍整体素质。分级分类精准施训，从职能部门主要负责人、隶属海关主要负责人、业务骨干3个维度分级开展培训宣讲，聚焦业务堵点、痛点，系统谋划海关改革发展各项任务落实，对新政策、重点工作及时开展政策解读，实现370名隶属海关副科级以上领导干部参训全覆盖，学习成果检验考核全通过。

撰稿人

刘清顺　孙俊杰　杨　硕　陈美玲　崔起源

教育培训

【概况】2022年，长春海关全面落实两级海关工作会议、全面从严治党会议、年中工作会议的各项部署，发挥教育部门职能优势，提升干部队伍素质能力，开展干部队伍教育培训工作。2022年，组织开展各类培训81期，7923人次参训，为推动关区干部队伍素质能力提升打下坚实基础。

【政治理论培训】2022年，长春海关强化政治统领，将习近平新时代中国特色社会主义思想和习近平总书记重要讲话精神作为培训的重要内容。组织全体人员学习5门习近平新时代中国特色社会主义思想海关特色课程。组织学习贯彻党的十九届六中全会精神培训，举办2期长春海关处级领导干部党的十九届六中全会精神集中轮训，219名处级干部参训；组织关区1272名关员参加学习贯彻党的十九届六中全会精神网上专题班。强化政治机关专项教育活动。组织关区人员学习“强化政治机关建设专项教育活动”专题3个系列20门线上课程。

【疫情防控培训】2022年，长春海关注重常态化疫情防控培训。加强需求调研，抓好关键岗位培训，开展岗前培训和实操培训，梳理汇总隶属海关疫情防控培训具体内容和需求17条，强化隶属海关开展疫情防控自主培训。2022年，举办岗前培训138期，实操培训269期，参加培训2769人次，新上岗人员参训占比达100%，统筹有关部门赴隶属海关开展疫情防控培训教育上门3次、跟班作业2次，切实提升关区疫情防控综合能力。

【分级分类施训】2022年，长春海关根据海关总署培训要求，统筹2022年度教育培训工作。按照“精准、精细、精品”原则，征集培训需求108条，制订2022年培训计划。坚持问题导向，聚焦培训效果，统筹开展晋衔、初任、任职、专题培训等各类培训班23期、专题讲座41次，送教上门6期，跟班作业7期，实操演练4期，参训7923人次。举办年轻干部教育培训，高标准高质量举办新录用公务员初任（入职）培训。组织关区99人参加2021年海关执法一线科长（基层党支部书记）网上专题班，组织2名执法一线科长（基层党支部书记）参加2022年第一期年轻干部党的理论和党性教育网上研修班。组织开展年轻干部党的理论和党性教育、关衔晋升等培训。配合相关部门组织44人参加海关H2018减免税管理系统培训，组织117人参加“防止疟疾输入再传播能力维持”培训，组织9人参加进境动植物检疫授权审批培训。

【教育培训管理】2022年，长春海关持续推动干部教育培训“十四五”规划有效落实。组织开展2022年海关行政执法资格考试，50名关员参加考试。组织7名关员参加全国海关动植物检疫高级签证官资质统一考试。组织关区55人参加海关总署2022年度第二期进出口危险货物及其包装检验监管上岗资质考核，31人通过考核。强化兼职教师队伍建设，组织参加海关系统2022年第二期兼职教师教学能力提高班，4名兼职教师获得最佳课件制作、教学风采、教学能手等多个奖项。10名兼职教师参与制作海关总署学习贯彻习近平新时代中国特色社会主义思想海关特色课程，向海关总署推荐2门政治理论特色课程。参与审核3门海关总署学习宣传贯彻党的二十大精神特色课程。

▲2022年8月2日，长春海关组织参加全国海关动植检疫高级签证官资质统一考试 （赵美煜 摄）

撰稿人

刘 楠

纪检监察

【概况】2022年，长春海关党委纪检组结合海关总署署长俞建华提出的“六个如何”课题和“12个必”工作任务、长春海关新一届党委提出的“151”总体工作思路，与党委同题共答、同向发力，以政治监督为主线，以正风反腐肃纪为重点，以提升监督合力为突破，忠诚履职、担当作为，推进全面从严治党向纵深发展。围绕习近平总书记关于海关工作的重要指示批示精神和党中央重大决策部署在关区贯彻落实情况，精准强化政治监督；聚焦“一把手”和领导班子监督，创新廉政工作谈话机制，推动管党治党政治责任有效落实；持续加大纪律审查力度，强化以案促改、以案促治，保持压倒性力量常在；紧盯非执法领域，开展“海关重点项目和财物管理以权谋私”专项整治；以“钉钉子”精神持续深化纠治“四风”，作风建设逐步加固；加强自身建设，实现关区纪检监察干部培训全覆盖，进一步提升纪检干部的政治素质、专业能力、斗争精神。

【党的建设】2022年，长春海关党委纪检组围绕习近平总书记关于海关工作的重要指示批示精神和党中央重大决策部署在关区贯彻落实情况，开展近距离、可视化、跟进式监督。监督保障疫情防控和促进外贸保稳提质工作，落实视频巡查、每周报告常态化监督机制，纪检干部深入口岸一线监督并参与封闭管理工作，精准发现问题、提出意见建议。围绕强化政治机关建设专项教育活动、巡视巡察整改、安全生产、“海关重点项目和财物管理以权谋私”专项整治等重点工作下发《专项监督任务清单》，细化监督项目，有力推动上级部署在基层有效落实。

【全面从严治党】2022年，长春海关党委纪检组强化“一把手”和领导班子监督，党委纪检组组长与全体党委班子成员逐一开展廉政工作谈话，相互交换意见；主动约谈下级“一把手”、各派驻纪检组主要负责人，对相关领导班子进行集体约谈；督促各派驻纪检组发挥靠前监督作用，实现关区各派驻纪检组组长与驻在单位处、科级领导干部廉政谈话全覆盖，把全面从严治党监督责任传递到“最后一公里”。综合运用定期会商、谈心谈话、专题分析、跟班作业等方式，不断提高日常监督针对性、有效性。强化派驻监督工作精准有效，指导党委派驻纪检组用好《监督建议书》，对驻在单位疫情防控、专项整治及编外聘用人员队伍管理等方面加强监督检查，及时防范化解风险。严格党风廉政意见回复，协助党委严把选人用人政治关、廉洁关、形象关。

【违纪违法案件查办】2022年，长春海关党委纪检组坚持严的主基调，加大纪律审查力度，保持压倒性力量常在。坚持一案一分析、一案一总结，深挖细查腐败背后的深层次原因，从查办案件阶段就一体谋划“以案促改”“以案促治”，对案发单位暴露出问题的部门、单位领导班子集体约谈，对存在管理失责的党组织和党员领导干部进行问责调查，纪检监察工作的政治效果、纪法效果和社会效果不断彰显。

【作风建设】2022年，长春海关党委纪检组以“钉钉子”精神持续深化纠治“四风”，坚持常态化节前提醒、明察暗访，指导各派驻纪检组紧盯关键节点，强化对节日期间公务用车管理、整治酒驾醉驾等问题的监督检查，更新“违反中央八项规定精神曝光平台”典型案例。制发“致关区全体干部职工家属的一封信”，筑牢倡廉守廉的家庭防线。对违反中央八项规定精神问题的领导干部给予党纪政务处分，点名道姓通报曝光，促进作风建设持续向好。

【警示教育】2022年，长春海关党委纪检不断强化警示教育，及时通报关区典型案例，做实“以案促改”，推进清廉海关建设，形成有效震慑。加强新入职关员廉政教育，引导年轻干部系好廉洁从政的“第一粒扣子”。针对海关重点项目和财物管理领域廉政风险，持续深化纪法教育、警示教育，做实“以案促改”“以案促治”，督促各单位各部门认真组织学习驻署纪检监察组“10+5”典型案例通报和长春海关3起违纪案件通报，用“身边事”教育“身边人”，进一步提升纪法教育、警示教育效果，不断释放“自查从宽、被查从严”的政策信号。

【完善联合办案机制】2022年，长春海关党委纪检组完善联合办案机制，强化监督机制建设，建立全领域贯通协调监督体系。巩固强化与地方纪委监委的常态化联系沟通，修订完善党委纪检组监督执纪问责工作指南。制定党委纪检组与政治部的监督会商办法，建立监察室与风险管理委员会办公室、内控工作领导小组办公室、企管稽查部门的协作配合机制，完善打私反腐“一案双查”联系配合办法，以健全长效机制、形成监督合力为抓手，建立“横向到边、纵向到底”的全领域贯通协调监督体系。

【纪检监察队伍建设】2022年，长春海关党委纪检组从严加强自身建设，打造忠诚干净担当干部队伍。制发党委纪检组学习宣传贯彻党的二十大精神工作方案，督促纪检干部“先学一步、学深一层”。围绕“提高一体推进‘三不腐’能力和水平”，到基层单位开展专题调研，参与“大学习、大讨论、大提升”活动，向驻署纪检监察组提交学习体会和工作建议。完善“周总结、月报告、季分析”工作机制，严格执行“一对一”汇报、“面对面”交流工作制度，强化对派驻纪检组的监督管理。开展“疫路同心、温暖与共”主题展示活动，组织全体纪检干部创作微视频，提升队伍凝聚力。向驻署纪检监察组报送工作信息和经验总结，创新形式举办关区纪检监察业务培训班，实现关区纪检监察干部培训全覆盖。加强对纪检干部关心关爱，常态化开展党员干部谈心谈话。选派业务骨干参与驻署纪检监察组集中工作、案件办理，参与海关系统执纪审查第三协作区业务交流研讨，进一步提升纪检干部的政治素质、专业能力、斗争精神。

【开展“海关重点项目和财物管理以权谋私”专项整治】 2022年，长春海关党委纪检组紧盯非执法领域潜藏的以权谋私、利益输送等廉政风险，开展“海关重点项目和财物管理以权谋私”专项整治。推动关区两级党委同频共振，组织关区500余人深度参与。围绕工程建设、装备采购等梳理重点项目，起底问题线索档案，查找高风险岗位，研判廉政风险。对照视频督导检查反馈意见、全面自查阶段突出问题及廉政风险，研究制订整改工作方案，抓细源头治理，做实专项整治“后半篇文章”。

▲2022年9月19日，长春海关召开“海关重点项目和财务管理以权谋私”专项整治整改工作推进会　（宋宇　摄）

撰稿人

王金阳　李　莹

巡察工作

【概况】2022年，长春海关以习近平新时代中国特色社会主义思想为指导开展巡察工作，全面贯彻巡视工作方针，坚守政治巡察定位，紧扣“三个聚焦”，贯彻落实两级海关工作会议、全面从严治党会议和年中工作会议部署要求，落实海关总署党委巡视巡察工作部署及长春海关工作安排，持续推动长春海关巡察工作高质量发展。组织对6个职能部门开展1轮常规巡察，完成对关区所有部门单位的5年巡察全覆盖目标任务，推动巡视巡察整改实现“三个清零”。

【强化政治监督实现巡察全覆盖】2022年，长春海关着眼政治巡察定位，履行职能职责，严格落实关党委关于把巡视巡察纳入党委会议事范畴的工作要求，向党委会议提交议题6次，组织召开领导小组会议4次、动员部署会议1次，促进巡察工作深入开展。聚焦巡察监督重点，坚持严的主基调，依据“四个对照”，用好“四个紧盯”，精准发现问题、促进解决问题，推动关区各基层党组织和党员领导干部强化政治担当，落实政治责任，充分发挥巡察政治监督作用。统筹疫情防控和巡察工作，制订常规方案和应急方案的“一轮两方案”，组织3个巡察组对6个职能部门开展1轮常规巡察，实现关区巡察全覆盖，开展个别谈话62人次，调阅资料2630余份，提升“政治体检”成效。

【深化巡视巡察整改和成果运用】2022年，长春海关推动巡视巡察整改实现“三个清零”，组织开展中央巡视整改自查评估、海关总署巡视整改集中清查，以及“推动巡

▲2022年2月18日，长春海关召开党委巡察关税处、企管处、科技处领导班子（党支部）反馈会　（李兰英　摄）

察整改工作落实”专项工作，实现中央巡视整改任务、海关总署巡视整改任务、本级巡察整改任务全部“销账清零”，推动建立工作机制204项次。组织开展海关总署巡视发现共性问题整改工作，梳理查摆有关问题表现，制定整改措施，避免屡查屡犯。强化巡察成果运用，认真梳理巡察发现的主要问题，汇总形成3个方面共性问题的情况通报，向关党委提出2条建议，向有关职能部门提交需要关注的两类问题，推动“以巡促改、以巡促建、以巡促治”。

【加强巡察干部队伍建设】2022年，长春海关选优配强巡察干部，不断提升专业化水平。制定巡察干部选派管理考核规定，严把入口、畅通出口，补充完善巡察组组长库、巡察干部队伍库，实行动态管理并根据实际情况及时调整，形成对2020年以来32名优秀巡察干部的工作鉴定。有效发挥巡察岗位“熔炉”作用，党的十九大以来，组织168人次参与巡视巡察工作，含15名处级干部、53名科级干部。持续加强巡察干部能力建设，加强巡察干部培训力度，持续提升业务培训质量，推选优秀巡察干部参加海关总署巡视组工作，让巡察工作成为发现、培养、锻炼干部的重要平台，进一步提升巡察干部专业化水平和巡察业务能力。

撰稿人

赵　乾

督察内审

【概况】2022年，长春海关以习近平新时代中国特色社会主义思想为指导开展督察内审工作，学习贯彻党的二十大精神，增强“四个意识”、坚定“四个自信”、做到“两个维护”。贯彻落实两级海关工作会议和全面从严治党工作会议部署，聚焦海关总署党委提出的“15字”工作要求、“12个必”工作部署和长春海关党委提出的“151”总体工作思路，统筹推动“六个如何”“五个关系”答题，运用督审监督手段和方法，强督察、严审计、优内控、实调研。提高政治站位，聚焦重大决策部署落实开展督察；配合国家和海关总署审计，不断深化内部审计，统筹开展经济责任审计与专项审计工作，着力揭示典型性、普遍性、苗头性问题和风险；推进内控机制建设，强化各层级内控工作组织领导，推动内控节点落实到岗位，加强HLS2017系统推广应用，促进问题“早发现、早纠正、早预防”；持续推进执法评估工作，优化执法评估工作模式，提升评估效能；加强专业化督审队伍建设，组建长春海关兼职督审人员库，通过实战锻炼、以干代训，使之成为培养干部的平台。

【国家和海关总署审计】2022年，长春海关配合国家审计工作。从制度机制等方面深入分析研判关区可能存在的风险隐患，以解决苗头性、倾向性、普遍性问题为目标，组织开展关区风险自查自纠，推动发现问题即知即改，持续提升关区防范化解风险能力。组织落实海关总署审计任务，围绕“禁止‘洋垃圾’进境措施落实情况”“进口冷链食品、高风险非冷链食品集装箱货物监管措施落实情况”“贸易管制相关风险防控机制运行情况”“海关事业单位所属企业脱钩和转让产权”等5个方面内容，开展专项审计和审计调研，推动相关单位深入排查、发现风险隐患并整改存在的问题，避免“小事拖到大、大事拖到炸”。

【督察监督】2022年，长春海关落实海关总署口岸检查作业规范情况督察、支持外贸促稳提质措施落实情况专项督察工作任务，组织关区深入开展自查，推动解决工作中的难点和堵点，促进相关政策措施在关区落实落细。提高政治站位开展关区督察，始终把习近平总书记重要指示批示精神和党中央国务院重大决策部署落实情况、海关总署和长春海关党委工作部署落实情况作为督察工作关注重点，结合海关总署制定的2022年度重大政策措施落实情况跟踪督察重点项目清单和关区实际，制定长春海关2022年度重大政策措施落实情况督察重点项目清单。将疫情防控情况、口岸检查作业规范情况、支持促进外贸保稳提质措施落实情况、强化企业管理和后续监管情况、打击走私“国门利剑2022”联合专项行动落实情况5个方面作为年度督察重点事项，坚持“一项目一方案”组织实施督察，对督察发现的问题推动即知即改，实行“对账销号”，将整改成效与考核机制挂钩，确保督察实效。

【内部审计】2022年，长春海关督审部门落实“应审尽审”“凡离必审”要求，组织对长春海关后勤管理中心、长春国际旅行卫生保健中心开展经济责任审计。学习国家层面、海关总署层面的审计经验做法，不断完善关区经济责任审计方案和核查要点，将习近平总书记重要指示批示精神和党中央国务院重大决策部署落实情况、国家审计关注的重点领域和问题、海关总署审计和专项整治涉及的重点领域作为关区经济责任审计关注的重点。深化“以审查纠、以审代训、以审促建”三位一体审计监督模式，针对被审计单位工作中的薄弱环节和问题，坚持审计组现场指导、“边审边教”，提升审计监督实效。健全完善审计查出问题整改长效机制，制定审计查出问题整改工作实施细则，推进“一台账、两清单”工作模式，加强审计发现问题整改情况“回头看”，促进审计成果转化。建立关区兼职督审人员库，制定兼职督审人员库管理规定，动态优化兼职督审人员结构，建设高素质、专业化督审队伍。

【内控建设】2022年，长春海关建立“四个机制”，推动内控风险常态化防控。建立协调融合、闭合循环、动态调整的风险提示预警机制，以督察审计、巡视巡察等发现问题为导向，率先在关税、动植物检疫、口岸监管、食品安全、商品检验、缉私6个业务领域梳理内控方面可能存在的问题或风险，形成重点风险提示预警清单，推动问题化解在早；建立内控示范科室引领机制，制订“内控示范科室”创建实施方案，细化执法、非执法领域评价标准，在关区选拔8个一线科室作为第一批内控示范培育科室进行重点培育，按照“工作清单化、完成时限化、目标可量化”原则，专项推进、挂图作战，通过培育形成内控“铁三角”工作模式、“三个一”工作法等一套可复制、可推广的工作经验；建立制度台账化机制，制订执法分离操作制约列表，明确执法领域及业务结合部分离制约要求。针对关区事业单位内控实际情况，建立事业单位内控岗位落实清单。推动内控节点落实到科室，形成“一科一台账”。建立科技控权机制，发挥HLS2017系统作用，编制《长春海关应用HLS2017系统开展问题数据分析操作手册》，建立重点领域风险分析监控模型，指导相关单位部门应用分析监控模型开展问题和风险自查，有效规避风险。

【执法评估】2022年，长春海关配合署级执法评估工作，根据海关总署属地查检工作情况专题执法评估、跨境电商监管措施专题执法评估、进出口危化品监管情况专题执法评估、跨境贸易便利化专题评估等工作需要，组织落实调研任务，全面收集梳理关区相关数据和信息，客观真实反映有关政策措施在关区落实情况和关区相关领域执法状况，服务海关改革，促进关区执法水平和管理能力提升。制定年度执法评估工作计划，优化执法评估项目清单管理，结合关区实际，将现场执法环节“双随机”制度落实情况作为评估调研重点内容，围绕“双随机”制度落实的重点领域和关键环节，梳理明确评估要点，加强执法评估“云擎”系统等的应用，运用“数据+指标+分析+调研”工作模式，强化现场执法环节“双随机”制度落实情况分析研究，提升评估效能。

▲2022年9月14日，长春海关督察内审处对隶属海关开展重点领域风险实地排查工作 （杨帆 摄）

【疫情防控专项督察】 2022年，长春海关组织开展科学精准做好疫情防控情况专项督察，坚持问题导向、目标导向、结果导向，梳理出组织领导、内部疫情防控、口岸疫情防控、口岸个人安全防护以往发现主要问题等方面督察要点，形成督察方案，主要采取提醒式、督促式监督方式，推动隶属单位开展对照自查，压紧压实各单位疫情防控主体责任，推动各单位针对查摆出的问题以及可能存在的风险隐患即知即改、彻底整改，不断提高疫情防控水平。

【口岸检查作业专项督察】 2022年，长春海关组织开展口岸检查作业规范情况专项督察。受属地疫情形势影响，关区实行“人员最小化”“风险最小化”梯队办公，督察主要以自查方式开展。研究制订督察方案，对照海关总署督察内容，结合关区实际，梳理出布控指令管理情况、现场查验管理情况、检验检疫作业情况、检查作业结果处置情况等方面督察要点，明确实施步骤、责任分工，推动相关隶属单位克服困难、开展自查，确保不拖后腿、按时完成海关总署督察任务，进一步提升关区口岸检查作业能力。

【促进外贸保稳提质专项督察】 2022年，长春海关组织开展促进外贸保稳提质措施落实情况专项督察。结合海关总署督察内容和关区实际，研究制订督察方案和对照自查表，梳理出促进外贸保稳提质措施部署落实情况、落实海关总署促进外贸保稳提质十条措施和长春海关促进外贸保稳提质十六条措施情况、助企纾困降成本措施落实情况等方面督察要点，明确督察重点任务及分工，将督察内容细化至具体处室和单位，推动关区全面开展自查，结合“四不两直”督导检查工作和问卷调研形式，对关区有关工作落实情况进行抽查，有效推动相关政策措施在关区落实、落细、落地。

【企业管理和后续监管专项督察】2022 年，长春海关组织开展强化企业管理和后续监管情况专项督察。结合关区实际制订督察方案和自查表，梳理出强化企业管理工作措施落实情况、强化后续监管措施落实情况等方面督察要点，明确督察主要范围、工作安排、具体要求，推动相关隶属海关对照督察内容逐项进行自查，针对性制定整改措施，对发现问题即知即改，结合稽核查业务领域执法监督工作，对隶属海关自查情况开展抽查，推动相关政策措施在关区进一步落实落细。

【“国门利剑 2022”联合专项行动专项督察】2022 年，长春海关组织开展“国门利剑 2022”联合专项行动落实情况专项督察。制订督察方案，梳理出深化全员打私情况、加强缉私专业能力建设情况、强化协同打私情况等方面督察要点，推动相关单位部门认真开展自查，以“日常督察+专项督察”相结合的方式，长春海关缉私局警务督察处利用案管系统和执法检查等方式对各办案部门、单位案件办理情况进行网上巡查、检查，推动“国门利剑 2022”联合专项行动重点任务有效落实。

【“双随机”制度专题评估】2022 年，长春海关组织开展关区现场执法环节“双随机”制度落实情况专题执法评估。在全面梳理现行“双随机”有关制度基础上，形成专题评估方案，成立专题评估工作组，应用“数据+指标+分析+调研”工作模式，统筹书面调研、现场调研、问卷调查、数据分析等评估形式，广泛征求相关单位部门意见建议，对关区“双随机”制度落实情况进行“画像”，揭示有关制度措施落实中存在的难点，提出针对性的意见建议，为关区相关业务领域决策部署和改革发展提供辅助支持。

【开展“四不两直”督导检查】2022 年，长春海关组织开展“四不两直”督导检查，重点检查长白、长白山、四平、辽源、松原、白城 6 个隶属海关单位重点工作开展情况。围绕长春海关专项督导检查工作组发现的问题，制订以“四不两直”方式开展督导检查发现问题整改工作方案，长春海关和相关隶属海关分别成立专项督导检查整改工作领导小组，明确整改责任单位、推进整改责任部门、整改措施、整改步骤、完成时限等要求，统筹推进“当下改”和“长久立”，举一反三规范关区各条线相关工作，进一步提升关区贯彻执行力。

撰稿人

姚　牧　索兴华

离退休人员管理

【概况】2022年，长春海关离退休干部管理工作坚持“以人为本、服务为先”的工作理念，做好离退休干部服务保障工作。截至2022年年底，长春关区离退休干部共计594人。其中，离休4人、退休590人。

【思想政治建设】2022年，长春海关离退休干部管理部门准确把握政治与业务的关系，把党建工作融入离退休干部管理工作的全过程，紧密结合，互相促进，确保政治与业务相统一。落实“第一议题制度”，全面落实习近平总书记重要指示批示精神。专门听取离退休干部工作汇报，向离退休干部通报海关重点工作。加强正面思想舆论宣传，组织广大离退休干部开展迎接党的二十大系列主题活动，组织开展“建言二十大”和“我看中国特色社会主义新时代”调研活动，向离退休干部宣传习近平新时代中国特色社会主义思想，弘扬社会主义核心价值观和优秀传统文化。全面落实从严治党工作要求，坚持把党风廉政建设抓实抓细，开展警示教育，杜绝酒驾醉驾，引导广大离退休老干部提高政治敏锐性，坚守政治底线。

【离退休干部党组织建设】2022年，长春海关着力强化离退休干部党组织建设与发展。加强离退办党支部自身建设，坚持落实“三会一课”和各项学习制度，组织开展捍卫“两个确立”、做到“两个维护”、强化政治机关建设专项教育活动和“学查改”专项工作。根据疫情防控要求，采用“云支部”的形式，组织离退休干部开展好组织生活。

【离退休干部管理服务】2022年，长春海关坚持做好离休干部日常服务管理工作。“七一”前夕长春海关党委书记、关长俞晓丹，政治部主任张

▲2022年1月26日，长春海关春节前走访慰问离退休老干部（牟丁　摄）

赞向离休干部、老党员颁发“光荣在党 50 年”纪念章。了解重病及生活困难的离退休干部健康及生活状况，长春海关离退休干部管理部门组织对关区离退休干部开展走访慰问 500 余人次。做好离退休干部看病就医相关工作和健康体检工作。坚持精准服务，采取“月联系、季上门”的方式了解离退休干部的生活情况，帮助离退休干部解决实际问题。

撰稿人

李琳琳

第五篇

业务建设

法治建设

【概况】2022年，长春海关以习近平新时代中国特色社会主义思想为指导，贯彻党的二十大精神，贯彻落实习近平法治思想，全面落实中央关于全面依法治国的决策部署，为吉林省对外贸易全面发展提供法治保障。

【法规管理】2022年，长春海关积极参与海关总署重大立法和立法后评估工作。对《中华人民共和国海关法（修订草案征求意见稿）》提出11条修改建议。对43部海关规章提出8条评估意见。成立评估团队，通过多种形式对《进出境集装箱检验检疫管理办法》进行立法后评估工作，并提出评估建议。持续开展规范性文件及内部管理制度电子查询平台建设工作，形成录入维护和定期通报制度，录入制度性文件1576件。开展建立和完善业务类岗位操作手册的专项工作，以10类一级业务岗位、52类二级业务岗位、380项业务类岗位职责事项为基础，按岗位类别划分为业务管理类岗位职责事项和业务执行类岗位职责事项，明确相应职责事项的执行管理职能部门、业务管理职能部门和执行单位，对应每项职责事项明确了职责设定依据、工作依据、工作重点、工作风险、操作系统等3700余项工作内容及要求，形成首版长春海关业务类岗位操作手册。开展规范性文件清理工作。对长春海关现行有效的15部规范性文件进行清理，废止7部，修改2部，保留6部。

【法治宣传】2022年，长春海关学习贯彻习近平法治思想，将习近平法治思想、《宪法》、与海关执法相关的法律法规和党内法规列入各级党委中心组学习内容。12月9日，长春海关关党委集中开展宪法有关内容学习，集体参观长春海关法治文化长廊，听取关于习近平法治思想、宪法等内容讲解及关区法治建设工作情况汇报。2022年组织关区两级党委中心组学法活动累计41次。编发《习近平法治思想学习纲要》《习近平法治思想的理论逻辑、历史逻辑和实践逻辑》等习近平法治思想学习专刊45期。全面落实述法工作要求，将长春海关及各隶属海关单位党政主要负责人履行推进法治建设“第一责任人”职责情况列入年终述职内容，在确保应述尽述前提下，明确法治建设职责清单，规范述法内容，理顺述法流程。制订长春海关重点法律法规宣传教育实施方案和长春海关2022年重点法律法规宣传教育工作清单，提出12项法律法规宣传教育重点任务，明确责任单位、形式和要求。2022年，长春海关组织专题普法宣传活动80次，采取“线上+线下”的方式，通过“长关讲堂”“海关e课堂”等平台多元化普法，邀请高校专家、法律顾问、公职律师等举办《中华人民共和国民法典》（以下简称《民法典》）、《中华人民共和国劳动法》（以下简称《劳动法》）等法律知识讲座；联合海关法治工作协作区6个海关单位开展线上“《民法典》联讲联学”活动；联合吉林省营商环境建设办公室举办“优化营商环境、释放政策红利”海关政策法规线上宣讲会，全年累计培训4000余人次。在长春海关总关办公楼建成海关法治文化走廊。组织“我为群众办实事”实践活动，到长春市临河街道海口社区开展“送法进社区”活动，现场讲授习近平法治思想、《中华人民共和国生物安全法》（以下简称《生物安全法》）、《中华人民共和国海关法》（以下简称《海关法》）等内容。在《中国国门时报》《吉林日报》、“海关总署12360微信公众平台”等发布各类普法新闻信息21条，召开政策法规新闻宣讲会8次。

▲2022年8月4日，长春海关关员开展普法宣传活动　（牟丁　摄）

【“放管服”改革】2022年，长春海关持续推进“放管服”改革。全面实行行政许可事项清单化管理。按照海关总署关于行政许可事项清单化管理的要求，依审批权限编制行政许可事项清单，将长春海关行政许可事项纳入吉林省省级行政许可事项清单。推进数字化建设。调整行政审批事项目录清单，行政审批事项受理实现“零超时”“零差评”。开展全国一体化政务服务平台数据精准授权共享试点工作，为吉林省率先在全国建立政务数据授权使用和可追溯机制提供支持。

【规范执法主体和执法行为】2022年，长春海关从立法、执法、普法、电子查询平台应用、人才队伍建设等方面进行调查，广泛获取法治需求和建议。分析长春海关法治建设工作现状，针对存在的风险和问题，提出下一步工作措施，形成长春海关法治建设工作调研报告。根据法治调研成果有针对性地开展关区法治建设工作，形成长春海关树立大普法理念、以“大调研”活动为抓手、多措并举推进法治海关建设的普法创新案例。加强海关行政执法资格管理，严格按照相关规定制发海关行政执法资格证书131本，执法证46本。对关区2020年以来各单位落实行政执法公示制度、执法全过程记录制度、重大执法决定法制审核制度情况进行检查，对检查情况进行通报，针对存在问题开展专题培训，形成2022年版长春海关重大执法决定法制审核目录清单。

【践行新时代“枫桥经验”】2022年，长春海关未发生行政诉讼案件，受理行政复议申请2起，其中一起案件经释法明理，妥善疏解矛盾，案件当事人撤回复议申请，事后长春海关开展回访，了解后续进展，确保案结事了；另一起案件经审理，长春海关依法撤销被申请人作出的稽查结论，并向其制发《行政复议建议书》，确保准确履行法定职责，充分发挥行政复议的纠错功能和监督作用。在长春绿园海关、长春兴隆海关设立践行新时代“枫桥经验”示范点，充分发挥示范点的引领和辐射效应，大力推动关区执法部门在行政复议工作中进一步探索运用新时代“枫桥经验”，加大释法明理力度，将矛盾争议化解在基层。

【“证照分离”改革】2022年，长春海关持续深化“证照分离”改革。落实海关总署取消“进出口商品检验鉴定业务的检验许可”决定；对“报关企业注册登记”“出口食品生产企业备案核准”实施备案管理，简化作业流程，取消现场审核环节，实施“一次审核、长期有效”的备案模式，实现一地申请、一次办理和全程网办“零跑腿”，自2022年5月11日起，3个工作日内办结出口食品生产企业备案，作业时长大幅缩减。对“国境口岸卫生许可（公共场所）”实行告知承诺改革。对通过告知承诺领证的企业与通过一般审批程序领证的企业平等对待。对“国境口岸卫生许可（涉及食品、饮用水）”“保税物流中心设立审批”“进出境动植物检疫除害处理单位核准”“出口监管仓库设立审批”“保税仓库设立审批”“海关监管货物仓储企业注册”“出境特定动植物及其产品和其他检疫物的生产、加工、存放单位注册登记”实施优化审批服务改革，将获证主体纳入“双随机、一公开”监管。

撰稿人

王　垚　王　琪　任永伟　吴　劲　张　健

业务改革与发展

【概况】2022年，长春海关落实党中央“疫情要防住、经济要稳住、发展要安全”的要求，高效统筹口岸疫情防控和促进外贸稳增长，通过持续优化口岸营商环境，深化全业务领域一体化改革，着力推动构建“三应”工作机制，建立完善促进外贸保稳提质“月调度”等常态化机制，以实际行动把党中央、国务院重大决策部署和海关总署党委各项重点任务落实到位，推进社会主义现代化海关建设。

【深化业务改革】2022年，长春海关参与梳理法律法规与业务规范方面、海关三级事权及职能部门作用发挥等方面13项问题，为海关总署进一步深化改革融合课题研究提供实践参考。积极响应海关总署健全“三应”工作机制，深化海关业务改革融合课题研究工作要求，聚焦将检验检疫作业纳入全国通关一体化过程中属地海关与口岸海关沟通和协同等改革伴生问题，主动开展“N个业务专题”课题研究。按照海关总署要求将“问题清零”工作统一转入“业务改革问题收集反馈信息化管理应用”，规范化、机制化、标准化解决基层反映的问题。开展业务改革伴生重大风险排查工作。在长春海关整体重大风险排查的基础上，对照海关总署提出的8个重点梳理事项，协调相关部门单位结合各自业务条线，围绕禁限管控方面规避海关监管等业务改革伴生的重大风险进行再梳理、再排查。针对排查出的风险隐患，建立整改台账，制定整改措施，对号销账，持续推进整改，不断提升业务改革风险防控能力。

【通关运行管理】2022年，长春海关夯实通关业务基础，进一步提升通关便利化水平。根据业务改革发展形势，优化通关作业流程，编制6期通关业务操作指引。指导隶属海关单位落实长春海关促进外贸保稳提质十六条细化措施，配合做好进口冷链商品疫情防控，保障新冠疫苗、粮食、进口煤炭等重要物资通关顺畅。组织开展长春海关“优秀执法一线科长”信息系统互联互通专项调研。持续优化通关作业流程，推广应用“两步申报”“提前申报”改革，深度融合便捷通关措施。2022年，长春海关“提前申报”应用率达42%，同比增长21%；“两步申报”应用率达16%，同比持平。强化报关单日常运行管理，开展对优化整体通关时间监测通报制度的调研，征集到8

项问题与10条工作建议，重点就卡车航班、删单重报、进口冷链食品3项问题、4条工作建议，形成专项报告并上报海关总署。结合关区干部能力素质提升，开展报关单修改和撤销等业务培训。加强对关区综合岗受理报关单、检验检疫签证和删改单等综合业务运行监控，形成月度监控分析报告，提供决策支撑。组织报关单删改单、滞报金专项执法检查，排查风险，研究提升报关单质量与降低差错率举措。强化超期未结关报关单数据监控，开展历史未结关报关单数据清理“回头看”。2022年长春海关制发处置联系单136份，处置异常数据811条，处置有效率为97%，处置异常数据同比提高50%。2022年长春关区进、出口货物整体通关时间分别为31.96小时和0.46小时，与2017年相比，压缩比分别为61.19%和92.27%，较全国平均水平分别快8.22小时和0.80小时。

【技术性贸易措施研究】2022年，长春海关制定技术性贸易措施工作制度（试行），涵盖长春海关技术性贸易措施工作的基本内容。开展2021年国外技术性贸易措施对吉林省出口企业影响情况的统计调查，收到有效问卷220份，其中常规调查企业180家，专项调查40家包括木制品企业7家、葡萄酒企业3家、中药材企业28家及出口“一带一路”共建国家和地区（新加坡、印度尼西亚）企业2家。在长春海关门户网站设立“技贸服务”栏目，通报、预警信息更新47次500余条。对10个隶属海关关区19家企业近3年出口批次、出口金额、主要出口品种进行分析筛选出7家出口量较大、出口品种有代表性的重点企业，形成长春海关技术性贸易措施交涉应对重点企业库。开展海关技术规范制修订立项申报，承担《鹿科动物物种鉴定技术规范》《异尖线虫检疫技术规范》《蛤蟆油鉴定方法　微滴数字PCR法》《水产品中呋喃苯烯酸钠残留量的测定　液相色谱—质谱/质谱法》4项海关技术规范的制修订工作。开展2021年海关技术规范制修订计划，下达项目的资料上传、征求意见、计划调整、送审审核等各项工作。截至2022年年底，完成《狐狸阴道加德纳氏菌病检疫技术规程》《斑皮蠹属检疫鉴定方法》2项技术规范的送审工作。开展吉林省地方标准制修订项目申报、送审

▲2022年9月21日，长春海关关员开展“中欧班列”监管工作　（陈爽　摄）

工作，承担《国境口岸新冠疫情防控技术规范　第3部分：公路口岸》《口岸新冠疫情防控人员职业暴露应急处置规范》2项标准的制订任务。

【促进外贸保稳提质】2022年，长春海关制定促进外贸保稳提质十六条细化措施和“助企纾困降成本措施任务分工”并推动落实。施行“月调度”“问题清零”“实践案例”等工作机制，汇总问题162项，解决156项。组织各类调研活动56次，汇总助企事例175项，其中37项实践案例在中央电视台《新闻直播间》栏目等平台发布。开展“双随机、一公开”监管，针对22项随机抽查事项细化管理要求，指导隶属海关整改门户网站上的公示不符事项。持续深化“证照分离”改革，对于实施优化审批服务改革的事项，将获证主体纳入“双随机、一公开”监管。牵头办理地方政府各方面来文来函157件，反馈政策措施、意见建议92条。

【“口岸危险品综合治理”百日专项行动】2022年，长春海关开展“口岸危险品综合治理”百日专项行动相关工作。组织相关业务专家、骨干就关区综合业务领域进行研究部署，统筹协调隶属海关综合业务部门落实长春海关工作方案要求。通过“云指导”方式，第一时间在相关通关业务现场设立危险品快速通关专门窗口，设置摆放“危险品快速通关窗口”标识牌；指导相关隶属海关加强与企业的沟通联系，加大对“提前申报”政策的宣讲，就提前获取报关单证信息进行会商研判。指导相关隶属海关综合业务岗加强单证审核，按照货物检查结果做好报关单单证审核和报关单修撤工作，加快单证流转速度。

【知识产权海关保护系列专项行动】2022年2月1日，长春海关开展有关知识产权保护的“龙腾行动2022”专项行动，2022年4月1日，长春海关开展“蓝网行动2022”专项行动。面向各隶属海关一线查验和办案人员开展线上培训。2022年，长春海关举办知识产权培训累计12次，培训一线执法关员472人。围绕“4·26”世界知识产权日、“8·8”海关法治宣传日等重要时间节点开展多项知识产权海关保护宣传活动。向企业宣传知识产权海关保护政策和“龙腾行动2022”专项行动等，引导企业充分利用知识产权海关保护政策维护其合法权益。在《吉林日报》刊发《筑牢知识产权保护防线》等文章。2022年长春关区查获侵权邮件13批次，涉及侵权物品25件，未发生知识产权行政处罚案件。

【知识产权保护交流合作】2022年4月25日，长春海关联合中国外商投资企业协会品牌保护委员会与大连、沈阳、哈尔滨、满洲里、呼和浩特等海关举办知识产权海关保护线上培训，12家国内外知名品牌权利人代表分别介绍侵权产品鉴别方法的知识。对关区企业组织开展知识产权海关保护工作问卷调查，及时掌握关区企业知识产权拥有数量和管理情况、对知识产权海关保护工作的意见建议，以及需要解决的困难等，长春海关关区内184家企业参与调研。派员参加2022年全国侵权假冒伪劣商品统一销毁行动吉林省分会场活动，向社会公众宣传知识产权海关保护政策和成果。

与吉林省知识产权局、吉林省版权局、中国国际贸易促进委员会吉林省委员会建立的知识产权保护合作机制，参加吉林省知识产权工作领导小组工作会议、吉林省网络市场监管联席会议以及吉林省打击侵犯知识产权和制售假冒伪劣商品工作领导小组会议，切实提升吉林省知识产权保护能力水平。

撰稿人

王 垚 王 琪 王聪惠 任永伟 吴 劲 邹 震 张 健 张焕杰 赵 田 崔程治

海关特殊监管区域管理

【概况】2022 年，长春海关落实海关总署促进外贸稳定增长系列措施，推进《国务院关于促进综合保税区高水平开放高质量发展的若干意见》落地生效，为地方经济发展建言献策。

【海关特殊监管区域建设】截至 2022 年年底，长春关区正式运行的海关特殊监管区域有 2 个，分别是长春兴隆综合保税区和珲春综合保税区。

▲2022 年 5 月 22 日，长春海关关员到珲春综合保税区木材加工企业现场查验 （乔建广 摄）

长春兴隆综合保税区于 2011 年 12 月 16 日获国务院正式批准，2013 年 10 月 31 日，一期基础和监管设施通过国家十部委联合验收；2021 年 12 月 9 日，二期基础和监管设施通过吉林省八部门组成的联合验收工作组的预验收；2022 年 12 月 23 日，海关总署函复长春海关，认定长春兴隆综合保税区（二期）验收合格。2022 年，兴隆综合保税区货物贸易进出口 73.63 亿元，同比增长 318.90%。其中，出口 6.43 亿元，同比增长 21.40%；进口 67.20 亿元，同比增长 447%。主要业务有保税物流、保税仓储、保税加工、跨境电商等。主要进出口商品为汽车电子元器件、葡萄酒、各类仪器设备。截至 2022 年年底备案企业 210 家，活跃企业 30 家。

珲春综合保税区前身为珲春出口加工区，2018 年 4 月，国务院批准同意珲春出口加工区升级为珲春综合保税区。2019 年 2 月，海关总署正式批准珲春综合保税区验收合格，占地面积为 1.04 平方千米。2022 年，珲春综合保税区货物贸易进出口 56.38 亿元，同比增长 165.60%。其中，出口 47.66 亿元，同比增长 237.10%；进口 8.72 亿元，同比增长 23.10%。珲春综合保税区主要业务有保税加工、保税物流、委内加工、加工内销、跨境电商。主要进出口商品品种为水产品、木制品、碳化硼、服装。截至 2022 年年底，有备案企业 102 家、活跃企业 20 家。

【海关特殊监管区域高质量发展能力提升】 2022 年，长春海关举办《中华人民共和国海关综合保税区管理办法》等法规政策解读培训，详细解读海关总署出台的《中华人民共和国海关综合保税区管理办法》《综合保税区申请设立工作指引》《综合保税区验收工作规程》《综合保税区绩效评估办法》等系列文件规定，关区百余人参训。

【综合保税区绩效考核】 2022 年，长春海关严格把关、精准指导吉林省两个综合保税区发展绩效评估工作，开展实地调研，详细讲解绩效考核所需材料的收集、整理和上报过程。与吉林省商务厅建立沟通配合机制，及时解决绩效考核工作中出现的问题。协助地方政府做好长春兴隆综合保税区二期验收工作，得到海关总署支持，并通过验收。

【综合保税区理论研究】 2022 年，长春海关组织研究"新时期如何推动海关特殊监管区域高质量发展"课题项目实施。就"新时期如何推动海关特殊监管区域高质量发展"进行破题指导和工作部署，为确定课题思路指明方向。成立课题编写小组，召集关区业务骨干研究探讨促进综合保税区高质量发展的实施路径。开展问卷调查，面对海关系统、地方政府和区内企业开展综合保税区高质量发展书面调研，对制约综合保税区发展的深层次问题征求意见和建议。

撰稿人

郭文博

风险管理

【概况】2022年，长春海关全面推进风险防控工作高质量发展。不断强化风险预警在风险防控工作中重要作用，切实加强风险信息和情报信息建设，加大数据信息筛选力度，发布风险预警信息，发挥风险预警先期作用；着重加强理论研究和自主分析能力，有针对性地在重点领域、重点商品等方面开展专项风险分析。组建大数据科，强化建模能力，丰富应用场景，发挥大数据应用效能，推进“智慧风控”建设，助力“智慧海关”建设。成立风险管理委员会，制定实施细则，建立“一会两机制”(即业务风险跨部门联合研判机制、与业务现场联动工作机制)，畅通部门间的研究交流、信息共享，加强各部门单位的联动、配合、协作，强化海关业务风险防控统筹，提升布控效能，提升风险防控一体化水平，推动以新安全格局保障新发展格局。加大风险防控力度，坚持服务海关工作大局，全力保障北京冬奥会、冬残奥会顺利举办；贯彻落实党中央重大决策部署，围绕“固体废物清零”政策，严防“洋垃圾”进境；推进打击海南离岛免税“套代购”走私专项工作；针对涉恐涉暴、反宣品、毒品等重大风险开展专项行动；围绕海关总署开展危险品伪瞒报、逃漏检风险防控工作要求，开展“打击进出口危险品伪瞒报”专项整治行动。加强与缉私部门联系配合，加大打击走私重点专项工作力度，查获邮递渠道雪茄烟走私案。

【风险信息情报与预警】2022年，长春海关发挥风险信息的先导作用，强化风险信息多渠道采集，聚焦重点资讯，关注重点商品来源、价格、市场动态等相关互联网舆情信息，设置专岗开展风险信息的集中采集转化。拓展风险情报渠道，密切与兄弟海关、口岸安全风险联合防控机制成员单位情报合作，实现风险情报信息共享，强化情报指向性提升打击精准度。探索风险信息预警新视角，强化对新兴网络平台、自媒体等多领域的关注力度，拓宽收集渠道，拓展风险信息资源，对收集到的信息资源进行分析研判，根据分析研判结论对风险信息进行转化处置，发挥风险信息预警提示先导作用。强化与各部门、各现场间联系配合，推动纵横双向资讯联动。增强理论研究和自主分析能力，针对特定产业和风险防控重点，形成专题研究报告，其中1

篇获关级课题一等奖，并报送海关总署。强化联系配合，通过与兄弟海关“信息共享、联合研判、协同处置”3项举措并举，打击对特定口岸危险品伪瞒报行为，防范口岸危险品伪瞒报行为跨关区漂移；进一步探索拓展海关、税务共享数据的来源和渠道，加强信息整合和深度挖掘，进行常态化分析研判；在邮递渠道查获申报名为巧克力实为毒品苯丙胺的案件1起。

【联合防控与助力打击走私】2022年，长春海关坚持用总体国家安全观应对风险挑战，增强底线思维、风险意识、斗争精神，动态感知各类风险，完善对风险的预判、预警、预案、预演机制，维护进出口领域安全。强化海关业务风险防控统筹，推进“一会两机制”的整体性运转、常态化实转，借助两级风险管理委员会所建立的防范化解重大系统性风险体系，疏通业务风险的反应、处置和反馈渠道。利用好风险联合研判、会商、跨部门处置、口岸联防联控等一系列健全的合作机制，发挥风险管理海关业务运行中枢作用，畅通反应渠道、强化呼应落实、保证响应有效，保证“三应”工作机制落实到位，提升风险防控一体化水平。2022年，针对特定口岸特定危险品伪瞒报行为开展联合研判4次，有效防范跨关区风险漂移。专项整治行动中共查发危险货物包装不合格情事3起。不断强化数据分析、加强联系配合，整合风险防控“一体化”思维，突出打击各贸易渠道走私风险。贯彻落实习近平总书记关于打击走私的重要指示批示精神，在打击“水客”走私、涉枪涉毒走私、出口骗退税及重点涉税商品走私等方面加强与缉私部门密切配合、协同。

【风险分析与处置】2022年，长春海关坚持以风险信息情报为依托，以各类专项工作为索引，收集汇总风险特征，开展深度分析，提炼风险指向，形成精准防控维度，进一步实现智慧防控、精准布控，实现风险防控工作重点领域全面精准覆盖。依托“一会两机制”，强化联系沟通，建立信息收集、数据分析、联合研判、下达指令、评估优化、处置反馈的闭环工作流程。及时处置异常情况，防止失常、失控、失效风险，不断强化正面风险防控。坚持各业务领域多渠道同步防控。加强与职能部门、现场海关的多方互动研判，全年进行13次联合研判。

▲2022年8月2日，长春海关风险防控分局与长春海关缉私局、长春邮局海关召开联席会议　（全基俊　摄）

【大数据应用】2022 年，长春海关深入推进各风险业务系统在关区范围内的应用，组织开展“点对面”“点对点”专项培训，组建大数据科，强化建模能力，丰富应用场景，发挥大数据应用效能，推进“智慧风控”建设，助力“智慧海关”建设。充分利用互联网、社会传媒等资讯信息，利用大数据资源，丰富数据分析手段，针对重点领域、重点商品等开展专项分析，建立典型查发研判机制，第一时间采集查发案件关键要素及相关信息数据，开展案件回溯分析，推进延伸分析。组织开展跨关区线上“全国海关大数据通用分析平台（云擎）应用及实操”培训，进一步提升关区大数据应用能力。开展专题数据安全教育，强化数据安全责任意识，规范落实海关数据管理要求，遵循“最小化、必须化”原则，加强对关区“云擎”系统等操作人员授权申请的审核力度，严格审批程序，严控数据权限，实行台账式管理模式。

【风险防控】2022 年，长春海关落实习近平总书记关于打击走私工作的重要指示批示精神，制发专项行动方案，探索建立跨关区一体化防控体系，加强与兄弟海关的学习交流，密切与长春海关缉私局联系配合，围绕“人流、物流、资金流”多次开展研判分析。围绕政治安全，针对涉恐涉暴、反宣品、毒品等重大风险，陆续开展各类专项行动，制定任务分工表，密切信息互通和联合研判，坚持“前期”重学习、“中期”强分析、“后期”推落实工作机制，加强与相关职能部门联系，有针对性查找相关资料，到分管职能部门、业务现场学习相关工作经验和方法，对重点、难点问题与资深专家进行交流研讨，明确防控管理方向和目标，利用大数据开展深入分析，不断强化口岸拦截和联合处置，风险防控专项工作取得实效。

【“大排查、大整改”专项工作】2022 年，长春海关制订动态全领域风险“大排查、大整改”专项工作方案，明确专项工作职责、工作内容、工作机制，细化 4 个阶段的工作任务，建立常态化、滚动式的风险排查整改机制，以清单化部署、精细化指导、协同化配合、周期化总结推进专项工作。制定包含管理风险、业务风险 2 大类、26 个风险领域，涉及 43 个方面、100 个风险点的任务清单，制定问题隐患排查清单和整改清单，以清单化方式实现按图索骥、查缺补漏，对风险等级进行评定，及时跟进排查整改完成情况，努力将排查整改专项工作做到“精致、细致、极致”。实行以月度为周期的持续推进和动态督察，针对关区范围内筛查出的 217 个一般性风险提出针对性整改措施。

撰稿人

丁　凯

关税征管

【概况】2022年，长春海关统筹通关便利与依法科学征管工作，税收同比实现增长。开展重点税源企业和商品分析，对关区税收形势进行研判预测，履行“应收尽收、应免尽免”的征税职责，有力支持汽车等重点企业克服疫情影响加快复工达产。落实通关便利化改革措施，大力推广多元化税款担保，实现“一保多用、循环使用”，降低企业通关合规成本，为企业提供“一企一策”属地纳税服务，帮助企业了解掌握政策规定，稳定纳税预期。推动海关总署行邮征税便利化改革项目在长春海关试点成功，进境邮件税款信息联网系统运行平稳。推动RCEP落地首年见实效，全面摸底关区主要出口产品和出口国家（地区），畅通RCEP“专家+专岗”咨询通道，拓宽享惠覆盖面；梳理关区重点商品在RCEP成员方适用协定税率清单，量身定制享惠指导，指导企业用足用好关税减让红利；推广原产地证书“智能审核+自助打印”智能审签应用，优化签证流程，提升签证、申领便利化水平。加强税政研究，向海关总署上报汽车、水产品2项税政调研建议，向世界海关组织《商品名称及编码协调制度》第七次审议循环上报“竹制粘胶纤维”增列六位子目的建议，参与并完成“RCEP实施对我国经济带来的机遇”署级课题研究。

【税收风险防控】2022年，长春海关全面做好税收预测调研工作。成立专项工作领导小组，协调相关部门和业务现场统筹推进关区的综合治税进程。主动开展企业调研，结合各业务现场历年业务量情况，全面预测关区全年税收情况，并在全年持续开展跟踪，动态掌握关区税收情况的最新数据，有的放矢地推进税收工作。全年长春海关税收入库93.05亿元，同比增长1.90%。其中，征收关税27.91亿元，同比增长0.40%；征收进口环节税65.14亿元，同比增长2.50%。

【多元化担保】2022年，长春海关大力推广多元化税款担保，实现“一保多用、循环使用”。向关区各企业宣传解读政策内容，对关区有担保需求的属地企业进行重点推介，引导企业根据公告要求办理税款担保新业务，让企业应享尽享海关改革政策红利。2022年，长春海关受理12家担保机构申请的多元化税款担保备案31份，担保金额25.50亿元，占同期关区入库税款27.40%，惠及进出口企业15家。

【进境邮件税款信息联网】2022年，长春海关加强非贸渠道税收征管工作，顺利实现关区进境物品联网工作。根据海关总署工作要求，做好行邮征管系统的各项升级和系统维护工作，保障相关工作开展。11月4日，长春海关与吉林省邮政部门启动进境邮件税款信息联网项目二期并上线，吉林省内首次实现关邮缴税信息联网，标志着海关总署缴税便利化改革试点项目在长春海关成功落地。关邮税款信息联网后，税费电子信息可在海关与邮企两个系统之间实现关邮电子对账、税款自动汇缴和缴税网上支付。

【商品归类与减免税管理】2022年，长春海关充分发挥海关商品归类、化验和验估等技术手段作用为业务现场、稽查和缉私部门提供技术支持。实施化验取样34宗，归类预裁定17份，归类专业认定6份。审核出具《进出口货物征免税确认通知书》1445份，实际进口货值25846.20万美元，同比增长2倍；实际减免税款2.12亿元，同比增长4.60倍。

▲2022年1月4日，长春兴隆海关签发关区首份RCEP原产地证书（陈爽　摄）

【原产地管理】2022年，长春海关签发原产地证书1.2万份，同比下降5.78%；签证金额为10.35亿美元，同比下降1.52%。高质量推动RCEP等自由贸易协定原产地规则和关税减让政策落地生效。围绕政策指导、便利享惠、优化服务、宣传培训等方面持续发力，全力以赴助推吉林省进出口企业享受RCEP政策红利。RCEP实施首周长春兴隆海关、吉林海关、延吉海关、珲春海关为企业签发RCEP原产地证书11份。2022年，RCEP实施首年为出口企业签发RCEP原产地证书484份，签证金额为2766.99万美元；受理进口申报RCEP项下货物158票，货值1.58亿元，为企业减免税款489.79万元。

【税则税政】2022年，长春海关立足吉林省外贸发展实际，以汽车、农产品等吉林省重点产业和重要行业为重点开展税政调研，从增强产品竞争力角度出发，支持吉林省特色产业健康发展。首次派员参加世界海关组织协调制度委员会第70次（网络）会议。

撰稿人

马　妍　王丽萍　杨　柳　康彤宇

卫生检疫

【概况】2022年，长春海关持续抓好口岸疫情防控工作，疫情防控指挥体系快速有效运转。强化制度机制建设，建立常态化疫情防控监督检查制度，形成联防联控、监测预警、风险评估、会商调度、培训演练5个机制，各口岸隶属海关更新完善“一口岸一方案一预案”。严格做好“人、物、环境”同防、多病共防，落实各项口岸检疫监管措施，优化检疫流程，严格做好个人安全防护，确保规定动作100%落实到位。不断加强与地方联防联控机制在入境人员移交、信息通报、猴痘联合监测等方面协作配合，参与省级疫情防控7个工作组及口岸城市防控专班工作。强化口岸自查督查，严格常态化监督检查。为确保规范操作，持续开展培训演练以提升人员能力。

【口岸检疫查验】2022年，长春海关严格按照海关总署口岸疫情防控工作部署，指导关区口岸落实各项口岸检疫监管措施，顺应形势优化检疫流程和措施，确保规定动作100%落实到位。研究制订工作方案预案20余个，更新完善长春海关口岸新冠疫情防控相关文件，持续规范口岸开展出入境人员检疫处置，进一步优化卫生检疫流程，科学、有序、有效指导口岸疫情防控工作。发挥长春海关陆上邻国（地区）疫情防控工作专班和境外疫情研判评估工作组作用，密切关注国际疫情形势，形成评估报告。每季度开展口岸公共卫生风险评估，开展专题风险分析研判，提出口岸防控措施，提升早期监测预警能力。关区全年检疫查验出入境人员7.58万人次，检

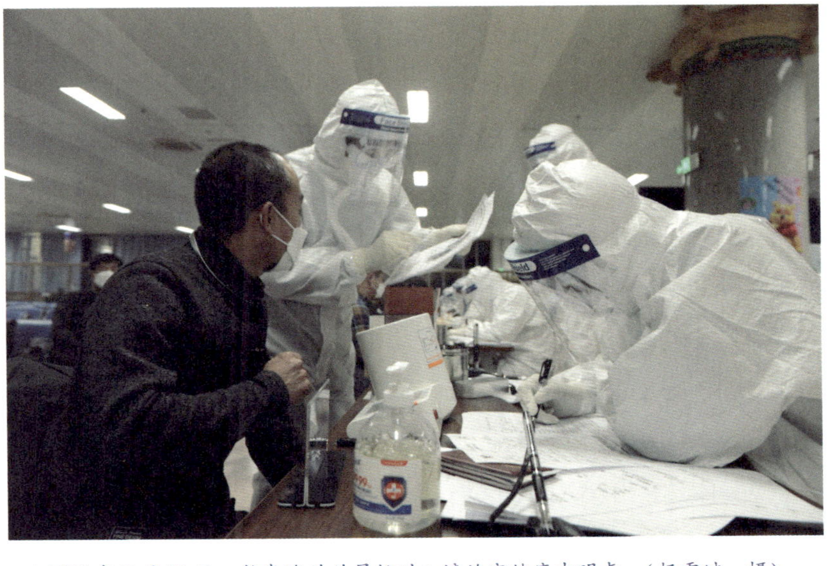

▲2022年3月21日，长春海关关员核对入境旅客健康申明卡 （杨雯斌 摄）

出传染病228人次。

【传染病监测】2022年，长春海关根据全球疫情形势，对埃博拉、新冠、猴痘、鼠疫、霍乱等各类传染病开展跨境传播风险分析研判，科学、精准、有效指导口岸开展重点传染病监测和疫情防控，提高流行病学调查质量，针对重点旅客丰富采样种类，指导长春国际旅行卫生保健中心各实验室做好除新冠病毒以外的传染病检测试剂储备并积极开展相关检测，避免多种疫情叠加输入风险。与吉林省卫生健康委员会强化协作配合，加强猴痘疫情防控工作。指导长春国际旅行卫生保健中心严格落实疫情防控各项措施，规范新冠病毒核酸检测结果在省直报系统录入，开展2次自查整改并进行现场检查。组织关区病原微生物实验室开展生物安全相关工作自查整改。指导长春国际旅行卫生保健中心开展出入境人员健康体检7682人次，发现病例数46例，其中隐性梅毒17例，HIV感染5例，乙肝阳性24例，总体检出率同比增长10.70%。

【生物安全风险防控】2022年，长春海关成立生物安全工作领导小组，系统推进海关生物安全体系建设，全面推动海关生物安全治理能力现代化。制定长春海关生物安全体系建设方案任务分工，确保各项目标任务落实落地。根据海关总署统一部署，积极开展“4·15”全民国家安全教育日、“4·26”全国疟疾日、“12·1”世界艾滋病日等宣传工作，覆盖人群超过5000人次。加强特殊物品审批，制定长春海关出入境特殊物品查验、处置和后续监管规程，推行D级特殊物品分批核销工作，建立出入境特殊物品第三方评估制度，并开展风险评估工作，推动D级低风险特殊物品审批权限下放。

【口岸卫生监督】2022年，长春海关组织关区2个空港口岸完成口岸食品监督抽检170件次、现场快速检测234件次的抽检任务，完成海关总署下达任务，抽检结果均合格。组织各口岸隶属海关严格落实年度口岸卫生监督工作计划，开展口岸卫生监督监管224次，受理口岸卫生许可行政审批9件。开展国境口岸病媒生物（鼠、蚊、蜱）监测工作，捕获鼠类26只，蚊类284只，游离蜱45只，完成2021—2022年度“一带一路”病媒专项监测任务，捕获鼠类531只，检出汉坦病毒阳性2例、钩端螺旋体阳性6例、巴尔通体感染2例、博卡病毒阳性13例。加强口岸核心能力建设。组织关区4个口岸（图们公路口岸、集安铁路口岸、沙坨子公路口岸、图们铁路口岸）接受海关总署复核督查，1个口岸（集安公路口岸）开展达标自查，其余口岸进行自查考核。针对自查发现问题督促要求各口岸隶属海关积极与地方政府、口岸运营单位沟通协调，按照口岸核心能力建设要求加快推进口岸功能用房、设施设备建设、通道改造等工作。

【人员能力提升】2022年，长春海关采取多种形式拓宽培训渠道，构建“线上线下、集中分散、送教上门、督导带训”相结合的联动模式，聚焦地方支援人员、两级关领导、一线业务现场，“分级分类”开展人员培训，满足一线人员常态化疫情防控培训需求。遵循“逢培必考、以考促训”原则开展“理论+

实操”考核，确保“合格才上岗”。采用“跟班作业、实战演练、走进口岸封管区”等方式强化人员能力、检验培训实效。全面提升一线人员理论和实操技能，开展疫情防控培训300余期，2323人次参训；开展关区范围内应急处置实战演练7次，属地疫情管控期间各口岸桌面推演10余次，提升口岸一线关员有效应对疫情的能力和水平。

【重大活动卫生检疫保障】2022年，长春海关做好北京冬奥会、冬残奥会卫生检疫保障。组织召开卫生检疫保障工作协调会2次，成立工作专班，做好人员、物资等能力储备，确保及时妥善做好备降航班的卫生检疫保障和其他应急工作。制订长春海关2022年北京冬奥会和冬残奥会备降航班卫生检疫保障工作方案等2个工作方案和1个工作预案，指导口岸规范开展卫生检疫工作。组织长春龙嘉机场海关定期开展实战演练，通过演练查找短板漏洞。与北京海关建立北京冬奥会、冬残奥会联系保障机制，明确相关卫生检疫事宜。顺利完成北京冬奥会和冬残奥会、2022年第三届中俄冬季青少年运动会等重大活动卫生检疫保障工作。同步做好俄罗斯入境包机、沙坨子口岸归国人员保障等相关工作。

【监督检查】2022年，长春海关严格常态化监督检查。发挥“监控指挥中心+”的作用，对入境航班100%开展视频监控检查；以现场调研、远程视频、邮件电话等多种形式，开展疫情防控常态化监督检查；联合相关部门成立督导检查工作组，每季度开展内部防控、卫生检疫、进出境食品检疫、实验室等重点领域监督检查，及时发现解决各口岸存在的问题和短板。强化口岸自查督查。多次组织口岸隶属海关对疫情防控的体系建设、检疫流程、安全防护、污染控制等工作开展自查，对梳理检查发现的问题逐项整改核销，举一反三、查堵漏洞，避免风险隐患。参加省级联防联控督查。参加由省疫情防控领导小组组织的全省口岸新冠疫情防控工作实地督查，在推动全省疫情防控工作落实中发挥海关作用。支持配合海关总署专项督查。做好“百名科长百日督查”、海关总署驻地专项督查等配合迎检工作，制订专项工作方案，成立工作组统筹部署推进落实，配合督查组赴相关隶属海关开展现场督导检查，对督导组反馈意见建议召开专项推进工作会议，持续推动疫情防控工作。

【技术指导】2022年，长春海关及时解决疫情防控存在的问题短板，科学指导各口岸海关疫情防控工作。结合疫情防控各阶段的重点工作和存在的问题，组织召开疫情防控相关工作汇报调度会，听取各口岸隶属海关单位和长春国际旅行卫生保健中心疫情防控工作汇报，提出工作要求，推动疫情防控措施有效落实。采取现场调研，远程视频，邮件电话等多种形式，及时发现解决各口岸存在的问题和短板。针对隶属海关航班检疫监管方案、个人安全防护等级、口岸污染控制布局设计、终末消毒监督、封闭管理、检疫流程优化等方面提出指导性意见建议40余个。科学规范各口岸出入境人员卫生检疫处置流程，指导各口岸流行病学调查、采样室、洗消区等卫生检疫功能区用房、布局建设。

【流调溯源评估】2022年，长春海关发挥流调评估和风险研判的专班作用。吉林省两轮本土疫情期间，推动各单位部门落实健康监测制度，根据地方发布排查要求和干部职工报告风险信息，组织开展风险排查工作，建立人员档案，实现“一人一档”，确保管控到位。针对机关内部干部职工和共同居住人员出行信息结合国内疫情形势，及时根据其旅行史、接触史、暴露史、健康状况、核酸检测结果等情况进行细致缜密流调排查，科学提供管控措施意见。按照“一人一研判”原则，对关区20个部门、4个事业单位、3个隶属海关的在岗人员、拟上岗人员、拟入住海关场所人员开展流调评估80余轮、评估人员数量达2500余人次，为长春海关分批次有序恢复工作提供保障。

撰稿人

万艾玲　李　帅　张　宪　贺　晨

动植物检疫

【概况】2022年，长春海关坚持总体国家安全观，组织开展进出境动植物检疫工作，强化监管优化服务，加强国门生物安全风险防控和治理体系建设深入推进动植物保护能力提升工程，加强口岸初筛实验室建设。开展“跨境电商寄递‘异宠’综合治理”专项行动。深化动植检业务改革，启用“进境种苗检验检疫管理系统”，成立长春海关外来入侵物种口岸防控工作领导小组，强化外来入侵物种口岸防控，筑牢口岸生物安全防线。严格执行进出境动植物及其产品企业注册登记和备案要求，完成273家企业注册登记和备案。落实新冠疫情防控要求，严防新冠病毒随动植物及动植物产品传入。聚焦地方产业特色与发展需求，开展动植物检疫技术性贸易措施研究，实施专班专服制度，助力吉林省动植物及其产品进出口。

【动植物检疫】2022年，长春海关制发2022年度国门生物安全监测工作方案，加强业务培训和监督检查，统一配备监测器具，推广使用生态安全系统，实现监测数据和总结信息化管理。2022年再次监测到某重要有害生物1次，及时启动应急预案，扩大监测范围、延长监测时间，开展传入分析并及时指导隶属海关进行防治。制订关区2022年度进出口农产品安全风险监控方案，对进境食用水生动物、出口粮食、水果、饲料及饲料添加剂开展安全风险监控，及时跟进监控开展情况，及时上报监控结果，2022年未监控到不合格情况。深入推进动植物保护能力提升工程，获得海关总署配发的专项资金，为隶属海关配备动植检方面设施设备58台套，重点满足口岸初筛实验室设备需求，进一步提升口岸动植物检疫硬件水平，为快速通关提供保障。

【外来物种入侵防控】2022年，长春海关制发外来入侵物种普查方案和“国门绿盾2022”行动方案。参与制订吉林省外来物种普查方案，加强与地方农林部门联系配合，实现联防联控。2022年截获禁止进境物（植物类）12批次，其中外来入侵物种2批次；普查发现外来入侵物种5种次。开展“跨境电商寄递‘异宠’综合治理”专项行动。第一时间制订方案，加强宣传和信息报送，相关信息被海关总署采用8期次；加大查验力度，联合大连、哈尔滨等4个直属海关形成东北“异宠”联防联控机制，加强风险研判，实时数据共

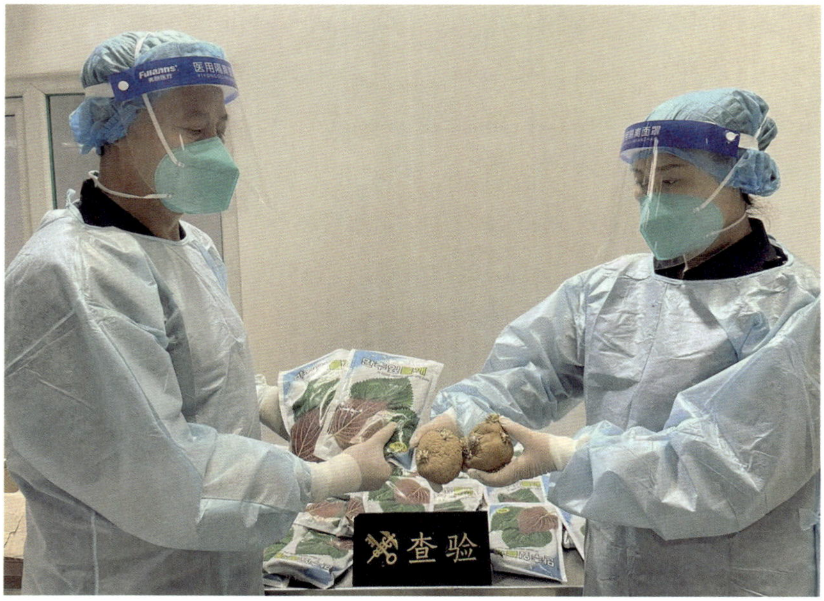

▲2022 年 6 月 20 日，长春海关关员查获一批违规寄递进境的植物种子（杨雯斌　摄）

享，严防外来物种入侵。组织开展国门生物安全宣传活动。通过张贴海报、开展线上讲座、推送微信公众号文章等方式，增强公众主动维护国门生物安全的意识。

【业务改革】 2022 年，长春海关启用“进境种苗检验检疫管理系统”，实现与口岸海关信息联动，支持吉林省 4 家企业进口玉米、工业大麻、蔬菜种子等种质资源进行试种。加强政策研究，制定长春海关进境种苗附条件提离工作协作机制，加快进境种苗通关，助力解决种质资源卡脖子难题。与大连海关等 4 个直属海关共同制订进境粮食跨关区附条件提离监管工作的相关实施方案，进一步明确细化附条件提离工作，明确各环节责任，及时处置潜在风险和问题。实施进境粮食跨关区附条件提离后，压缩口岸通关时间 7～9 天，减少仓储费用、缩短加工周期，促进资源型产品扩大进口。2022 年，关区企业加工进境粮食 150 余万吨，有效保障关区农产品加工产业链、供应链稳定运行。在获得海关总署进境粮食、饲料等产品终审授权的基础上，积极申请获得食用水生动物、非食用动物产品、生物材料、遗传物质等品种的终审授权。进一步压缩行政许可事项各环节办理时长，平均办结时间为 8.4 天，比规定时长压缩了 58%。

【服务重要农产品进出口】 2022 年，长春海关指导隶属海关加快企业注册备案速度。属地疫情期间，采取文件审核和视频方式进行考核，免于企业延期换证的现场考核，支持企业复工复产。大力支持引进种鸡等国外优质种质资源，严格落实各项隔离检疫措施，缓解吉林省种畜种禽生产企业种源缺乏的问题。助力优质农产品扩大出口。支持吉林稻草出口日本，积极协调海关总署动植物检疫司解决日本检疫官派遣事宜。指导输日稻草热处理工厂扩建，完工后及时组织预验收，协调海关总署动植物检疫司推进日本官方验收手续。助力吉林特色“林蛙”出口韩国，指导企业完善硬件设施和防疫措施，全年新增输韩水生动物（林蛙）养殖场 2 家、中转包装场（野生鱼类）1 家。研究解决输澳木质家具熏蒸受阻难题，加强与口岸海关联系，探索形成口岸与属地联动的闭环监管方案，实现企业 18 批木制家具顺利出口。扶持吉林省“秸秆变肉”暨千万头肉牛工程。充分发挥肉牛工作专班作用，做好隔离场建设等政策解读，协调海关总署动植物检检疫司派专家组对进境种牛隔离场建设进行现场指导。

【人才队伍建设】2022年，长春海关依托大调研结果和动植物检疫岗位资质管理，加大对关区动植检条线的培训力度，举办线上业务培训3场次，标准法规宣讲2场次，600余人次参加。组织172人次新申请岗位资质人员参加海关总署线上培训，6人获得动植物检疫专业高级签证官资质。进一步落实片区协作机制，协助解决部分隶属海关资质人员不足问题。截至2022年年底，关区具备动植物检疫岗位资质人员720人次，基本满足业务需要。

【“智慧动植检”建设】2022年，长春海关参与海关总署“智慧动植检”建设、境外动物预检、直属海关审计等专项工作。牵头成立陆生野生动物风险评估专班，及时反馈进境种苗管理办法、进境粮食检验检疫作业指引等修改建议，为海关总署决策提供支撑。下达定期核查需求150余条，开展境外通报核查2次。开展动植检条线风险大排查和审计自查，全面排查整改问题15项。进一步完善动植检条线制度建设。落实“领学机制”，修订长春海关进出境重大动植物疫情应急预案，进一步完善作业指引。通过电话、邮件和联系单等方式解答隶属海关一线工作难题。

【企业管理】2022年，长春海关落实海关总署关于出入境检疫处理单位优化措施，完成现有7家企业卫生除害处理资质取消，重新核准5家进出境动植物除害处理企业资质，组织开展季度检查，落实安全生产要求，压实企业主体责任。

撰稿人

孔德鑫　李艳丰

进出口食品化妆品安全

【概况】2022年，长春海关坚持将“四个最严”要求作为保障进出口食品化妆品安全工作的根本遵循，严格落实海关总署要求，配合海关总署开展视频检查，强化源头管控，持续收集进出口食品安全风险信息，稳妥处置突发事件。加强对首次进口食品检验检疫监管，强化境外企业注册信息口岸验核。扎实开展进出口食品化妆品安全监督抽检和风险监测，加强对不合格问题研判，跟进评估企业整改成效，依法依规处置违规行为。推动进出口食品安全各方责任落实，实现进出口食品安全社会共治。从严从实做好进口冷链食品新冠疫情防控工作。监管进出口食品化妆品1.50万批，同比下降3.70%，货值112.60亿元，同比增长32.80%。其中监管进口食品化妆品4000批，同比增长28.30%，货值50.20亿元，同比增长133.70%；监管出口食品化妆品1.10万批，同比下降11.80%，货值62.50亿元，同比下降1.40%。

【进出口食品化妆品监管工作】2022年，长春海关强化制度建设，持续优化食品安全工作机制。对关区大宗贸易食品进口面粉、酒类、肉类、水产品，出口蔬菜、花生、中药材、松子（仁）等10类产品优先制定作业指引，进一步规范长春关区进出口食品监管作业流程，及时解决进出口食品安全监管中存在的突出问题。2022年，长春海关对被境外通报的16家出口食品企业生产的干制蔬

▲2022年5月30日，长春海关关员在端午节前开展航空口岸食品安全抽样和卫生监督工作　（陈艺元　摄）

菜、冷冻鸡胸肉、调味料等产品进行核查，制定长春海关出口食品境外通报核查机制，进一步规范关区出口食品境外通报核查和处置工作流程，指导企业分析查找原因，跟踪确认企业整改效果，全面压实出口食品备案生产企业主体责任和隶属海关监管责任，有效保障出口食品安全卫生，符合进口国（地区）要求。严格按照海关总署指令，持续做好进出口食品安全监督抽检和风险监测工作。2022年，长春海关对7类进口食品化妆品、13类出口食品化妆品进行监督抽检。抽检样品183个，完成检验项次894个。其中，进口食品、化妆品共抽样54个，抽检项次数为507项；出口食品、化妆品抽样129个，抽检项次数为387项。检出不合格食品1批（出口），不合格项次1项。制订长春海关出口动物源性食品风险监测计划，按时完成抽样检测任务，2022年，长春海关对蜂蜜、蛋、肉3类产品进行抽样，采集样品239个；完成农药、兽药、污染物和生物毒素4类项目、33个项目合集，992项次的监测工作，完成率为101.7%，上述全部样品监测结果均合格。

【食品安全监管水平提升】2022年，长春海关完成中韩进出口食品安全管理体系比较研究报告，从韩国食品产业和食品贸易概况、韩国食品安全监管机构概况、韩国食品安全法律法规体系概况、韩国进出口食品安全监管体系概况、韩国与我国食品安全监管机构合作情况、海关监管工作建议等7个方面开展比较分析，旨在研究韩国食品安全管理体系，了解食品产业发展及监管现状，分析中韩食品安全标准差异，明确中韩食品贸易海关监管的重点目标、关键环节，为提高监管效能，推动双边进出口食品贸易高质量发展提供技术支持。推荐长春关区进出口食品安全监管领域业务骨干主动投入境外评审及专项检查工作，向海关总署推荐专业评审人员12人。2022年，长春海关开展肉类、水产品、植物油等进口食品境外生产企业审核工作30余次，为推进境外生产企业注册评审扎实有序开展贡献长春海关力量。

【进口冷链食品新冠疫情防控】2022年，长春海关严格做好进口冷链食品新冠疫情监测工作。严格按照国务院联防联控机制各项工作要求和海关总署布控指令规范开展进口冷链食品新冠疫情核酸监测检测和数据报送工作，筑牢口岸疫情防线，严防新冠疫情通过进口冷链食品传入。2022年，长春海关抽检进口冷链食品1385批、143776吨、货值25592万美元，抽检样品46275个，检出5个外包装样本阳性，均进行妥善处置。落实国务院联防联控机制部署，严格按照海关总署相关要求，按照“逢掏必消、应消尽消、顺势作业”原则，做好口岸环节进口冷链食品预防性消毒监督工作。2022年，长春海关开展进口冷链食品口岸环节预防性全面消毒70批、5992吨、货值965万美元，消毒集装箱209箱、陆运厢式货车95辆，消毒件数287016件。不断完善工作制度，强化培训考核，制发长春海关新冠病毒口岸防控工作相关方案、进出口食品新冠疫情防控个人安全防护要求和进口冷链食品风险监测阳性结果应急处置预案等，确保国务院联防联控机制和海关总署各项要求落实到位。8 次派员参加珲春海关岗前培训，举办全关区进口冷链食品疫情防控培训 6 次，129 人考核合格；采取“口令提示”的方式辅助工作人员完成防护装备脱卸；建立“传帮带”长效机制，加强组间交流，及时总结问题和经验，有效防止相同问题重复发生。进一步履行进口冷链食品监管责任，依托二、三级监控指挥中心，对现场采样作业和个人防护规范操作进行全程实时视频监督，及时指出存在的问题，并指导整改。2022 年，长春海关开展实时监控 266 次，查发各类问题 62 项，全部立行立改。派员赴珲春海关对采样人员岗前培训、预防性消毒监督、医疗废弃物交接和不合格档案留存等环节的工作情况及相关工作记录进行现场检查，对发现的问题进行反馈并督促珲春海关进行整改。不定期对珲春海关岗前培训记录、检验检疫处理通知书、企业消毒工作方案等进行抽查检全年开展查，10 次随机抽查，检查结果良好。针对进口法国冷冻猪肉事宜，协调海关总署食品局于申请当日即批准签发《进境动植物检疫许可证》；联合各职能处室先后 3 次到兴隆综合保税区对接前期准备工作并进行业务指导。

【优化业务指导和政策支持】 2022 年，长春海关开展“食品安全宣传周”行动。以“共担安全责任，共建美好生活”为主题，通过制作短片、发放宣传单、组织培训、实物讲解等多种方式，广泛开展进出口食品安全宣传活动，营造“人人参与、社会共治”的良好食品安全氛围。开展各项宣传活动 79 次，出动工作人员 167 人次，举办讲座 23 场，发放宣传材料 2469 册，制作展板 111 块，参与人数达 1882 人次。持续优化口岸营商环境，破解企业通关难题，疫情期间，建立“点对点”帮扶措施，协调职能部门，为通化、辽源、四平海关涉及需查验送检的产品建立送检食品“绿色通道”，保障待检测样品抵达长春技术中心进行检测，为企业出口提供便利。了解出口澳大利亚高风险植物产品植物检疫证书内容变化情况，指导隶属海关做好相关有害生物鉴定技术储备，督促企业在出口前做好生产、储存期间有害生物防控工作。支持推进松子加工园区建设，大力扶持绿豆、辣椒等具有国际市场竞争力的特色农产品出口，及时收集整理国外技术性贸易措施相关文件，指导企业应对技术性贸易壁垒，助力吉林省特色产品出口。制订长春海关出口土耳其食品添加剂柠檬酸出具健康证书专项工作方案、长春海关出口食品添加剂柠檬酸检验业务工作指引，在风险可控的前提下为企业出具健康证书，保障关区食品添加剂柠檬酸顺利出口。

撰稿人

高　薇

商品检验

【概况】2022年，长春海关在严把进出口商品质量安全关、防范化解重大风险、促进外贸保稳提质等方面发挥职能作用。落实“口岸危险品综合治理”百日专项行动，打造长春海关“加强版”危险品安全监管体系，实现横向协作更紧密、纵向联动更高效、风险布控更精准、不合格检出更全面；落实进口非冷链物品口岸环节新冠疫情防控措施，规范开展口岸环节新冠病毒检测、预防性消毒监督和后续处置工作；强化进口汽车、进口特定用途医疗器械等与人民群众健康安全密切相关的重点商品检验监管，并就不合格情况指导企业及时完成整改或实施退运处理，杜绝不合格商品流入国内市场；支持吉林省支柱产业、重点企业发展，实施进口整车检验“第三方检验结果采信”、进口汽车零部件“先声明后验证”、采信CCC认证证书等便利化措施，有效提高通关效率、降低企业运营成本；支持能源资源扩大进口，出台进口煤炭快速检验措施实现批批“随检随放”，建立进口液化气关企联系协调机制和全天候预约查验机制，实现“零等待、零滞留、零积压”，落实进口铁精粉“品质检验、重量鉴定依企业申请实施”，大幅压缩通关时长。2022年，长春海关检验进出口危险化学品941批、3.88万吨、4.65亿元，同比分别增长2.82倍、3.40倍、3.86倍，实施出口危险货物包装性能检验和使用鉴定481批、同比增长24.94%；开展进口非冷链工业品新冠病毒采样26批、采样数量182个，检测结果均为阴性；共检验进口煤炭2471批、310.08万吨、2.48亿元，同比分别下降1.08%、增长12.75%、增长93.75%；检验进口铁精粉61批、9.88万吨、6529.62万元，同比分别增长2.81倍、2.62倍、1.07倍；检出进出口危险品及其包装不合格23批、在海关总署发布典型案例1篇，检出进口旧机电不合格21批、进口汽车不合格3批、进口医疗器械不合格3批、进口仪器设备不合格3批。

【进口重点敏感商品检验监管】2022年，长春海关强化与人民群众健康安全密切相关的进口重点敏感商品检验监管。加强进口品牌汽车检验工作，全年共检出进口汽车灯光不合格、缺少中文使用说明书及反光背心等不合格情况3批、货值177.80万元，指导企业及时完成整改。加强进口特定用途医疗器械检验监管，依法依规要求企业对1台进口医用血管造影X射线机实施标签整改，对2批无医疗器械注册证、无中文标签标识及中文说明书的隐形眼镜实施退运处理，杜绝不合格医疗器械流入国内市场。强化进口旧机电检验监管，严格核查装运前检验证书，防止固体废物借道入境，全年共检出进口旧机电不合格21批、货值6036.54万元，整理汇编不合格典型案例，制定长春关区进口旧机电检验监管“明白卡”，提升检验监管工作科学化、规范化水平。落实进口高风险非冷链集装箱货物口岸环节新冠病毒检测和预防性消毒监督，组织专题培训2次、送教上门1次、线上培训1次，开展视频实时监督31次、实地和线上监督检查5次，发现安全防护问题3个并现场指导完成整改。

【进口能源资源检验监管】 2022年，长春海关坚持确保能源资源和重要产业链供应链安全海关必尽责，支持吉林省扩大能源资源进口。针对2022年4—6月珲春铁路口岸进口煤炭严重积压问题，基于质量安全风险评估制定快速检验措施，提升进口煤炭实验室检测效率1倍以上，将平均检测时长压缩至3～7天，仅用时1个月便实现积压煤炭全部“清零”，实现珲春铁路口岸后续进口煤炭批批“随检随放”，相关工作成效在全国海关2023年商品检验工作会议上得到海关总署商品检验司表扬。针对长春关区2022年进口液化气大幅增长情况，建立关企联系协调机制和全天候预约查验机制，通过“定人员、定时间、定场地、定方案”的“四定原则”实现“随到随检随放”和“零等待、零滞留、零积压”，助力关区2022年进口液化气批次、重量、货值同比分别增长5.54倍、9.81倍、8.42倍。落实进口铁精粉“先放后检”和“品质检验、重量鉴定依企业申请实施”，将口岸通关时间压缩至3小时以内，全年帮助企业节约仓储费用成本49.38万元。

【进出口商品质量安全风险监测】 2022年，长春海关制订2022年法定检验商品以外进出口商品抽查检验工作方案，聚焦进口儿童服装、学生用品、食品接触产品等关乎人民群众生命健康和安全的商品，在市场流通领域开展风险监测并收集地方政府部门执法信息、行业协会通报信息和媒体信息，全年共采集进口儿童服装不合格信息12条、食品接触产品不合格信息35条。发挥长春关区3个

▲2022年3月4日，长春海关关员开展出口货物装运前检验　（陈爽　摄）

进出口商品质量安全二级风险监测点作用，针对进口煤炭、液化气等大宗资源型商品和出口危险化学品、烟花爆竹等高风险商品开展风险监测，全年共采集进口煤炭不合格信息4条、出口危险化学品不合格信息9条、烟花爆竹不合格信息56条。与大连海关、沈阳海关、哈尔滨海关、满洲里海关、呼和浩特海关联合开展进出口商品质量安全风险监测，并撰写《东北六关构建进出口商品检验监管共同体　全力促进东北地区外贸保稳提质》文件，获海关总署相关载体刊发。

【服务地方经济发展】2022年，长春海关多措并举助企纾困，促进外贸保稳提质。针对一汽大众汽车有限公司反映的进口汽车零部件等商品查验率高、增加企业负担问题，及时回应企业诉求，开展情况调查和数据分析，向海关总署提出指令调整建议，最终海关总署将相关进口商品目的地查验率调整至原来的五分之一，帮助企业节省年均掏箱、倒箱等费用近100万元。落实进口整车检验“第三方检验结果采信”，首次实现吉林省平行进口车检验通关。落实进口汽车零部件“先声明后验证”、采信CCC认证证书等便利化措施，2022年实施便利化措施进口的汽车零部件占全省进口汽车零部件总额的30%，有效加快商品通关速度、降低企业运维成本、提升企业获得感和满意度。

【进出口危险品及其包装检验监管】2022年，长春海关落实“口岸危险品综合治理”百日专项行动要求，强化进出口危险品及其包装检验监管。2022年检出23批进出口危险品及其包装存在货证不符、包装超重、内容物泄漏、标签标记不合格等情况，向海关总署商品检验司报送不合格典型案例15起，其中长春兴隆海关检出的安全气囊包装标记高度不合格案例被商品检验司转发至各直属海关借鉴学习。长春海关连续两年开展进出口危险品及其包装“周自查、月报告、季督查”，全年共审核关区业务单据1400余份，查发岗位操作手册内容未更新、证单出具不规范等13项业务问题，建立“问题清单、责任清单、措施清单”逐项挂账销号，通过“回头看”实现检验工作“有复盘、有总结、有改进”的良性循环。

【进出口危险品及其包装检验监管制度优化】2022年，长春海关贯彻落实海关总署进出口危险品及其包装“指令+作业指导书”检验模式，制定长春海关出口危险化学品检验监管、出口危险货物包装性能检验、出口危险货物包装使用鉴定和出口危险货物包装生产企业代码授予工作等操作指引，结合海关总署进口危险化学品检验模式改革情况更新长春海关进口液化石油气检验监管作业指导书，出台长春海关出口危险化学品检验监管等3类“明白卡”，全覆盖进出口危险品及其包装检验全流程，实现全领域制度化、规范化、精细化。建立进出口危险化学品“一品种一企业一档案一手册”机制，完善关区全部进出口危险化学品产品档案和企业档案，摸清检验监管风险点，强化危险信息符合性验核，坚决打击“高危低报”“多危少报”“涉危不报”等行为。

【进出口危险品及其包装监管协作机制】2022年，长春海关成立“长春海关进出口危险品及其包装检验监管业务指导组”，通过开展风险会商联合研判、安全生产和属地查检风险隐患大检查大排查等工作。指导关区快速处置放行口岸环节进出口危险品326批，做好进口液化气和出口烟花爆竹口岸滞留应急处置。发挥业务风险跨部门联合研判机制，全年共查发3批出口移动电源涉嫌提供虚假单证规避必要的安全项目检测，存在严重运输安全，判定不予出口。强化跨关区业务合作，与长沙海关开展出口烟花爆竹“口岸—属地联动监管”，与哈尔滨海关联合开展进口液化气风险监测，互通安全风险隐患、交流经验做法、提升检验监管能力。

【提升商品检验监管能力】2022年，长春海关落实海关总署岗位资质培训管理规定和能力素质提升大培训专项行动要求，面向关区商检条线开展专题讲座2次，全项讲解危险化学品安全监管、危险货物包装检验、执法安全防护和抽采样注意事项等重点内容，46人取得岗位资质。建立问题汇总机制，结合关区实际需求开展“跟班作业”2次、“实操培训”4次、“送教上门”15次、“视频指导”85次，“手把手”有针对性地为一线人员针对性解决难点问题，提升出口烟花爆竹口岸查验、空运危包使用鉴定等重点敏感商品检验能力。发挥关区危险化学品专家组和岗位练兵尖兵作用，通过实操教学将理论与实践相结合，“以点带面”营造“以学促干”的学习氛围，带动关区一线人员不断提升检验新品种、发现新问题的能力。

撰稿人

杨　洋　陶连志　虞海涛

口岸监管

【概况】2022年，长春海关推动口岸监管各项工作，依法把关，全面落实总体国家安全观，推进智慧监管建设，创新和完善监管方式，支持吉林省对外开放平台建设，着力提升实际监管效能。

【优化航班检疫监管】2022年，长春海关持续优化空港口岸国际客运航班检疫监管流程。立足科技赋能，创新“一站式”监管手段，应用“非接触式验核”模式。配备健康申报自助验核一体机和卫生检疫自助闸机通道，提前获取并整合航班动态、旅客舱单、健康申明、运输工具动态等各类数据，形成口岸疫情防控的完整数据链。通过信息交互和大数据分析，动态优化健康申明逻辑校验规则。二道测温升级为自动拦截通道，自动验核入境人员申报信息，“一站式”完成测温、人脸采集，90%的旅客可在3秒内通过闸机通道并完成健康申明卡验核。卫生检疫环节平均通关时长为99.5分钟，较“非接触式验核”模式启用前通关时长压缩25%，高风险岗位人员节省70%，在有效缓解集中封闭管理模式下人力资源紧缺压力的同时，进一步降低一线工作人员职业暴露风险，实现安全与便利相统一。优化检疫监管流程，深化“全链通”作业机制，健全“现场+远程”“一线+二线”模式。发挥场外作用，实现旅客登机分流、采样码打印等远程操作，该作业机制下，监管进出境航班187架次。合理调整场地布局，进一步科学规划作业区域，升级改造卫生检疫作业通道，各检疫监管环节无缝衔接，实现各岗位关员可兼顾前后、旅客科学分流、不交叉、不走“回头路”，保障通关秩序。完善口岸疫情防控设施建设，增配实用检疫监管设备减少现场关员与旅客的近距离沟通交流。人性化改造采样室，增设特殊旅客采样室，保障现场采样衔接有序。

【货检渠道监管】2022年，长春海关指导业务现场在口岸环节严格落实“双随机、一公开”制度，严格执行检查指令要求，合理配置审批权限。全年共查验口岸环节进出口货物报关单4799票。组织开展常态化疫情防控下口岸货运通关监管作业演练，按照“一口岸一脚本”要求逐一审核方案，汇总审核一线口岸的演练脚本，组织业务现场对珲春海关重点业务环节进行视频观摩学习，提升现场作业能力。了解海关总署对口岸积压货物的清理

▲2022 年 12 月 15 日，长春海关关员在珲春铁路口岸对出口氯化钙进行现场施封锁核销 （郭继伟 摄）

要求，提前对关区口岸货物积压情况进行摸底排查，制订珲春海关存量进口冷链食品采样工作方案，抽调关区骨干力量组成工作专班，完成口岸积压冷链食品清理工作，达到海关总署工作要求。定期开展监督监控，对于超过 3 天未开展查验的报关单及时提示现场，全面梳理珲春铁路口岸货物情况，避免出现积压情况。

【旅检渠道监管】2022 年，长春海关严厉打击濒危动植物、野生动物及其制品走私，强化芬太尼等国家管制精神类药品口岸管控。持续做好旅检口岸打击“水客”工作，从强化风险防控、严密现场监管、加大处置力度、高压严打遏制“水客”走私漂移，严格执行对进出境旅客行李物品“3 个 100% 检查”要求，全面加强正面监管，初步构建关区旅客通关诚信评估体系，宣传旅客指尖服务小程序的应用，引导旅客主动申报纳税。

【邮检渠道监管】2022 年，长春海关加强对邮递渠道全链条监管的监督指导。注意总结邮递渠道查缉特点，针对重要敏感时间节点，督促现场进一步增强查缉意识，防止新形式走私情事发生，防止走私漂移。全面梳理进出境邮递物品监管 10 方面 40 项风险点，全流程跟踪了解各环节风险点，指导现场解决实际问题，强化对寄递领域的风险防范。总结建立邮递渠道业务研讨长效工作机制，按照查获经验及时分享、业务研讨定期开展、重要节点按时报告的工作原则，关区各邮递现场从严监管，加强形势分析和风险研判，统一执法尺度，防止邮件走私漂移。加强“共治”“共享”联系配合，与吉林省扫黄打非办公室、吉林省公安厅政治安全保卫局、吉林省文旅厅等单位建立省市两级联系配合机制，形成信息通报、资源共享、多渠道鉴定等工作内容，进一步完善查缉后续处置工作。参与海关总署北部协作区寄递监管长效机制“揭榜挂帅”工作，按照“问题清零”工作机制，解决“安全准入风险防控和违法行为后续处置需加强”的问题，建立违禁印刷品查堵目录电子台账，解决现场处理难题，第一时间协助现场进行检索，确定违禁性质和敏感类别。对目录外查获物品，指导现场进行初筛，同时联系吉林省扫黄打非办公室进行移交鉴定。开展邮递渠道各专项行动，落实监管工作要求，全年关区共监管进出境邮件81.62万件。指导现场持续开展有针对性查缉工作，密切关注高风险寄递邮件的风险要素特点，对党的二十大等敏感时间节点，结合印刷品寄递新热点、新趋势，提高联合研判分析能力，加强对境外重点风险来源地的开箱审查，全年关区共查获各类违禁物品22496件。

【跨境电商监管】2022年，长春海关持续推进吉林省内跨境电商全面化、多元化发展。支持延吉市在2022年获批国家跨境电商综合试验区享有出口商品“清单核放、汇总统计、简化申报”的通关便利化措施。支持延吉市保税物流中心（B型）享受跨境电商试点城市扩大政策，开展区间流转，促进吉林省内地区间业务联动和协同发展。参与地方跨境电商等新业态发展规划，参与吉林省广东产业园（合隆经济开发区）跨境电商项目政策研讨和宣讲，为企业提供全链条“一对一”精准指导。制定“6·18”“双11”等监管保障工作方案，指导关区内电商货物转关出口。全年关区电商出口320.78万件。探索开展“前店后仓”电商作业新模式，在严格审核“三单”（交易单、支付单、物流单）信息基础上，支持兴隆海关、延吉海关充分运用互联网技术整合完整的信息链条，实时采集审核订单、支付、物流等原始数据，通过“审、验、放”一体化监管，实现商品“存、展、销”一站式经营，降低企业通关成本，压缩通关时间。

【监管设备保障】2022年，长春海关坚持“需求、问题、效能”3个导向，不断提升监管设备管理能力。优化监管设备管理制度体系建设，研究制定监管设备管理的实施细则，提高管理规范性和有效性。持续加强疫情防控设备保障，开展疫情防控常态化条件下口岸监管能力调研，制定监管设备需求清单，为口岸现场配发疫情防控设备46台（套），提升口岸卫生检疫能力。进一步提升监管设备应用效能，制订闲置设备处置方案，盘活闲置设备9台。推动监管设备智能化升级，助力航空口岸实现旅客健康申报自助验核模式，挖掘设备使用潜能。开展长春关区监管设备清查工作，以固定资产账为抓手开展实物清查，组织隶属海关按设备分类、业务条线、使用部门进行监管设备实物盘点，明确设备数量和使用状态，形成“账实相符”“盘盈”“盘亏”3项清单，针对清查异常情况统筹比对、反复核实、逐一销号，关区监管设备实现账实相符。

【口岸监管环节反恐】2022年，长春海关持续提升应对突发事件的快速反应能力和防范化解重大安全风险事故的现场处置能力。开展口岸监管涉恐突发事件应急处置演练，在延吉保税物流中心（B型）组织开展货物通关与涉恐突发事件应急处置演练。2022年，相关隶属海关开展各类反恐演练6次，均达到预期效果。立足关区口岸“线长、点多”特点，合理安排口岸反恐专项经费支出，重点加强出入境人员相对集中、风险较高、复杂敏感口岸区域反恐物资储备，采购防爆毯、防爆围栏1套、生物有害因子检测试剂3套、化学有害因子检测试剂12套，确保现场反恐物资储备充足，有效维护国门安全。

【智能审图应用】2022年，长春海关持续推进关区智能审图应用工作。参与完成海关总署智能审图算法分类部署试点工作，长春邮局海关业务现场和延吉海关驻邮局办事处业务现场智能审图包裹过机量合计4.70万件，智能审图总体准确率达94.70%，较试点前降低2.10%；以周为单位，智能审图准确率最高达98.90%。定期开展总结评估，及时汇总统计智能审图业务数据，加强各现场之间的经验做法交流共享，总结查发案例特点并向海关总署报送。指导相关现场积极探索开展现场制图。进一步扩充智能审图专家队伍，在已组建的智能审图专家组基础上，结合试点工作新增2名专项业务联络人，由业务专家和同方工程师对其开展“一对一”指导，以理论推动实践，以实战代替培训，快速提升智能审图的实操和分析能力，挖潜创新思维，促进其向专家型人才发展。

【监控指挥业务运行】2022年，长春海关发挥监控指挥中心作用，辅助业务有序运行。动态调整监控模型，全面精准还原现场情势，为监控指挥提供直观依据。全年共辅助关领导开展各类指挥工作72次；汇总历次监控情况并进行分析对比，报送专项情况报告35份。音视频设备管理持续保持较高水平，指导4个隶属海关完成视频监控平台的升级规范工作；开展常态化UC连线742次，日常电视电话指挥系统实时连线1841小时。建立岗位工作日志和监控工作台账，坚持“常态化值班+应急值守”运行机制。加强两级指挥中心联动配合。指导两个三级指挥中心完成扩建迁建，定向开发三级指挥中心“云擎”数据监控模型6个，优化口岸监管重点指标监控指南，三级指挥中心共监控处置异常数据首次突破500条，占关区两级指挥中心监控处置异常数据总量50%以上。

【边民互市贸易监管】2022年，长春海关全面做好边民互市贸易监管有关工作。做好珲春边民互市贸易业务恢复前准备工作，组织开展海关总署版边民互市贸易2.0系统对接及功能测试，向海关总署提出系统完善建议，备案边民合作社2家，落地加工企业3家，备案边民3101人。研判珲春铁路互市贸易区设立需求，向吉林省商务厅提出相关监管要求和建设要求。根据吉林省长白县政府需求，指导长白海关对长白边民互市贸易区设计布局进行研判，同意地方政府按照现有规划进行建设。

【市场采购贸易监管】2022年，长春海关积极探索开展市场采购贸易监管相关工作。与青岛海关隶属临沂海关建立沟通联系渠道，召开市场采购贸易线上研讨会。完成“单一窗口”市场采购贸易数据对接工作，指导地方政府完成市场采购贸易综合管理系统建设。派员参加吉林省商务厅组织调研组，赴云南、湖南、福建开展市场采购贸易考察调研，学习验收、监管流程等经验。联合相关职能部门召开市场采购贸易试点工作推进会，介绍考察学习收获，对珲春海关下一步工作提出建议。2022年11月21日珲春首票试单测试成功。

【终末消毒监督】2022年，长春海关持续开展进口冷链食品、进口高风险非冷链集装箱货物新冠病毒采样和预防性消毒监督工作。2022 年，长春海关针对不规范情况下发整改单 2 份，涉及不规范报关单 19 票。关区开展进口冷链食品采样 1360 票，进口高风险非冷链集装箱货物采样 48 票。开展进境客运航空器终末消毒监督检查，对每架航班佐证材料审核，针对终末消毒过程中发现的不规范情况要求现场立即整改，指导现场在系统中规范填报终末消毒监督数据，监督 30 架航空器终末消毒工作。2022 年长春海关上报海关总署的终末消毒佐证材料较为规范。

【支持中欧班列发展】2022 年，长春海关采取措施支持吉林省中欧班列业务不断发展。优化业务流程推广“顺势监管”方式，提升先期机检比率，充分发挥联网集中审像中心作用，通过智能查验与人工查验相结合的作业方式，有效提升查获率。加强与口岸海关的联系配合，指导企业对符合相关要求的报关单申请舱单归并，减少企业报关次数，降低企业报关成本。结合历史数据和俄方口岸情况进行科学测算，指导现场开展延长通关时间测试，向地方政府提出海关监管需求。2022 年 9 月 1 日起，珲春铁路口岸正式施行 24 小时工作制。2022 年共监管“长满欧”班列进出口集装箱 9154 标箱，货运量 8.32 万吨，货值 20.3 亿元。监管“长珲欧”班列进出口集装箱 1186 标箱，货运量 0.97 万吨，货值 2.52 亿元。

【开通临时邮路】2022 年，长春海关为疏运受疫情影响的进出境邮件，根据邮政公司提出的需求申请，为企业开通出口至韩国的临时邮路。多次协调口岸海关，建立联系配合机制，监管结果互认，保障企业通关时效。临时邮路开通以来，已保障企业出口邮件近 4 万件，解决了疫情期间吉林省邮件出口受阻的困难。

撰稿人

邢玉红 刘胡升 赵津瑶

统计与政策研究

【概况】2022年，长春海关坚持系统观念，全面强化政策研究，提升统计分析水平，完善业务数据管理，夯实统计基础，推动关区政策研究和统计工作高质量发展。

【统计调查】2022年，长春海关组织开展吉林省外贸出口先导指数样本轮换企业核定和宣传培训工作，及时完成样本企业轮换和阶段性工作总结。组织开展吉林省贸易景气指数试点调查（进口）样本企业审定和宣传培训工作，推动中国海关贸易景气（进口）试点调查工作在关区范围开展。及时组织完成外贸企业出口订单情况专项调研、2021年度跨境电商统计试点补充调查和2022上半年跨境电商统计试点调查等工作。落实中俄海关合作机制，与俄罗斯远东海关局开展统计合作。全面落实规范提供贸易统计数据相关要求，依法合规地向地方行政机关和社会公众等提供统计数据服务。

【贸易统计】2022年，长春海关数据审核模式实现从单条报关单记录条审核转向“宏观、中观、微观”三级管控转变。为增强数据质量意识，进一步健全统计数据审核机制，全力维护统计数据真实准确。研究报送维护海关统计数据真实准确工作责任制规定修订意见1条。完善统计监督核查机制，开展统计数据核查工作。落实海关总署关于更加有效发挥统计监督职能作用的意见，在海关总署8条意见的基础上提出18项任务分工，细化38条具体措施。落实海关总署数据共享管理规定，在确保数据安全的情况下，及时准确地编制和公布海关统计资料，全年共编制进出口统计相关资料11期。及时组织开展海关数据分类分级和海关重要数据目录填报工作。

【业务统计】2022年，长春海关积极参与全国海关数据业务统计数据审核专家组工作，对全国业务统计数据趋势变化进行深度审核。及时完善关区邮件监管场所等邮件电商包裹统计参数。审核业务统计数据，纠正数据差错。推动落实“岗位操作手册大检查”专项行动，汇总整理报送统计条线长春海关业务类岗位操作手册。落实进出口纸质报关单证档案管理相关规定，组织对关区纸质报关单证档案管理情况进行摸底调研，加强对隶属海关纸质报关单证档案销毁工作的指导和审批。依托外贸形势分析会议，及时通报关区业务数据异动情况和风险点。

规范业务统计系统授权审批操作，结合岗位工作实际调整业务统计系统授权。

【统计监测分析】2022年，长春海关落实“首报、首发、首用”信息工作要求，着力加强外贸形势分析研判，提升数据分析质量。首次尝试利用全球贸易分析系统（GTAS），从全球贸易数据库中调取信息，开展双边贸易分析，相关分析成果得到海关总署采用。紧扣吉林省外贸发展大局，对重点贸易国家和地区、重点商品、重点企业等的进出口数据开展多维度分析，全年共撰写进出口监测分析等各类信息145篇。其中12篇被海关总署相关载体采用，22篇被省政府相关载体采用，3篇获得省领导批示。组织133家样本企业参加吉林省外贸企业出口订单情况专项调查，形成专题调研报告。

【参与全球贸易监测相关工作】2022年，长春海关参与海关总署全球贸易监测相关工作2次；参与我国与其他国家（地区）贸易目标设定进度情况跟踪工作2次；跟踪监测东北地区进出口情况，每季度形成并报送相关分析报告；对韩国等重点国别（地区）木材商品等进出口情况进行监测，并开展分析评述工作；配合海关总署统计分析司对“国家级小巨人”企业进出口情况进行搜集整理；2022年完成海关总署统计分析司各类调研9项，参与工作30余次，重点了解企业复工复产后进出口情况和面临的困难，为海关总署研究企业纾困政策提供基础材料。

【课题研究】2022年，长春海关围绕海关总署党委提出的“六个如何”“五个关系”和38个“深入思考”，以及推进落实“十四五”海关发展规划过程中遇到的热点、难点、堵点问题，积极立项开展署级课题和关级课题研究。组织参与完成“RCEP实施对我国经贸发展影响研究”“推进‘三智’建设深化对俄合作研究”“国门安全检测保障体系自主可控能力研究”“海关卫生检疫业务制度历史沿革研究”4项署级课题。统筹推进“强化口岸智能化监管设备应用研究”“完善进出境公路车辆海关监管制度研究”“海关标准化现状及发展趋势研究”“吉林省松子加工贸易高质量发展研究”“疫情背景下与毗邻国家经贸合作研究”等16项关级课题，运用调研报告等多种形式推进研究成果转化。

【推进“研究型海关”建设】2022年，长春海关统筹建立、完善、实施外贸形势分析机制、季度调研报告机制、课

▲2022年10月26日，长春海关召开2022年第4次外贸形势分析会 （李兰英 摄）

题研究工作机制等，构建“大政研”格局，推进“研究型海关”建设。建立外贸形势分析会议制度，发挥海关贴近一线、了解进出口前沿最新情况及掌握第一手外贸数据的独特优势，强化“贸易数据+业务数据+各业务条线调查数据”深入分析，形成多角度、多维度的高质量分析成果，全力服务促进外贸保稳提质大局。完善外贸形势分析会研究业务问题的立项督办、分工落实、限时办结、专题汇报闭环管理机制，组织召开外贸形势分析会6次，督办落实业务问题57项。落实“三应”海关运行机制，进一步加强和规范关区请示报告工作，探索建立季度调研报告制度，推动高质量开展调查研究工作。提高政治站位，突出边关特点，向海关总署报送以“促进向北开放”“坚持以案促改”“安全体系建设”为主题的季度调研报告3篇，获得署领导批示1次。做好隶属海关调研报告报送情况考核考评和成果转化工作。

撰稿人

王　晶　张　涛　张　靖　张丽娜　姜　华　曾　平

企业管理和稽查

【概况】2022年，长春海关继续加大对地方重点企业AEO培育认证力度，推进海关企业信用管理制度改革，指导吉林省对外注册企业完成注册信息核对工作；继续推进落实加工贸易残次品管理改革试点工作；贯彻以“查发问题为导向”的稽查制度改革，推动稽查工作高质量发展；推进核查分类改革，对风险类和管理类的核查指令，实施差异化流转方式，有效提升核查作业效能；强化属地查检作业随机选人及布控指令的时效管理，建立关区属地查检人才库，推进属地查检业务强基增效。进一步做好保稳提质及助企纾困工作，持续强化关区企业管理和稽查条线安全生产管理工作。

【资质管理】2022年，长春海关落实海关总署简化流程、压缩办理时限、一次性告知等工作要求，实现一地申请、一次办理和全程网办“零跑腿”，提升业务办理效率；落实海关总署助企纾困措施，取消对出口食品原料种植场备案申请人提供种植场的土壤和灌溉用水检测报告等8项报告证明文件，降低出口食品企业成本；做好境外注册推荐工作，积极帮扶优质企业，及时听取企业困难诉求，开展线上解答企业疑难问题30余次，为企业提供境内外食品安全信息，帮助企业对标拟注册地的相关标准，全面提升食品安全管理水平，为企业营造良好创业环境；及时跟进企业境外注册进展，定期指导企业填报自我评估报告、做好接待境外官方检查等工作，助力企业提升国际竞争力。建立长春海关进出口食品企业评审人员片区协作机制，破解关区个别隶属海关评审人员短缺问题，保障关区企管条线特定资质备案业务有序开展。

【信用管理】2022年，长春关区继续加大对优质企业的宣传和信用培育力度，开展对重点支柱企业、行业重点企业、中小型企业和“专精特新”企业开展“一对一”信用培育，开展对企业信用等级动态调整，对失信企业进行信用修复，核实认定“双失联”企业，并将“双失联”企业通报风控部门进行严密监控，通报吉林省市场监管厅开展联合监管。开展报关单位备案信息完善补充和僵尸企业清理专项行动，完善报关单位备案基本信息核对工作，全面清理关区僵尸企业，为进出口企业通关监管和后续提供基础信息保障。开展关区企业管理认证专家型人才评审，夯实人力资源基础。建立AEO企业联系配合机制和规范案件信息录入优化信息共享机制，从制度层面完善案件信息录入共享机制，对AEO企业2022年的违法情况开展核实并约谈有处罚情况的企业，规范企业内控管理。开展近三年刑事处罚案件、走私案件和行政处罚1万元以上的违法违规企业案件信息核实工作。规范出具企业信用状况证明操作流程和细则，在长春海关12360微信公众号和网站主页办事指南发布办理流程，统一关区业务执法，方便企业办事，提高办事效率。

【保税监管】2022年，长春海关充分发挥6个隶属海关内销咨询窗口作用，助力加工贸易企业用足、用好“取消集中内销保证金担保”“暂免征收内销税款缓税利息”等利好政策，为因疫情影响延迟复工的4家加工贸易企业的7本手册办理延期手续，推动助企纾困保稳提质政策有效落地；积极参与起草企业管理和稽查司关于轮胎行业加工贸易单耗管理模式改革全面推广的规范性文件与公告事项、起草说明等工作。作为海关总署确定的“加工贸易残次品管理改革试点工作”直属海关之一，多措并举推进改革试点工作，降低企业运营成本；组建课题组，完成年中会议要求的“吉林省承接加工贸易梯度转移面临的挑战和机遇”课题研究工作；积极开展关区加工贸易、保税监管场所、特殊监管区域专项检查工作，配合企业管理和稽查司完成关区保税仓库的督导检查工作；协助企业管理和稽查司、自贸区和特殊区域发展司完成对全国42个直属海关反馈的特殊监管区域和保税监管场所危险品货物进出和存储情况汇总工作。

【稽查业务】2022年，长春海关全面落实以“查发问题为导向”的稽查制度改革，聚焦查发能力，加大专项稽查力度。改变以往被动接收稽查指令的工作模式，利用“云擎”等大数据技术整合系统资源，开展数据综合分析，收集异常情况或重要风险线索，对高风险商品实施精准稽查。先后组织开展关区进口汽车零部件特许权使用费、燃油附加费、俄罗斯进口木材行业、松子（仁）分选加工行业等一系列专项稽查行动，确保国家税收安全。

▲2022年8月26日，长春海关关员到企业开展AEO实地认证工作　（姚曦　摄）

【核查业务】2022年，长春海关加强部门间联系配合，建立与长春海关风险防控分局、动植物检疫处、商品检验处、进出口食品安全处等部门共同研判的会商工作制度，使管理类核查工作更加具有科学性、合理性；建立长春海关核查转稽查作业衔接转换机制，统筹运用核查、稽查两种执法手段，提升后续监管整体效能；加大对重点企业、敏感商品的核查力度，持续提升核查查发效能；为响应企业管理和稽查司关于报送属地查检典型案例及查检素材的要求，报送典型案例2起，查检掠影素材3篇，其中长春海关所属白山海关“以‘三个强化’惠企帮扶措施显成效”的素材被属地查检相关载体采用；强化与吉林省市场监管厅的联系配合，开展联合抽查执法15起，减少非必要下厂，实现“进一次门、查多项事”。2022年办结核查作业397起，查发问题256起，核查作业随机选人及按时办结率为100%。

【属地查检】2022年，长春海关通过制定关区属地查检领域部门间联系配合机制，加强属地查检领域部门间协同配合；严格落实从事危险货物属地查检执法人员“双人双资质”要求，加强出口危险品产地检验和进口危险品目的地检验，压紧压实本业务领域安全生产责任，报送“口岸危险品综合治理”百日专项行动信息20条；加强关区属地查检业务领域队伍建设，建立关区属地查检专业人才库，充分发挥专业人才作用，推进属地查检业务强基增效；设立进出口鲜活易腐农食产品属地查检“绿色通道”，对出境蔬菜、水果等鲜活易腐农食产品开展优先查检和“5+2”预约查检，公开现场预约电话26个，为企业提供“一对一”个性化政策匹配服务，通过“绿色通道”助力关区企业出口蔬菜36批、329.2吨，货值36.7万美元。全年属地查检业务领域共实施属地检查作业4450批次，其中进口1791批次，同比下降36.4%。出口2659批次，同比增长64.7%。

【审核监督】2022年，长春海关落实海关企业管理和稽查部门执法监督操作规范，组织关区对企业管理、稽核查、属地查检和保税及加工贸易监管执法情况开展“自查自纠”。建立“专人专岗”对企业管理和稽查司业务运行可视化监控平台进行职能监控。对企业管理、保税监管、稽核查、属地查检业务在作业过程中存在的违反现行执法规定、操作规定、录入差错等问题自动制发的监控单及时进行处置。

【涉检行政处罚】2022年，长春海关落实海关总署关于加强涉检行政处罚案件职能管理调整有关会议精神。强化法治意识，严格按法定程序、权限履行职责，运用法治思维、法治方式理顺涉检案件职能管理工作；加强组织领导，密切协作配合，重新对关区涉检行政处罚案件系统进行授权，做好工作衔接；坚持依法办案，明确具体程序，规范公正文明执法；明确职责分工，沟通缉私与法综部门，梳理案件办理经验，布局下一步工作，落实海关总署各项部署要求。

【信息管理】2022年，长春海关企管部门与长春海关缉私局会商建立各类案件信息共享机制。梳理企业信用信息查询授权、涉案信息规范录入、案件文书共享、接受及处置和近期亟需处理的5方面12条具体事项，制定长春海关进一步规范案件信息录入、优化信息共享机制，从制度层面完善工作机制，建立紧密联系配合，确保信用管理工作有的放矢、准确高效开展，进一步夯实海关信用管理制度在强化监管服务中的基础性作用。对2021年以来关区涉及刑事处罚案件、走私案件和行政处罚1万元以上的违规案件企业信息进行全面核对，核实涉案企业26家，其中5家企业已认定为失信企业，1家企业已注销，20家企业由所在地海关做出规范整改提醒，切实加强海关信用管理和执法监督工作。完成大连海关关区4家报关企业涉走私案件在长春关区受处罚情况的核实及反馈工作，有效开展跨关区协作，确保企业信用动态管理的准确性和及时性。

【提升保税仓库监管效能】2022年，长春海关做好提升保税仓库监管效能工作。开展梳理关区保税仓库的设立、验收、延期时间节点，表格化管理防止保税仓库超期未延风险；对照各类监督检查风险点，结合关区业务特点，梳理保税仓库业务风险节点21个，开展关区保税仓库专项检查并配合企业管理和稽查司完成关区保税仓库的督导检查工作；组织主管海关开展“两仓”监管风险排查，加强对关区保税仓库运行情况的监控，及时摸排化解风险隐患；严防保税核注清单管理不规范风险，严格限定调整类核注清单的使用范围，加强保税核注清单核扣、修改等异常情况的监控。严密全流程协同监管链条；利用金关二期等系统监控关区保税仓库业务运行情况，及时妥善处置预警、监控情况。

【优化主动披露工作】2022年，长春海关围绕构建全链条安全监管体系和深入推进稽查改革。在优化营商环境方面，主动加大海关容错纠错和守法便利的政策供给力度，释放主动披露政策红利。通过“线下宣讲+实地走访”方式，持续开展主动披露政策主题宣传和定向宣讲，进一步拓展主动披露的政策覆盖面，引导企业提高合规经营水平，为守法企业创造良好、公平的外贸经营秩序。广泛调研了解外贸企业诉求，着力解决企业提出的“主动披露办理时间长”“效率低”等问题，不断提高主动披露工作的时效性和便捷性。通过优化流程、压缩时间，实现企业主动披露事项的快办快结，成为便企惠企的常态化举措，实现了企业“少跑腿”、享惠“再提速”，主动披露容错机制服务企业效能进一步彰显，企业制度性成本和海关行政执法成本“双下降”。聚焦汽车产业链、报关企业等重要行业，强化主动披露政策稳定供给，保障相关产业链供应链稳定，有力有效助推外贸稳规模优结构。

撰稿人

孙野平　苏东鑫　何晓庆　赵子明　梁　卓

查缉走私

【概况】2022年，长春海关深入贯彻落实习近平总书记关于打击走私工作的重要指示批示精神，立足国门安全，充分发挥“缉私垂管、国门一线、公安专业”优势，深入开展“国门利剑2022”联合专项行动和“蓝天”“护卫”“净边”“国门勇士”等专项行动，持续强化专业打私，落实海关全员打私，推动多警种合成打私，深化反走私综合治理，加强反走私专业能力建设，各项工作取得新成效。全年，刑事立案30起、案值2.48亿元，同比分别增长1.50倍、4.74倍；行政立案60起、案值1.01亿元，同比分别下降15.50%、45.90%。

【打击涉税走私】2022年，长春海关深入开展“国门利剑2022”联合专项行动，依法严厉打击“水客”、海南离岛免税“套代购”走私、重点涉税商品走私，重拳严打骗取出口退税、留抵退税和涉走私关联犯罪，取得新战果。深入贯彻落实习近平总书记关于打击走私工作的重要指示批示精神，准确把握当前“水客”走私呈现的口岸漂移、群体扩散等新态势，进一步深化各级海关业务部门和缉私部门的协作配合，完善常态化打击治理“水客”走私长效机制，针对重点口岸、重点人群，进一步强化风险研判、态势掌控和口岸监管，开展高频查缉和滚动打击。侦办“水客”走私犯罪案件2起，案值3570.84万元，查证高档手表3526块。制订开展打击治理海南离岛免税“套代购”走私专项行动工作方案，充分发挥属地监管优势，分析形成高风险人员名单，开展多部门风险联合研判，围绕研判产生的线索，协同处置，切实提高海南离岛免税风险防控效能，打击利用海南离岛免税购物政策进行“套代购”的走私行为。侦办海南离岛免税“套代购”走私犯罪案件2起，案值464万元，查扣化妆品1631件。持续严厉打击成品油、汽车、矿产品、高档消费品等重点涉税商品，以及冻品、食糖、水果、烟草、粮食等农产品走私，侦办走私雪茄烟进境案1起，案值4000余万元，查扣雪茄烟1.9万余支，抓获犯罪嫌疑人23人；侦办走私高档厨卫电器用品案1起，案值5884万元；侦办走私木材进境案3起，案值5016.91万元。深化与政法、公安、检察、税务、人民银行等单位的协作配合，完善以信息共享为核心的六部门合作模式，开展涉骗取留抵退税和出口退税专题培训，查办涉税违规出口退税行政案件1起，案值690.54万元。结合全警实战大练兵，开展“自洗钱”、逃避商检犯罪等涉走私关联犯罪研究，探索工作思路和案件侦办方向，侦办洗钱犯罪案件4起，逃避商检犯罪案件1起。

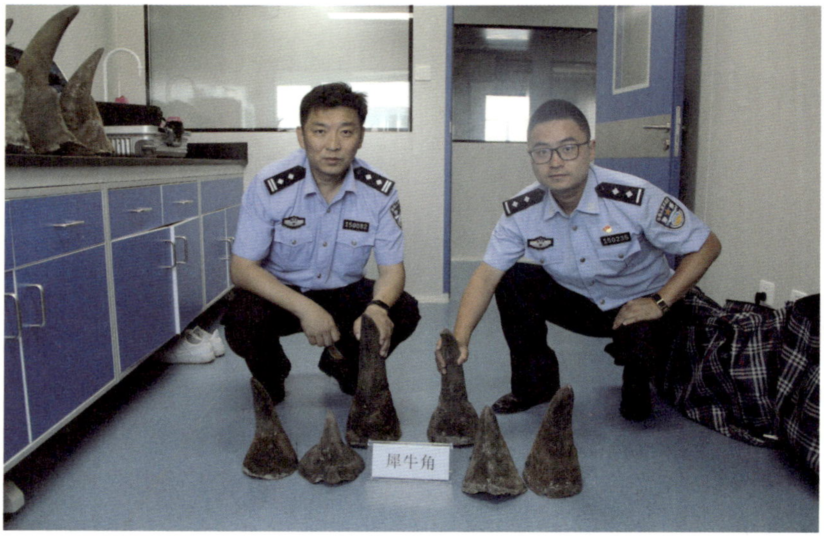

▲2022年6月24日，长春海关缉私局破获走私非洲犀牛角进境案　（聂楚瑶　摄）

【打击非涉税走私】2022年，长春海关开展“国门利剑2022”联合专项行动和“使命”“净边”“国门勇士”“蓝天”“护卫”等专项行动，依法严厉打击“洋垃圾”、象牙等濒危物种及其制品走私，重拳严打涉枪涉爆涉毒走私，并取得新成效。持续开展“使命”“净边”专项行动，全力推进禁毒人民战争，坚定不移实施“清源截流”禁毒战略，加大对合成毒品和新型毒品的查缉力度，严厉打击冰毒、可卡因等传统毒品走私和新型精神毒品走私。侦办涉毒走私犯罪案件5起，查扣含有苯丙胺成分的毒品110粒、三唑仑40片、γ-羟基丁酸15毫升、甲基苯丙胺2.04克。贯彻落实“全国深化打击整治枪爆违法犯罪专项行动”部署，深入开展“国门勇士”缉枪专项行动，强化货运、旅检、寄递和非设关地等渠道的全方位监管打击，充分发挥多警种合成作战优势，加强信息研判，深化破案攻坚，坚决打击涉枪涉毒等违禁品走私，切实维护国门一线安全稳定。侦办涉枪走私犯罪案件7起，查办走私仿真枪进境走私行为案件1起，查扣走私仿真枪3支，仿真枪子弹18发。坚持将禁止“洋垃圾”走私进境作为生态文明建设的重要标志举措，开展“蓝天2022”专项行动，密切关注货运渠道废矿渣、废电器、废金属等伪瞒报、夹藏走私风险，强化风险研判、监测预警、口岸查验、商品检验和专项稽查，保持刑事和行政双重打击力度，有案必查、露头就打，做好非法入境固体废物退运、处置工作，拒“洋垃圾”于国门之外，切实维护国门生态安全。紧盯象牙、犀牛角、虎骨、穿山甲鳞片、塞加羚羊角等传统热点，珍稀动物宠物、水生珍贵动物和植物制品等新兴热点，开展“护卫2022”专项行动，深化货运、旅检、寄递和非设关地等渠道的全方位监管打击，防范非设关地偷运、货运渠道伪瞒报等走私风险，以常态化打击为主、专案打击为辅，深挖扩线，破网除链，切实维护国家生态安全。

【智慧缉私】2022年，长春海

关缉私部门持续优化升级“信息中心”，集成为“一个系统平台、两大功能区域、三项基本功能”缉私作战“流水线”。把准科技赋能打私方向，创新建模打击、类案打击、滚动打击模式，实现精准高效、全链条打击。加强司法鉴定中心建设，完成司法鉴定中心年度资质盲测，具备资质民警增至6人，实战支撑能力有效提升。依托公安大数据战略，建设防火墙、入侵检测防御系统、网络安全审计系统，以及公安技术防范系统，强化数据安全管理，确保网络数据安全。与此同时，将刑侦技术建设与数据应用融为一体，服务实战，利用分析工具，为办案部门开展数据研判服务。持续加强信息化及网络数据安全管理，夯实安全管理“四方责任”，对参与缉私部门信息化建设的企事业单位及人员进行严格审查、备案，细化安全管理措施。坚持“一案一表一评议”，坚决杜绝违法违规情事发生。完成公安数字证书专项清理工作，对公安数字证书申请、制发、更新、注销等情况开展全面自查，逐一梳理数字证书持有情况，做到实人实证、人证相符。完成移动警务终端风险隐患自查工作。开展系统安全隐患排查5次。持续推进公安视频专网升级改造，增加和调整相关工作权限，服务“1+5”智慧边境巡查工作机制，推进“固边兴边”专项工作，切实将科技发展成果应用到缉私实战和边境打私领域。修订智慧缉私相关制度1项，举办智慧缉私专业培训2次，49人次参训。

【打击走私国际（地区）执法合作】2022年，长春海关缉私部门围绕《中俄海关2023年度合作计划》，持续深化落实与俄远东缉私海关合作，不断加强信息共享，就共同打击海产品、矿产品、濒危物种及其制品等走私开展双边执法协作。制订打击跨境野生动物犯罪“黄金狙击2022”联合行动工作方案，推进打击跨境野生动物犯罪国际执法合作，将打私锋芒延伸至境外，进一步加大源头打击治理工作力度。

【刑事法制建设】2022年，长春海关缉私局探索新形势下规范执法权力运行的思路举措，制定推进公安执法责任体系改革任务清单，加快构建与现代警务管理体制相适应、与执法监督管理体系相衔接的缉私执法责任体系，严密执法责任链条。持续深化缉私执法监督管理机制改革，制定加强规范刑事执法工作规范录入案件信息工作等规范性文件，严格执行“两统一”工作机制，强化刑事案件监督管理。定期印发长春海关缉私局案件管理中心录入质量通报，加大执法办案监督指导力度。2022年，长春海关缉私局刑事执法质量考评位列全国42个直属海关缉私局第9名。加强与长春市人民检察院执法衔接，推动“侦查监督与协作配合办公室”建立。制定办理刑事、行政案件回访工作的实施细则，不断优化缉私执法“三个效果”。为进一步畅通批准逮捕、移送审查起诉机制，提高批准逮捕、审查起诉质量和效率，与长春市人民检察院召开健全监督与协作配合机制座谈会，深化对重大、疑难、复杂、新类型案件提前介入侦查、报捕、审查起诉及补充侦查、检察建议及时反馈的协调机制建设，共同推进

“长春市人民检察院 长春海关缉私局侦查监督与协作配合办公室”建立。加强与吉林省、长春市法院系统衔接。走访吉林省公安厅法制总队、长春市局法制支队等部门，对刑事案件管辖、案件审核、洗钱等关联犯罪的证据认定和法律适用进行研究探讨。

【行政法制建设】2022年，长春海关全面推行2022年1月1日起实施的海关行政案件指标考评实施办法，对关区2022年度案件指标考评数据进行季度通报，不断提升行政执法水平和办案效率。根据海关缉私部门行政案件质量考核评议办法（试行），开展关区2022年度行政案件质量考评工作，对关区2022年度行政案件质量和执法情况进行全链条、多层面、全方位的考评检查。开展2022年度行政积案清理工作，梳理摸清底数，关注在办案件时效，防止产生新的积案，努力保持动态清零。参与内控节点岗位落实清单修订工作，发挥法制专家引领作用，深入研究相关法律法规和规范性文件，全面客观分析缉私业务流程中可能遇到的各类风险，科学设置内控节点，查找内控盲区和薄弱环节，修订缉私业务节点42条、可能遇到的风险100余点，提出具体风险控制方法和实现方式，查出内控盲区3点。全年立案查办各类行政案件累计58起，其中普通程序案件17起，其中作出行政处罚的案件12起；查办快速办理案件及简易程序案件共41起，均已作出行政处罚，查获的物品主要为食品类、药品类、化妆品类。

【跨区域执法合作与综合治理】2022年，长春海关缉私局不断深化“缉私战区”应用，加强同各兄弟海关缉私局在打击跨境电商走私、“水客”走私、淫秽物品走私等领域的执法联动，实现优势互补、资源共享，扩大打私规模效应。侦办的1起寄递渠道伪报品名走私毒品进境案被列为海关总署缉私局第三波集群战役。协办昆明、青岛、拱北、北京等兄弟海关缉私局跨关区案件61起。其中，协助福州海关缉私局查扣淫秽书籍902册。党的二十大期间，向天津海关缉私局移送1起走私回流艺术品进境案件，查扣艺术品2600余件套，切实发挥战区协作机制，强化区域联动打击和集群打击。强化多警种多专业合成作战模式及边境打私立体防控体系建设，加强与地方公安在“反走私、反渗透、反颠覆”领域协作，形成“一点触发、多点响应”的工作格局。全年共召开警务合作座谈会、案情分析会30余次，对7起涉枪走私案件、4起涉毒走私案件开展联合侦办。与生态环境、财政等部门联合制定吉林省非法入境固体废物移交处理工作联系配合办法，推进非法入境固体废弃物移交处理。协调发改委、税务、交通等部门，落实打击成品油走私工作部署要求，推进成品油行业治理。与检、法部门加强对新增管辖罪名适用、咖啡因毒品属性认定疑难问题研究。与吉林省烟草专卖局签订联合打击涉烟走私违法犯罪工作机制，严厉打击各类涉烟走私贩私行为。加强同属地公安、边境管理等部门协作配合，加大非设关地打击走私的力度，纵深推进边境安全防控体系建设，“打、防、管、控”一体化反走私综合治理工作格局更加优化。

【党的二十大安保维稳】2022年，长春海关缉私部门开展打击走私维护国家政治安全和社会稳定专项工作，严防暴恐、分裂渗透，防止走私风险向政治领域外溢传导。开展夏季治安打击整治“百日行动”；开展夏夜治安巡查宣防集中统一行动，加强与地方公安等执法部门的联系配合，对易发生走私违法犯罪行为的边境线、边境口岸、边境村屯等重点地区进行巡查，推动严打整治取得成效。长春海关缉私局开展的集群战役、夏夜巡查宣防以及打击毒品走私工作得到海关总署缉私局领导的肯定。全面落实24小时值班备勤和领导带班在岗在位及重点岗位值守制度，确保安保维稳工作高效、有序运转。

【打私宣传】2022年，长春海关牢固树立“宣传也是打私”的工作理念，深入开展反走私“五进”（即进校园、进社区、进市场、进村屯、进企业）主题宣传活动，在“中国反走私”等微信公众号发表反走私“五进”主题宣传活动文章10篇，反走私宣传的覆盖面和影响力实现“双提升”。利用“4·15”全民国家安全教育日、“6·26”国际禁毒日等重要时间节点，开展普法、禁毒宣传活动，相关活动情况得到中国吉林网、中国反走私等政务微博账号转发。

撰稿人

刘　平　聂楚瑶

第六篇

政务及综合保障

政务管理

【概况】2022年，长春海关全面加强政务管理工作，从强化各级政务部门的政治机关建设入手，提高工作能力和水平。把学习宣传贯彻党的二十大精神作为首要政治任务，认真开展学习贯彻习近平新时代中国特色社会主义思想主题教育，常态化抓好“第一议题”制度的贯彻落实，动态更新习近平总书记重要指示批示、海关总署重点工作部署“施工图”“路线图”。统筹推动“12个必”“1+1+6”重点任务和“151”总体工作思路的落实，健全完善职能部门领学解读工作机制、“研究复盘、答复反映、协作呼应”工作机制、调研培训会议报告机制、进一步加强和规范请示报告等多项工作机制，构建横向协同、纵向联动、集约高效的运行体系，形成有计划、有部署、有督办、有成效的闭环工作链条，统筹推进重质效，参谋助手作用有效发挥。长春海关着力提升以文辅政水平，全面提升信息宣传质效，深入推进政务公开、信访工作。全力以赴保运转，机关运行质效稳步提升。加强疫情内部防控工作，严格做好值班应急工作。不断提升公文处理质效，严密稳妥做好机要保密密码管理工作，着力打造长春海关档案品牌。

【强化督办落实】2022年，长春海关整合每月各领域重点工作，建立覆盖“第一议题”、重要会议、领导批办等重要事项统筹督办落实和限时办结反馈工作机制，形成研究部署、定期通报和督办落实全流程“机制化、图表化”。对重要事项统筹督办落实、限时办结反馈、实行“问题清零”。对各项重大决策部署落实落地情况进行检查、实行关区通报制度。2022年，通报习近平总书记重要讲话和重要指示批示精神贯彻落实情况126件，海关总署重要工作推动落实情况58件；督办重点工作任务80项，办结率达100%。

【值班应急】2022年，长春海关加强政务值班工作，规范政务值班流程，强化政务值班培训，落实24小时值班制度。强化应急管理，建立预警、应急响应和处置的快速反应机制，执行重大事项“第一时间报告”制度。设立长春海关值班信息报送系统。完成海关总署办公厅在长春组织开展的海关系统值班应急制度制修订集中工作任务。

【信访工作】2022年，长春海关稳妥开展信访有关工作，组织学习《信访工作条例》等制度文件，配合海关总署完成海关信访工作相关配套制度的修订工作，持续提升关区信访工作水平。2022年，受理海关总署转办邮件4件，关长信箱留言44条，已全部按程序办结。

【外事管理】2022年，长春海关成立外事工作领导小组，执行中俄海关年度合作计划，持续加强对俄互联合作。参与海关总署“智慧海关、智能边境、智享联通”工作，会同哈尔滨海关做好“智慧海关、智能边境、智享联通”署级外事课题撰写工作。制定国际合作工作要点，配合海关总署动态更新外事业务骨干人才库，加强关区翻译业务骨干培养，选派关区3名业务骨干参加中国—东盟英语培训班。

【公文处理】2022年，长春海关健全完善公文处理规章制度，加强和规范请示报告、公文流转，推动关区公文处理工作科学化、制度化、规范化。公文审核严格把关，执行错情通报、“双人唱校”等办文机制，报送海关总署公文实现“零退文”。巩固精简发文成效，全年发文数量同比持续压缩。

【保密管理】2022年，长春海关组织召开党委会、党委理论中心组学习（扩大）会议、保密委会议等8次，研究部署保密密码相关工作。扎实抓好定密、涉密人员管理、网络保密“三大管理”，2022年9月，长春海关组织开展党的二十大保密专项检查，对隶属海关单位、事业单位开展全覆盖保密检查。持续加强涉密会议、场所及载体管理，严格履行重要、涉密会议审批手续。持续做好保密自查自评工作及保密宣传教育工作，组织开展保密警示教育1次，组织参加保密公益宣传片创意文案和保密公益宣传海报活动，报送海关总署作品2件。开展机要密码工作“规范管理年”活动，组织签订密码责任书。

【档案管理及利用】2022年，长春海关组织开展国际档案日系列宣传活动，拍摄“品读红色档案，感悟百年长关”主题宣传片。全面加强档案安全管理，组织开展2次档案安全专项检查，做好档案、资料利用审批手续，全年累计借阅档案1698件次，464人次。规范档案收集归档工作，持续推进疫情防控专项档案工作，编制2021年长春海关疫情防控专项档案资料汇编，收集整理疫情防控、党史学习教育专项档案。

【信息工作】2022年，长春海关有效发挥信息辅政作用，加强信息调度，建立信息会商机制，开展信息宣传质量提升行动，推行政务信息点评、退稿和错情通报，2022年编发信息类刊物335期，获海关总署领导批示1次，获吉林省领导批示信息2次。

【对外宣传】2022年，长春海关以贯彻落实党的二十大精神为主线，多维度、全方位报道海关工作，全年相关报道被中央电视台播发6次；吉林电视台播发12次；《中国国门时报》刊发11篇；《吉林日报》刊发31篇；“海关发布”微博、微信、抖音共发布32篇/条；“学习强国”平台发布8篇。

【政务公开】2022年，长春海关全面梳理细化相关领域基层政务公开事项，制发推进落实基层政务公开标准实施方案、政务公开工作要点，组织编制基层政务公开标准事项目录。推动延吉、四平海关等9个隶属海关单位完成基层政务公开标准化对标任务，超额完成海关总署任务指标。

【12360 海关热线】2022 年，长春海关高效承接海关总署、吉林省政务服务热线管理部门转办事项，全年长春海关 12360 海关热线接听 10247 个热线电话，答复率为 99.6%，受理吉林省 12345 政务服务热线转办事项 37 件、门户网站咨询 82 件。

【疫情防控】2022 年，长春海关统筹落实属地、海关总署有关疫情防控要求，科学、严谨优化疫情内部防控措施。压紧压实"四方责任"，健全完善疫情防控应急指挥体系并保持激活状态。成立机关内部疫情防控流调溯源工作专班等 3 个专班，建立健全各类制度文件 60 份，"精准、动态、从严"调整疫情内部防控措施百余次，更新系列展板 16 块，举办疫情防控专题讲座 3 次，在主要媒体宣传报道长春海关抗击疫情相关信息 109 次。整理建立疫情防控专项档案，其中文书档案共 1000 件，照片档案 87 张，音像资料 1 件，实物档案 3 件。持续聚焦流调溯源、应检尽检、出差出行审批、机关办公场所错峰限流、会议培训等关键领域，扭住重点环节，确保重点事项落实落细。

▲2022 年 10 月 27 日，长春海关成立"长青藤"办公室条线青年理论学习小组　（李兰英　摄）

【成立"长青藤"青年理论学习小组】2022 年，长春海关成立"长青藤"办公室条线青年理论学习小组。该学习小组是长春海关办公室条线青年干部学习新理念、新思想、新战略的阵地，也是落实"青年工作海关必远谋"的平台。"长青藤"以"有趣的灵魂，坚定的风骨"为口号，既坚持政治理论学习不跑偏，也学出青年的特点和风格，力争生动有趣、灵活丰富，头脑风暴、群策群力，努力做到守正创新，坚持学习内容守正，做到学原文、读原著、悟原理；坚持学习方式创新，运用圆桌沙龙、知识问答、青年访谈等多种方式开展活动，充分激发青年党员的求知欲和好奇心。将政治与业务深度融合，以学铸魂、以学正风、以学增智、以学促干。

撰稿人

王　珣

财务管理

【概况】2022年，长春海关稳妥严密做好财务与后勤保障各项工作。按照“过紧日子”要求，勤俭办一切事业，集中财力优先保民生、重点保运转、精准保发展，落实海关总署党委支持保障边关“22条措施”。加大资产盘活利用力度，超前完成关区闲置房地产整合利用。疫情防控保障持续有力，持续健全以中央财政为主、积极争取地方联防联控机制支持多渠道的疫情防控后勤保障机制，充分发挥长春海关应急物资储备库作用。生态文明建设深入推进，推动节能改革创新，15家申报单位获评“节约型机关”。持续推动落实涉案财物移交地方处置机制，实现长春海关罚没走私冻品、固体废物、危险化学品与地方政府相关部门建立联系配合机制，实现关区走私冻品和固体废物零存放。优化营商环境聚力增效，顶格从严加强进出口环节涉企收费管理，进一步规范所属企业停止出境检疫处理业务后续工作，严防收费风险。“智慧财务”建设见行见效，持续优化完善“资金审批管理系统”，探索“财务机器人”在预算一体化改革中应用场景，推行“京东慧采”“京东拍卖”，以科技创新赋能内控效能。2022年，长春海关财务工作在海关总署对直属海关领导班子量化考核中名列前茅，财务处经费会计科获评“吉林省直机关工人先锋号”及共青团吉林省委“青年文明号”称号。经过审计、巡察及专项整治等，未发现财务领域重大问题。

【部门预算管理】2022年，长春海关将落实党中央、国务院重大决策部署作为预算安排的首要任务，严格支出管理，细化分析公务运行成本，严控一般性支出，建立节约型财政保障机制，每季度评估落实“过紧日子”情况，将评估结果应用于预算安排。结合长春海关“十四五”发展规划重点内容，优先保障民生等刚性支出，对关警员工资津补贴、医疗、养老等民生支出的刚性支出予以优先保障，优化保障一线需求，优化基层单位工作生活环境，合理保障长春海关正常履职运转的必需支出及重点业务改革发展支出，加强进出口食品化妆品安全专项、口岸公共卫生安全专项、国门生物安全专项等重点项目保障。规范、有序完成2022年度部门预算批复工作。按照深化预算管理制度改革要求，组织关区各独立核算海关，履行信息公开主体责任，加大部门预算公开力度，依法依规公开部门预算和政府采购信息，提高部门预算透明度，促进透明政府、廉洁政府建设。

【预算绩效管理】2022年，长春海关实现全过程预算绩效管理。通过对绩效监控、重点项目评价等相关工作情况进行分析，通过总结成效、查找问题成因，深化预算绩效管理改革，将绩效管理实质性嵌入预算管理流程，推动预算和绩效管理一体化，进一步完善分行业、分领域、分层次绩效指标和标准体系，修订项目支出核心绩效指标体系，为指导关区预算绩效管理工作提供制度依据，以增强预算执行的科学性、合理性、规范性，提高财政资金使用绩效，保障项目高质量实现预期目标提供有力支撑。

【建立“过紧日子”长效机制】2022年，长春海关严格支出管理，细化分析公务运行成本，严控一般性支出，建立节约型财政保障机制。全面规范“三公”经费管理，严控财政拨款“三公”经费预算，定期分析预警、通报评估，各单位相关支出均未超过“三公”经费控制数。加大资产盘活利用，加强预算安排与资产配置衔接，共享共用，减少资产闲置浪费，严控资产配置标准，严控楼堂馆所建设。推动节能改革创新，围绕低碳环保目标，明确2022年度节能管理考核任务分工，关区参与创建的15家单位全部被国家机关事务管理局、中共中央直属机关事务管理局、国家发展和改革委员会和财政部评为“节约型机关”，获评率达100%；督导关区2家单位申报节能示范案例，推动4个节能改造项目，关区用水指标同比下降64%。

【预算执行】2022年，长春海关增强预算保障工作的前瞻性全局性。进一步加强预算资源统筹，加大存量资源盘活和内部挖潜力度，为“过紧日子”创造必要条件。综合运用通报、督导和约谈等工作机制，高质量、高效率推进预算执行工作。认真落实预算管理主体责任，全面推动预算编制、执行、监督全过程一体化管理。在加快项目实施和资金支付进度的同时，加强资金审核，落实“三重一大”集体决策和重大财务事项集体审批制度，严格履行资金使用审批手续，严禁超进度、超预算、超标准拨款，确保财政资金使用的安全性和规范性。

【部门决算管理】2022年，长春海关克服所属单位数量层级较多、因疫情导致不能组织现场汇编等不利因素影响，组织17家独立核算单位开展部门决算编报。按时保质完成决算汇编、报送决算编报说明和分析报告，顺利通过海关总署会审。及时平稳有序做好2021年部门决算批复及公开工作，公开质量稳步提升。

【资金支付动态监管】2022年，长春海关高度重视“双控”工作，推进财务内部控制和资金支付动态监控有机结合，将资金支付监管重心从事后前移至事前和事中，从被动整改逐步向主动防控转变，做到事前识别、事中纠正、事后整改同步发力，进一步规范财政资金支付的全过程管理，防范财政资金使用风险。采取“学习+创新+提升”一体化模式全方位开展关区“双控”工作，强化培训学习，从“学习+创新”入手，梳理和优化财务内部控制和资金支付动态监控流程，全面提升关区“双控”工作水平。2022年，长春海关通过预算执行审批支付管理系统监控2万余条支付信息，均无违规问题。

【国企改革】2022年，长春海关组织推动落实国企改革三年行动，定期组织召开长春海关国企改革工作推进会，通过细化方案对关区国企改革工作逐条落实和指导说明，确保国企改革三年行动任务顺利收官。依法依规组织事业单位开展企业脱钩相关工作，进一步规范事业单位所属吉林省业兴卫生处理有限公司及其子公司注销工作，通过长春海关事业单位监督管理委员会审议脱钩企业清算报告、财产分配方案、清算资产处置方案及资产评估报告，配合督察内审处对脱钩工作开展专项审计，并对审计发现问题的整改情况进行督导检查。推进对中国检验认证集团吉林有限公司的股权转让工作，按时完成股权转让审计、资产评估及备案申请，推进产权转让工作。开展事业单位所属企业国有资产产权登记，协调隶属海关实现对改制企业注册资金的实际投资，完成4家企业国有资产产权登记上报工作。组织4家国有独资企业、1家参股企业上报纳入国有资本经营预算实施范围的申请，将所属企业全部纳入2022年国有资本经营预算。

【促进企事业单位提质增效】2022年，长春海关进一步规范事业单位财务管理工作，充分发挥长春海关事业单位监督管理委员会作用，通过审议事业单位2022年考核指标、绩效工资方案、聘用人员最高控制总量、车辆调配方案及其他重大经济事项方式，督促事业单位加大存量资源盘活和内部挖潜力度，指导事业单位加强资金运营、国有资产、政府采购等重点环节管控，牢固树立“过紧日子”思想。对事业单位及所属企业全领域财务风险进行大调研、大排查、大整改，对事业单位开展实地督导检查，结合关区财务管理工作实际，做好巡视审计及专项整治“后半篇文章”，增强依法理财意识，提升财务管理水平。

【涉企违规收费整治】2022年，长春海关整治涉企违规收费，推动降费减负政策落实，支持助企纾困，进一步优化营商环境，结合实际制订涉企违规收费专项整治行动自查自纠工作方案，重点排查落实降费减负政策不到位、借疫情防控违规设立收费项目、不按要求执行国家和地方已出台惠企收费政策、不按公示的价格标准收费、随意增加收费项目或价格欺诈等涉企违规收费行为，进一步减轻进出口企业负担，优化营商环境。

【基建项目管理】2022年，长春海关加强基建项目管理，修订基本建设管理实施细则，指导关区各海关单位依法依规组织基建实施工作。完成珲春海关综合业务技术用房改造项目、吉林海关旧业务技术综合楼维修改造项目等4个基建项目竣工财务决算验收，并指导项目建设单位完成档案归档、资产转固工作。完成松原海关业务技术用房及改造项目、长春海关边关生活设施保障能力提升工程项目初设概算审核，并作出初设概算批复，指导项目建设单位推进项目实施。

【艰苦地区边关生活设施保障】2022年，长春海关努力改善关区艰苦地区边关单位生活条件，为白山海关、通化海关、长白山海关、图们海关4个艰苦地区隶属海关单位改造倒班宿舍、食堂、消防、活动室等生活保障设施20余处，改造面积达6000余平方米。中心海关保障用房完成竣工决算并交付使用。积极推动松原海关业务技术用房及附属用房维修改造项目实施工作。

【海关政府采购管理】2022年，长春海关提高关区政府采购管理水平，修订政府采购管理实施细则，进一步督促各单位落实政府采购意向公开、促进中小企业发展等政策，明确政府采购招标代理机构选取程序，强调加强政府采购计划申请、执行的报备、公示公告、档案管理等工作，指导关区各隶属海关单位依法依规组织实施政府采购工作。推广应用吉林省“政采云”和海关总署“金钥匙”采购平台多样式实施采购，有效防范化解风险。组织各隶属海关单位参加中央政府采购中心、海关总署采购中心的培训。

【涉案财物安全管理】2022年，长春海关制订涉案财物安全管理应急处置工作预案，以“四不两直”方式采用实地检查、视频检查等手段对关区涉案财物仓库实施全覆盖检查。排查关区涉案危险品库存情况，摸清关区底数，编写危险化学品仓储和应急处置手册。联系吉林省应急管理厅、畜牧管理局和长春市应急管理局等单位，收集整理具有相关资质的危险品仓储企业、危险化学品处置企业、病死畜禽无害化处理企业信息，以备关区范围内查扣涉案危险化学品及走私活体畜禽后有仓库存储、有企业处置。落实日常督导，推动建立健全私货仓库安全生产风险隐患排查和自查自纠长效机制，2022年关区涉案财物仓库未发生安全生产责任事故。

【税费财务管理】2022年，长春海关征收关税和进口环节税净入库同比增长1.87%；其中征收关税同比增长0.40%；征收进口环节税同比增长2.52%。研究制定税款入库退库工作联系配合机制，进一步明确财务与业务部门及国库之间联系配合工作流程，对办理入境旅客、运输工具服务人员行李物品及邮递渠道进境物品进口税业务、保证金转税（罚没）、退税业务、税款退库业务及罚没收入上缴等业务的纸质单证传递程序、时效进行规范。加强税款对账及核销、担保类存款利息、收转退及延期手续管理、税费资金安全管理，进一步规范税费财务管理。

【资产管理】2022年，长春海关按照闲置房地产整合利用工作方案，加强与海关总署、隶属海关单位工作协调，统筹推进关区闲置房地产整合利用规划，总体处置利用率达100%。建立房产车辆产权登记档案管理机制，完成房产车辆实际情况和房产车辆产权变动情况的动态台账。规范固定资产处置工作，落实固定资产处置信息公示制度，委托国家有关部门认定有资质的平台进行处置。规范行政单位资产出租出借管理，完成2022年度行政事业性国有资产报告编报工作。

【监控与监督】2022年，长春海关“立、改、废、释”并举，制发涉案财物管理、基本建设管理等4项制度，梳理财务领域工作操作流程7大类25项。赴延吉海关、珲春海关及长春国际旅行卫生保健中心、长春海关后勤管理中心等重点海关单位开展针对性实地检查，建立问题台账5组7类，明确整改目标及完成时限，制发、修订实验室评审等相关制度办法。针对安全生产、事业单位食材采购、试剂耗材购买和管理、关区基建政采档案管理、涉企违规收费、专项整治整改等重点领域、薄弱环节开展“条线式”专项排查，制发风险问题清单10大类，确保范围广、内容全、效果好。依托专项整治、审计自查等专项工作和中央部门预算管理系统等业务系统，查阅数据材料等万余份，督促整改问题80余项。

【内控机制建设】2022年，长春海关全面加强风险防控和财务职能监督，切实防范财务领域重大风险。聚焦财务管理、廉政风险隐患，对照国家审计及内部督察、审计、巡察发现的问题，制定重点风险提示清单并动态更新、下发关区，针对重点岗位、重点环节、重点人员完善内控节点200余项。优化“预防阻止+发现纠错+协同治理”的闭环防控机制，强化内部控制执行，以目标规划、风险识别、风险应对、评价考核全流程管理，将评价结果应用于目标规划的修订校正，打造有针对性、可操作的财务日常运行机制，形成良性互动、持续改进的管理闭环，着力化解非执法领域风险隐患。

【智慧财务】2022年，长春海关聚焦智慧财务“微创新”“微改革”，全面推进智慧财务建设。首创应用“智慧财务机器人”，自主开发应用“经费审批系统”，持续迭代更新“工资管理系统”、智能资产盘点系统等，实现智慧财务系统核算自动化、预算管理信息化、经费支出电子化、远程报销无纸化，解决基层单位财务人力不足、异地报销困难等问题，有效防范廉政风险、提升财务管理效率。

【疫情防控保障】2022年，长春海关统筹推动疫情防控和保障工作取得实效。全力做好常态化疫情防控保障工作，健全以中央财政为主、争取地方联防联控机制支持的多渠道疫情防控后勤保障机制。全力做好疫情防控资金保障，申请疫情防控专项资金，确保临时性工作补助、防护物资采购、专用设备购置等方面经费需求，缓解关区疫情

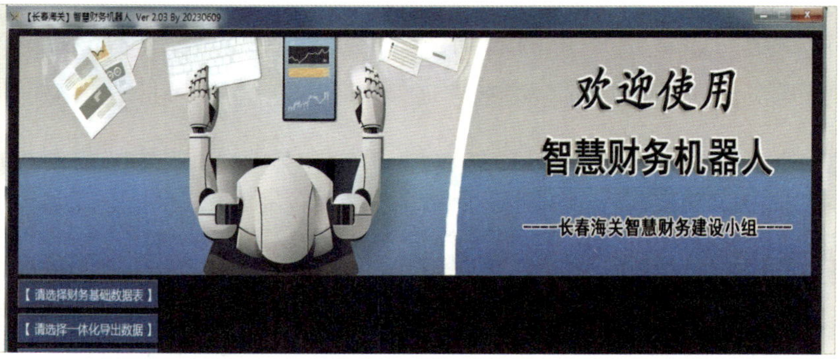

▲2022年7月18日，长春海关研发运用“智慧财务机器人”完成6月凭证自动录入 （李玉彤 摄）

防控经费压力。充分发挥物资储备库作用，持续强化“四条保障线”，统筹调配物资，确保物资充足、适用。落实关心关爱政策，及时足额发放临时性补助，为一线人员办理人身保险及额外体检，强化各项物资配备。

撰稿人

万　璐　王　宇　王　禹　王　峥　李明峰　李　霞　陈铁锐　贺　岩　程子旺　程晓芳　蔺祥宇

科技应用

【概况】2022年，长春海关贯彻习近平总书记关于科技创新的重要论述，全面落实口岸疫情防控工作部署和“智慧海关”建设，推进科技兴关战略实施。从全局和战略高度提升对“智慧海关、智能边境、智享联通”理念的认识和理解，持续发挥科技引领创新作用，探索符合长春海关工作实际的新措施、新思路，研究“海关实验室经营服务创收工作的思考和建议”“构建关级信息化应用项目建设‘三应’运行机制路径初探”等课题。以“科技人员跟班作业”为抓手不断深化党史学习教育成果，在协同创新、业务科技深度融合上下功夫，做到系统性梳理、体制性预防、应急式处理，及时有效化解风险，推动活动不断走向深入。以“海关重点项目和财物管理以权谋私”专项整治为契机，聚焦科技领域重点环节，及时查找漏洞和责任缺失，梳理报送重点项目160项，形成35项科技领域重点项目，扎实推动管理风险和制度漏洞的整改落实，进一步提升科技领域的廉政风险防控水平。

【信息化建设】2022年，长春海关强化涉密账号访问的审计和管控，防范化解信息系统运行失常、失控、失效风险，保证网络数据安全。参加全国网络安全攻防演习，因表现突出被海关总署提出表扬。完成党的二十大等多项重要敏感时期的网络安全保障任务。强化落实实验室安全生产责任制，落实巡查、通报、联动、“吹哨人”预警四项机制，定期对总关、隶属海关机房、弱电间开展安全隐患排查，确保核心系统备份容灾高可用。强化疫情防控信息化支持保障，开通旅客健康申报自助验放接口及网络安全策略，完成旅客通关闸机设备对接，优化旅检通道技术方案，促进现场作业减员增效。疫情管控期间，为各类会议和培训提供技术支持440次。加强信息系统应用保障，保障多个本地系统稳定运行，重点加强智能审图信息化平台、集中审像中心系统版本更新和运维保障。全面推广应用在线运行应用系统特征码，完成23项本地应用系统赋码备案，保障各项业务稳定开展运行。推动署级应用项目推广。信息化支撑平台运维保障持续优化。整合资源，制订并网改造方案，将集中审像业务原有专网和承载网络逐点位业务割接，实现关区集中审像业务无间断切换。制定打印用户与打印机隔离、打印全生命周期管理的整体解决方案，从根本上解决打印数据安全隐患和打印信息泄露问题。

【实验室管理】2022年，长春海关强化实验室管理工作。统筹开展通化海关、珲春海关、长春海关技术中心、长春国际旅行卫生保健中心的生物安全二级实验室改造。形成“5+1”的新冠病毒实验室检测格局，实现吉林省内重点区域的全覆盖。更新现行操作规程和应急方案，确保实验室操作安全合法合规，不断提升检测质量，保证2022年高效高质完成入境人员、进出口货物等检测任务。组织修订关实验室仪器设备管理等规章制度，建立信息化资产梳理机制，防范科技领域重大风险。建立实验室安全生产责任制，强化落实巡查、通报、联动、“吹哨人”预警四项机制，2022年排查水电安全、生物安全、危险化学品、有毒有害和易燃易爆品等安全隐患14项并全部完成整改，实现实验室安全生产全年“零事故”。对关区实验室布局进一步整合，在综合评估后申请撤销长白海关口岸卫生检疫实验室。整合后关区现有重点实验室5个，区域性实验室11个，常规实验室21个，具备传染病监测、人畜共患病监测、食品安全、固体废物鉴定等多领域的执法保障能力。完成实验室设备清查874台，信息化前台设备1295台。2022年技术机构顺利通过中国合格评定国家认可委员会评审，完成CMA扩项，新增57个检测项目，23个标准方法，关区2个区域实验室通过海关总署科技司验收。

▲2022年5月20日，长春海关关员参加吉林省科技活动周相关活动　（张博洋　摄）

【科研管理】2022年，长春海关组织申报各级各类科研项目14项，立项国家级科研1项，省级科研2项；获吉林省科学技术进步二等奖1项；在核心和权威核心期刊发表科研论文22篇。组织参加吉林省科技活动周、网络安全宣传周、海关科普讲解比赛评选等活动，充分利用《吉林日报》、《中国海关》杂志等媒体宣传长春海关科技工作亮点，营造良好的科技工作氛围。

撰稿人

闫敬伟

第七篇

隶属海关

长春龙嘉机场海关

【概况】长春龙嘉机场海关于2019年正式设立，为长春海关在长春龙嘉国际机场设立的正处级隶属海关，由原长春海关驻机场办事处及原吉林出入境检验检疫局长春机场办事处转隶合并组成。长春龙嘉机场海关关区范围为长春龙嘉机场口岸。设置11个科室，行政编制70人。依法承担关区内进出境运输工具、货物、行邮物品监管，征税，缉私，统计，检验检疫等工作职能。2022年，长春龙嘉机场海关共监管进出境航班117架次，其中进境航班61架次、出境航班56架次，监管进出境人员27848人次，采样14038人次。税收实际入库1.44亿元，同比增长9.9%，关税1698万元，同比下降6%；征收进口环节税1.27亿元，同比增长12.4%。受理报关单1.23万票，同比下降8.2%，其中进口报关单量1.01万票，同比下降0.9%，出口报关单量0.22万票，同比增长6.2%。

【党的建设】2022年，长春龙嘉机场海关推动“四学联动”，学习宣传贯彻党的二十大精神。党委领学发挥先导作用，党委理论学习中心组专题学习3次，每次1个主题，做到每个主题“一学一考”；轮训促学发挥提质效能，举办两期党支部书记学习宣传贯彻党的二十大精神培训班，通过“集中学习研讨+岗位实践+总结评估提升”三段式全周期轮训，促进学习效能提升；全员研学发挥跟进作风，依托“三会一课”“书记论坛”“青年讲堂”等载体掀起研学热潮，开辟学习交流专栏，组织学习研讨14次，征集心得体会30余篇；共建联学发挥拓展作用，与长春出入境边防检查站、长春龙嘉国家机场公安局开展联学共建，进行专题宣讲、分享感悟，促进互学共进。

2022年，长春龙嘉机场海关强化政治机关建设，严格落实“第一议题”制度，关党委第一时间传达学习习近平总书记重要讲话和重要指示批示精神142件（次）；召开理论中心组学习12次，推进“学查改”专项工作走深走实及成果转化，梳理5个条线64项政治要求，查找问题6个，制定整改措施25条，做到边学边查边改。

2022年，长春龙嘉机场海关全面提升党建工作质量。制定基层党支部党建工作指导手册、2022年主题党日指导计划，开展“合格支部”、“四强”党支部、基层党建品牌创建和星级达标创建活动，组织开展喜迎党的二十大剪纸、党的二十大精神学习进行时、“开讲了”线上测试，参观廉政警示教育基地、廉政文化作品征集等活动，丰富组织生活形式，提升党员干部参与度认同感。各党支部开展“三会一课”共计244次。

2022年，长春龙嘉机场海关持续推进全面从严治党向纵深发展。强化一体推进“三不腐”，运用好全周期管理理念。健全完善“党委—科室—个人”三级责任体系，健全“清单式明责、常态化督责、纪实性考责、零容忍问责”的责任链条，落实中央八项规定精神。开展“海关重点项目和财物管理以权谋私”专项整治工作，对照进行问题查摆分析，主办问题1项、共性问题5项全部整改完毕，做到执法领域与非执法领域一体整治，探索建立执法人员“一人一档”终身档案机制，强化从源头到末梢的全流程管控。推动巡视巡察整改集中清查工作，涉及海关总署党委巡视长春海关党委情况反馈问题共13项以及2020年长春海关党委第一巡察组巡察长春龙嘉机场海关反馈问题共4方面22个主要问题，均整改完毕。

【队伍建设】2022年，长春龙嘉机场海关加强对干部全方位管理。从严管理监督干部，制订《长春龙嘉机场海关请休假和考勤制度》，严格请休假审批流程和登记备案；制订《长春龙嘉机场海关平时考核方案》，将基层党组织建设、督办落实、疫情防控、内务规范、教育培训、政务信息等工作纳入党员干部平时考核指标。持续强化纪律作风建设。用好用足“第一种形态”，开展内务规范强化月，加强日常作风检查，加强“8小时以外”监督，常态化纠治酒驾醉驾和“黄赌毒”等问题。开展廉政警示教育月活动，开展纪法教育线上知识测试，共68人参加测试，通过率为100%。持续提高选人用人工作满意度。1人获海关总署政治部评选的直属海关单位2021年度工作表现突出个人通报表扬，3人在长春海关2021年度专项奖励工作中获个人三等功。完成3名科长任职试用期满考核，开展1名正科级领导干部、3名副科级领导干部选拔任用工作。晋升四级高级主办3人，三级高级主办4人。

【业务建设】2022年，长春龙嘉机场海关提升监管效能，严守国门生物安全防线。开展入境口岸有害生物监测工作，开展鼠类监测4次，布夹1200频次，捕获鼠类4只；开展蚊类监测12次，捕获成蚊样本65只；保障出入境旅客“舌尖上的安全”，对口岸食品生产经营单位推行量化分级管理，通过政策宣讲、检查规范，提升口岸食品生产经营者自律诚信意识，开展卫生监督31次；发挥技术性执法“过滤网”作用，开展食品安全现场快速检测163件次、实验室抽样检测111件次、公共用具涂抹抽样检测36批次；开展生活饮用水抽样检测15批次，其中2批次水质不合格，并对相关单位发送监督意见书敦促其整改；规范开展免税品出入库核查、销售核查、核销核查等工作，开展销售核查24次，核销核查8次，监管出入库7次。

【疫情防控】2022年，长春龙嘉机场海关统筹做好“人、物、环境”同防、多病共防。调整优化场地通道布局，提升服务能力，以科技赋能实现“一码通关”，提高通关效能，调配优化有效释放人力资源。建立航班检疫监管8项工作机制166项表单任务，推进疫情防控优化调整工作，规划整理现场区域，优化场地布局提升通关效率。强化机制建设推进责任落实，进行“一机一方案”“一机一演练”“一机一复盘”“一机一归档”；与地方联防联控机制、口岸防控专班各部门配合，与机场集团建立医疗废弃物交接转运机制，确保医疗废弃物清运交接环节作业安全；建立封闭管理、关心关爱9项工作机制，做好生活保障和心理疏导，解决急事难事。切实加强疫情内部防控工作，调整完善机关内部防控措施23次，细化内部人员管理、场所管控等措施31条。

【税收征管】2022年，长春龙嘉机场海关推动促进外贸保稳提质和助企纾困降成本各项措施落实落地。到政府、进出口企业、代理报关公司调研，采取“线下调研走访+线上座谈会”的方式，了解掌握各方在海关进出口贸易方面遇到的“急难愁盼”问题，解决问题4个；采取“7×24小时”“预约通关”等通关模式，深化通关便利化，保障企业快速通关，缓解企业短期资金压力；加强规范引导，“一企一策”，为“回家报关”企业提供政策支持、业务指导和通关便利化服务，压缩通关时间助力属地企业“回家报关”，累计“回家报关”企业11家，货值1亿元，税收1400万元。

▲2022年2月1日，长春龙嘉机场海关春节期间开展航班监管工作　（蔡雨桐　摄）

【安全生产】2022年，长春龙嘉机场海关全力做好安全生产工作。制订《长春龙嘉机场海关2022年安全生产工作要点》，建立“日自查、周检查、月巡查”工作模式，持续完善“三张清单”和“一项制度”，建立健全“四个机制”。做好“两节”“两会”期间的安全生产工作，防范和遏制重特大事故隐患。开展“口岸危险品综合治理”百日专项行动，成立专项工作组，制定《长春龙嘉机场海关开展“口岸危险品综合治理”百日专项行动工作方案》，结合安全生产专项整治三年行动及安全生产大检查，开展货运监管领域危险品排查工作。

【查缉走私】2022年，长春龙嘉机场海关落实总体国家安全观，防范国门风险。强化进出境旅客及行李物品监管，继续加大对进出境违禁物品以及乘务人员违规携带物品的监管力度，严格落实海关总署“三个100%”的要求，打击各类违法违规行为。保持打击走私高压态势，打击象牙等濒危物种及其制品走私、“洋垃圾”走私、毒品及国家禁限类精神药品走私；严格进出境动植物产品查验，做好动植物产品送检鉴定工作，防止动植物疫病疫情传入传出；做好特殊物品监管及核生化监测，加强进出境美容针剂、疫苗等特殊物品监管。截至2022年年底，征收税款20362.6元；查获动植物产品9批次；查获管制刀具1把。

【“智慧海关”建设】2022年，长春龙嘉机场海关立足“智慧海关”建设，以科技赋能通关效能的提升。实现远程作业代替现场作业，将现场人工核验健康申报、复杂流调、检疫放行岗逐一放行改为远程操作、现场凭采样贴放行；实现机器作业代替人工操作，使用闸机设备和终端自助机，初步实现闸机测温和对旅客基本信息的简单比对功能，旅客健康申报由人工辅助改为自助申报；实现智能对碰代替人工验核，实现“一码通关”。

【督查内审】2022年，长春龙嘉机场海关全面推进督察审计问题自查自纠。对照海关总署审计427项自查清单和长春海关督察内审64项自查风险清单自查问题2个，均完成整改。围绕2022年长春海关内控机制建设的工作方案，推动落实2022年度内控量化考核指标，发挥“内控示范科室”带动作用，优化内控机制建设，提升风险预判、预警、预案、预演能力，定期开展动态全领域风险排查调研，分析各条线风险隐患。

撰稿人

左晨金镁　关　博　李雨杭　张　烨　范　围
崔　珺　董铧婷　程雪峰　蔡雨桐

长春邮局海关

【概况】长春邮局海关于2020年10月30日正式对外办理业务，为长春海关所属的正处级机构，内设6个正科级机构，主要负责长春国际邮件互换局海关监管区内的相关海关业务，承担监管、征税、出入境检验检疫、统计等职责。截至2022年，长春邮局海关共有行政编制26人。2022年，长春邮局海关坚持以习近平新时代中国特色社会主义思想为指导，以学习宣传贯彻党的二十大精神为主题主线，落实“疫情要防住、经济要稳住、发展要安全”的要求，落实长春海关党委部署，守国门促发展，高效统筹口岸疫情防控和促进外贸稳增长，各项工作稳中有进，稳中提质。2022年，长春邮局海关受理进口报关单165份，出口报关单36份；监管进出境邮件60.92万件，其中进口54.96万件，出口5.96万件；开具税单1.82万票，同比增长22.26%，征收税款518.64万元，同比增长19%；监管进境印刷品42.88万件，出境印刷品2.65万件。

【党的建设】2022年，长春邮局海关持续深化政治机关建设。坚持“第一议题”制度，全年共召开党委会16次，形势分析及工作督察例会14次，累计学习贯彻习近平总书记重要指示批示精神38件次。推进“学查改”专项工作和政治机关建设专项教育活动，细化岗位政治要求，整理岗位职责23个，梳理政治要求53个。将习近平新时代中国特色社会主义思想作为必学内容，开展常态化学习研讨，营造学理论、悟思想的浓厚氛围。长春邮局海关党委组织传达学习宣传贯彻党的二十大精神、研究制订方案，开展宣讲督学30次。建立联动学习机制，通过书记领学、专家导学、先进讲学等形式，推动深学深悟、走深走实。深化“强基提质工程”，确立书记项目，开展党建与业务融合路径和机制专项课题研究。严肃党内政治生活，定期检查各党支部落实“三会一课”等制度执行情况，党委委员参加双重组织生活10次，到基层调研5次。推动基层党建“双提升”，开展党务工作者能力提升培训，加强基层党务标准化、规范化建设。强化“四强”党支部和党建品牌创建，对办公室党支部和查验科党支部进行重点培育，分别获评长春海关“四强”党支部和长春海关“四强”示范支部称号。

【队伍建设】2022年，长春邮局海关提升人力资源配置科学性，推动人才储备渠道建设。加强执法一线科长队伍建设，把青年工作作为战略性工作来抓，强化实践锻炼、业务训练、专业培训为主体的实践锻炼渠道，分类分级精准施训，开展培训 9 期、110 人次。突出前端人才育苗，搭建青年干部成长平台，落实优秀年轻干部培养措施，选任 1 名 90 后科级干部。建立党委委员定期与一线干部“面对面”交流疏导机制，有效破解干部职工思想状态不稳定、工作积极性不高等问题。定期开展内务督察和日常纪律作风检查及通报。推动专项整治工作，检视排查 2 类风险和 2 个具体问题，均有力有序推进整改落实。

▲2022 年 4 月 16 日，长春邮局海关关员在进境邮件监管现场进行机检作业（赵鹤南　摄）

【业务建设】2022 年，长春邮局海关深化构建“三应”工作机制，加大全链条监管力度。搭建“六横六纵”闭环工作体系，打造风控、查验、征税、执法打击等有效联动的立体监管网络，做到精准筛选，严格查验，合规处置，努力实现监管效能最大化、通关体验最优化。按照有关要求，推动开展进境邮件税款信息联网项目，协同提升信息化水平。加强对旧机电、医疗器械等重点商品检验监管，落实进出口商品检验采信等改革措施。持续收集进境化妆品安全风险信息，扎实开展进出口化妆品安全监督抽检和风险监测，依法依规处置违规行为。推动“智慧海关”建设，强化智慧监管赋能，完善邮件现场监管和企业物流服务信息共享建设，依靠改革和科技“双轮驱动”，利用升级单兵查验系统和设备，实现更加智能、精准、高效的监管措施。加强“智能审图信息化平台”推广应用，提升智能审图效能，促进监管设备应用与业务流程深度融合。

【疫情防控】2022 年，长春邮局海关优化调整疫情防控措施。制订完善疫情防控方案，监督邮政公司对园区公共场所进行全面消杀，协调园区各单位加强职工个人防护、实行错峰就餐，协调邮政公司关闭现场取件通道，采取线上取件，进一步降低一线工作人员职业暴露的风险。定期推演现场业务量变化、作业人员配置、物资消耗等负荷情况，健全完善应急处置机制，协调中国邮政吉林省分公司解决长春邮局海关独立办公区域的问题 8 次，发函要求邮政公司加强对邮政园区进出人员管理 3 次。设立“你说我听”心理疏导专线，及时排解职工困扰，确保职工心理健康。2022 年，长春邮局海关为因疫情居家办公人员解决困难 19 件，排解心理问题 7 个，做好基层一线关爱保障工作。

【安全生产】2022年，长春邮局海关着力防范化解各类风险。成立安全生产工作领导小组，建立健全5项工作机制。开展安全生产教育、纪法教育、警示教育18次，警示提醒31次，动员全体干部职工积极撰写自我剖析材料，提升自警自省意识。针对邮政园区防止职业暴露的5大方面开展应急演练，确保全体工作人员能在紧急突发情况下做出正确应对。开展安全生产检查，落实“吹哨人”预警机制，检查整改隐患5个，完善制度措施5项。推进安全生产专项整治三年行动和“口岸危险品综合治理”百日专项行动，常态化排查执法作业、监管作业场所、办公场所等重点领域风险隐患，推进安全生产专项整治三年行动收官，全年实现重大安全事故“零发生”。推动建立进出境邮寄人员黑名单，加大查验力度，对有代购、牟利、破坏国内经济秩序的高风险邮寄嫌疑人实施精准画像、提前预警。

【促进外贸保稳提质】2022年，长春邮局海关不断优化口岸营商环境。出台促进外贸保稳提质8项措施，全力助推企业复工复产。与中国邮政吉林省分公司协作配合，为进境抗癌药、治疗肿瘤药物发放优先通行证。为邮政企业排忧解难，每周为企业加班1天，根据需求每日动态调整加班时间，缩短通关时间，提升邮件通关时效性。与中国邮政吉林省分公司协作配合为奶粉等开通“绿色通道”，做到优先分检、优先查验、优先派送，确保重要民生物资“零延迟”送到群众手中。在严格打击濒危物种及其制品进境的基础上，充分研判逃税、“蚂蚁搬家”等风险，对各类动植物工艺制品、限量版手办、旧相机等邮寄物品不搞“一刀切”，以审慎监管助推国民经济发展。

【查缉走私】2022年，长春邮局海关保持对走私行为的高压态势。深入开展“国门利剑2022”联合专项行动、高压严打象牙等濒危物种及其制品走私，严格实施海关知识产权保护，坚持打防结合、综合治理，实施100%过机检查，平均开箱率达41%。2022年，长春邮局海关查获涉及国家管制类精神药品37起，查获国家管制类精神药品共计20484.5片；查获涉及宣扬战争纪念币等物品75件，反宣印刷品5份；查获淫秽书籍405册、光盘53盘、卡片6盒540张。开展“国门绿盾2022”和“跨境电商寄递‘异宠’综合治理”专项行动，查获禁止进境检疫物138.8千克。其中特殊物品43批69.2千克（其中新冠病毒测试盒162人份），畜肉制品42批58.8千克（其中非洲猪瘟疫区的猪肉制品15批26.6千克），植物及其繁殖材料8批10.8千克（其中2批为外来入侵物种）。

【综合治税】2022年，长春邮局海关深入开展综合治税工作。定期开展行邮税征收方式、重点税源商品等研究分析，研究进境邮件量和征税票数变化情况，查找分析税收征管存在的问题，筛选可能存在征管漏洞的重点商品。加强对重点物品的日常风险防控，及时排查处置可能存在的风险隐患；推动建立跨部门联合研判风险机制，与风险防控、缉私部门建立联席会议制度，联合开展风险研判。强化涉税要素规范申报和审核工作，不断提高税款计核精准度；通过“掌上海关”小程序、支付宝、云闪付等新媒体平台拓宽缴税渠道，参与总署进境邮件税款信息联网试点工作，2022年11月4日，进境邮件税款信息联网项目顺利上线，成功实现系统每日自动对账、智能汇缴，有效提升邮件的通关效率和邮政企业代缴税款的入库及时性。试点首月，征收行邮税票数2670票，征收行邮税款77万元，环比增长182.91%。

【12360处置反馈工作机制建设】2022年，长春邮局海关采取措施健全完善对长春海关12360海关热线转接的投诉、咨询类电话及工单的处置反馈工作。制定热线对接相关办法，配置行邮监管经验丰富的科长、关员负责热线转接电话及工单的反馈工作，确保时效性、准确性；加强与长春海关办公室、邮政企业联系沟通配合机制，对12360海关服务热线涉及邮检业务现场问题、投诉进行有效回复，指定专人负责应对网络舆情，开展正面疏导和有效解释，澄清谣言和群众误解；在邮检业务现场张贴便民服务宣传海报，以新媒体形式开展海关业务解读，向群众普及有关法律法规及海关监管流程。2022年，长春邮局海关受理并答复12360海关热线及工单500次，问题均有效解决，无舆情事件发生。

撰稿人

关　艺　张　月　张　林　庞　朋

长春绿园海关

【概况】长春绿园海关于2018年12月14日由海关总署正式批复设立，于2019年1月8日正式开关办理业务，2019年10月16日挂牌成立，为长春海关所属的正处级机构。主要职责为负责吉林省行政区划内依照有关规定实施集约化管理的审批备案业务和稽查业务，承担着关区审批备案和稽查前后两段业务的集约化作业任务，具备专业化海关的基础。截至2022年年底，长春绿园海关下设14个正科级机构，有行政编制人员55人。作为关区业务改革与机构改革的创新成果，长春绿园海关自建关伊始，便具有有别于其他隶属海关的鲜明特点：业务范围面向关区，不受所在行政区划限制；业务种类单一，专司前期审批备案与后续稽查业务；业务人员集中，全关人员90%以上出身业务部门，大多是关区业务骨干；虽不对外设窗口，但前期审批备案业务都是服务企业的事项，工作质效直接影响现场窗口的服务质量。

【党的建设】2022年，长春绿园海关坚持“第一议题”制度。学习习近平总书记重要讲话和重要指示批示精神及重要文件77篇，外贸形势分析会及业务研讨会6次，督办落实事项67件。组织学习贯彻党的二十大精神，举办应知应会知识竞赛、青年理论线上学习交流会，设立青年理论学习小组学习宣传党的二十大精神专题研讨班，开展“青年干部调研办法18条”线上交流活动，累计解决企业和群众“急难愁盼”问题10个。召开两次全面从严治党会议。加强科级干部个人事项报告情况抽查，纠正1个个人事项申报不实问题。加强支部基础建设，11个支部累计召开党员大会145次、主题党日132次、组织生活会11次、党课48次、组织谈心谈话110人次，上报书记项目3项。集思广益提炼长春绿园海关精神，形成“8个词、4句话”的“28字”精神。开展基层党建“双提升”行动。开展支部书记培训2次，通过“合格支部”验收10个，获评“四强”党支部2个，“四强”党支部示范点、“党建培育品牌”各1个。获评2019—2021年度吉林省省直机关文明单位。

【队伍建设】2022年，长春绿园海关未提任科级领导干部，未晋升职级干部。推荐1名长春海关管理干部晋升三级高级主办。对6名试用期满的科长进行考核，科级领导干部交流任职6人次。制订1

批次干部交流方案，累计交流干部8人。新招录公务员2人。办理1名同志到龄退休。晋升关衔2批6人。协助长春海关核对工资和社保相关个人信息3批次150余人次。组织参加“关长走进口岸封管区”活动，3名关领导，科级和年轻干部6人，共9人次积极报名参加。制订风险防范应急处置预案。科级领导干部、职级公务员28人填报《长春海关科级领导干部配偶、子女及其配偶从业情况自查表》，抽查8人。开展2次公务员违规兼职自查工作。

▲2022年6月16日，长春绿园海关赴富奥汽车零配件公司开展减免税设备检查工作　（贾宇鹏　摄）

【业务建设】2022年，长春绿园海关除特殊监管区域外，设立加工贸易手册430份，同比下降10.5%，备案金额为100.5亿元，同比下降2.2%，设立加工贸易账册6份；核批手（账）册变更1069份、加工贸易货物销毁105份、集中内销申请50份；核销手（账）册441份；核批风险类保证金征收业务13份。设立出境加工账册5份；备案货值为1.8亿元，核批账册变更85份。办理征免税证明1445份，同比增长232%。完成非贸核批业务3589笔，同比减少39.5%。其中，本地留学生购车核批262笔，同比减少45.5%；异地留学生购车签注3144笔，同比减少40.4%；非居民长期旅客自用物品核批173笔，同比增长4.8%，共办理使领馆人员自带车辆申请10笔。办理特定资质行政相对人备案310家，企业备案总数同比增长0.3%。其中办理进口食品化妆品进口商备案76家，企业备案数同比减少20.0%；办理出口食品生产企业备案217家，企业备案数同比增长9.6%，注销出口食品生产企业2家；办理出口食品原料种植场备案12家，种植场备案数同比增长33.3%，注销种植场1家；办理出口食品原料养殖场备案4家，养殖场备案数同比持平，注销养殖场2家；办理进境中药材指定存放、加工企业备案1家。

【疫情防控】2022年，长春绿园海关严格落实“四方责任”和“四早要求”，按照“从严、精准、动态”原则，科学、有效做好常态化疫情防控工作。召开疫情防控应急处置指挥部会议16次，召开统筹疫情防控和促进外贸稳增长工作指挥部会议8次。执行干部职工健康监测“日报告、零报告”制度，履行出差出行审批程序，全年按规定履行审批因公因私出差出行63人次。制订应急处置工作预案和流程图，组织桌面推演2次，确保发生突发事件处置规范、有序。成立普阳办公区联合督察组，对办公区干部职工测温、扫码、核酸检测、佩戴口罩等内部防控措施落实情况实施联合督查、联动纠治。

【安全生产】2022年，长春绿园海关强化组织领导，压紧压实安全生产责任。完善安全生产工作领导机制，制定安全生产相关制度2项。对办公区及公务用车等安全事项开展经常性检查，教育干部职工杜绝酒驾醉驾行为，确保安全工作不出问题。建立“吹哨人”预警机制，通过电话、邮箱、微信等形式拓宽参与渠道。全年共发起“吹哨预警”10次，发现并整改问题8个。

【促进外贸保稳提质】2022年，长春绿园海关制订调研计划，对长春关区重点行业、重点企业开展调研，形成调研报告2篇。开展线上政策宣讲会9次，参与企业数量达700余家次。累计收到企业提出的问题和困难9个，已全部解决。为4家企业7本加工贸易手册简化办理延期手续，涉及手册备案货值1378.91万美元。

【“国门利剑2022”联合专项行动】2022年，长春绿园海关开展打击走私“国门利剑2022”联合专项行动。全年共办理特许权使用费、重点敏感商品专项稽查作业12起，查发率为100%，办理“快办”案件2起。首次实现与地方联动，为建立长效配合机制打下基础。

【综合保障】2022年，长春绿园海关采取措施保障机关正常运转。在办公经费的使用上，严格执行各项费用支出审批制度。在固定资产使用方面，对各项资产进行清查、核实，盘查掌握固定资产存量，使用情况等，及时做好资产登记工作，按时报送固定资产盘点报告。在公务用车方面，实行“一车一账”、定点维修、定点加油制度，及时对车辆进行保养、维修。在网络安全方面，制定印发《长春绿园海关办公楼互联网前台设备使用管理规程》，规范互联网前台设备使用安全管理，保障筑牢数据安全。

【企业管理】2022年，长春绿园海关着力做好对市场主体注销吊销企业的清理工作，提升企业注销便利化水平。办理企业备案733家，注销企业459家。落实海关总署“多证合一”改革。共核批通过企业4家。补充完善企业注册信息，优化营商环境。2022年12月一个月的时间里，核批通过此类申请400余份。及时清理“双失联”和市场监管部门已注销、吊销的海关备案企业，净化营商环境，全年共注销此类企业207家。对企业提出的数据异常无法通关、无法通过中国国际贸易“单一窗口”在线打印《报关企业注册登记证书》及《报关人员备案回执》等问题进行收集并及时反馈职能部门予以解决。

【检验检疫审批】2022年，长春绿园海关认真做好企业管理特定资质管理，进一步压缩出口食品生产企业备案办理时限。共办理企业管理部门特定资质行政相对人备案293家，全部在3个工作日的时限要求内完成。2022年6—12月，长春海关落实海关总署取消对出口食品原料种植场备案申请人提供种植场土壤和灌溉用水检测报告要求，9家企业受益该项政策。加快企业备案审批时限，做好进一步压缩出口食品生产企业备案办理时限，2022年5月11日政策实施至2022年年底，关区受益企业达152家，审批时限均为1天。解答12360海关热线转接的企业电话咨询，帮助企业了解备案办理方式并解决相关问题。全年累计接听咨询电话397人次，满意率达100%。开展好“我为群众办实事”实践活动，为2家企业的共3个养殖场解决更新备案问题。

【课题和政策研究】2022年，长春绿园海关承担长春海关关级课题2个，长春绿园海关层面课题2个，均已转化为实践案例。“留学回国人员异地购车办理流程重塑探析”获相关载体刊发。建立“周复盘”业务研讨机制，累计分3个条线召开“周复盘”业务研讨会21次，建立长春绿园海关“周复盘”问题台账，收集业务疑难、助企纾困各类问题29个，为企业解决实际问题11个。落实外贸形势分析会议制度，组织召开外贸形势分析会3次，形成会议纪要3份，督办落实事项10项。

【内控机制建设】2022年，长春绿园海关推动内控机制建设。累计制发核查联系单（处置单）371份，全部办结，均为有应用绩效处置。其中，纠正业务差错1次，移交稽查2次。稽查三科获评为长春海关内控示范培育科室。

撰稿人

马有琳　王海霞　李迎春　张　鑫　弭　娜　韩春放

长春兴隆海关

【概况】长春兴隆海关于2019年1月22日正式揭牌成立。长春兴隆海关为偏口岸综合型海关，主要负责长春市行政区划内的属地和口岸相关海关业务（按有关规定实施集约化管理的稽查业务和审批备案业务除外，长春龙嘉机场海关、长春邮局海关管辖的业务除外），主要承担监管、征税、统计、缉私、维护口岸公共卫生安全、国门生物安全、进出口商品质量安全和进出口食品安全等职能，涵盖特殊监管区域、中欧班列、跨境电商等新兴业态和新型业务监管。长春兴隆海关有干部112人，党员92人；内设23个科室：包括3个综合科室（办公室、人事政工科、综合保障科）、5个本关业务科室（综合业务科、风险监控科、核查一科、核查二科、企业管理科）、7个综合保税区现场科室［综合保税区综合业务科、快件监管科、快件查验科、跨境电商监管科、铁路口岸监管科、综合保税区监管科、整车（口岸）监管科］、4个一汽现场科室（汽开区综合业务科、监管一科、监管二科、监管三科）、2个新区现场科室（长春新区铁路口岸监管科、长春新区机检科）、2个联网审像科室（联网审像一科、联网审像二科）。

【党的建设】2022年，长春兴隆海关组织开展党的二十大精神学习宣讲24人次、联学共建5次、撰写心得95篇。强化政治机关意识教育，制作两期“思想理论学用讲坛”视频获海关总署采用。加强队伍建设，强化教育监督，提醒谈话1人次。抓实党建重点工作，1个示范品牌通过海关总署复核，1个实践案例入选省委宣传部案例汇编。建立党委与派驻纪检组季度形势分析会、会商会机制，确保“两个责任”同向发力。巩固“专项整治”成果，修订完善10项财务管理制度。做深做实廉政警示教育，专门制定廉政警示教育方案计划，召开长春兴隆海关廉政警示教育专题会议，开展廉政教育活动22次，面向25人次讲授廉政党课。持续推进清廉海关建设，培树“兴关清韵”廉洁文化，开展纪法学习、警示教育和家庭助廉、廉政提醒等活动22次，组织谈心谈话88人次，提醒谈话1人次。

【队伍建设】2022年，长春兴隆海关持续推动干部能力素质提升，积极参与“六个如何”“五个关系”答题破题，共参与9个答题，承担2个主要任务。以“兴隆分享”“星火开讲”“综保沙龙”为载体，组织开展“综合保税区新政研究”“出口危险品监管风险与防范措施”等多种类型研讨交流及培训共 19 次，撰写调研报告 3 篇。开展岗位操作手册自查工作，确认业务类岗位操作手册 104 项，建立非执法领域岗位操作手册 26 份。持续加强纪律作风建设，从讲政治的高度持续纠治“四风”，加强重要节假日、关键时间节点的提示提醒；常态化纠治酒驾醉驾等问题，加强“8 小时以外”监督；持续强化纪律作风养成，强化内务督察工作制度落实，下发督察通报 12 次，开展“海关关衔制度研究之我见”课题研究。

【业务建设】2022 年，长春兴隆海关共受理报关单 36417 票，监管进出口货物 47 万吨，货值 373.32 亿元；征收税款 75.88 亿元；签发检验检疫证书 3486 份；签发原产地证书 4432 份；监管中欧班列发运 95 列、承运货物 8346 标箱，货重 7.22 万吨，货值 18.97 亿元。

【疫情防控】2022 年，长春兴隆海关严格规范做好疫情防控“物防”工作。加强应急演练，强化监督检查，完成吉林省首批 24 吨冷链猪肉进口监管，全年共开展“高非冷”货物采样 28 票，采集样本 190 个，结果均为阴性。优化内部疫情防控，建立全员“大数据库”，加强人员健康状况动态管理，坚持“超前研判、精准防控、分类管理、动态调整”工作思路，先后 3 次启动最小化封闭办公，有效应对疫情带来的影响，确保政务不间断，业务不停摆。全年封闭办公累计 73 天，共受理报关单 8352 票，货值 89.2 亿元、货运量 14.95 万吨。

【税收征管】2022 年，长春兴隆海关强化综合治税，完成全年税收征管任务。全年两税合计净入库 75.88 亿元，同比增长 3.1%。实地到企业调研，引导 8 家企业“回家报关”，征收税款 1.4 亿。

【安全生产】2022 年，长春兴隆海关开展“动态全领域风险大排查”“风险隐患问题大整改”，成立长春兴隆海关风险管理委员会。梳理 39 个风险问题，上报问题 6 项，均已整改完毕。积极落实安全生产责任，开展实地检查 20 余次；通过向长春海关风险管理委员会发送“建议整改协调单”的形式反馈木材、油漆、蓄电池等货物储存问题共 4 项；全面落实“口岸危险品综合治理”百日专项行动要求，查发出口危险货物包装不合格 5 批，相关信息被长春海关采用 8 次、被海关总署采用 1 次。

【促进外贸保稳提质】2022 年，长春兴隆海关制定支持外贸企业复工复产暨促进外贸保稳提质十五条措施，调研企业 59 家，收集问题 45 件，均已解决。与长春市商务局开展稳外贸工作对接，持续优化口岸营商环境，在 2021 年长春市及长春新区营商环境考核中取得优异成绩。加大原产地政策宣传推广，签发 RCEP 原产地证书 101 份。助力 2 家企业通过 AEO 认证。提升服务效能，协调海关总署解决一汽大众有限公司进口货物抽检比例高的问题，每年为企业节约倒箱费用约 100 万元；解决长春轨道客车 10 批暂时进出境货物延期问题，保障企业生产进度；对接奥迪新能源项目，制订全天候通关监管方案；支持关区稻草出口，共检疫监管稻草 3.4 万吨、货值

1.1 亿元，同比分别增长 51.1%、144.6%。协调解决跨区协作难题，支持企业附条件提离业务，共进口大豆 7.9 万吨，为企业节约近 50 万元。解决企业出口困局，帮助企业解决产品出口受阻问题，完成 294.2 万元熏蒸半成品后续监管。协调长春海关成立专门工作组，为企业出具健康证书，保障食品添加剂柠檬酸顺利出口。为宣传工作成效，促进外贸保稳提质相关工作典型事例被“学习强国”、“海关发布”、《中国国门时报》等媒体先后报道 13 次，被省级媒体报道 6 次。

【查缉走私】2022 年，长春兴隆海关全面提升打私工作成效，深化全员打私，保持打击重点涉税商品、重点领域走私力度，密切关注中欧班列、跨境电商、卡车航班等渠道伪瞒报风险，查发“616”进口商品走私案。

【综合保障】2022 年，长春兴隆海关推进“海关重点项目和财物管理以权谋私”专项整治，自查问题 5 个，制定整改措施 13 条；修订 3 项制度，明确非执法领域敏感岗位交流机制，实现“当下改”和“长久立”双管齐下。

【保障中欧班列运行】2022 年，长春兴隆海关共监管中欧班列发运 95 列，监管集装箱 8346 标箱，货重 7.22 万吨，货值 18.97 亿元。筑牢口岸检疫防线，开展进口高风险非冷链物品采样 21 票，采集样本 126 个，经实验室检测均为阴性。严格执行属地疫情防控各项规定，梳理中欧班列货物进出口流程，明晰疫情防控各环节各方职责。严格落实各项安全防护制度措施，落实“3+2”（岗前检查、工作巡查、全程督查+双人作业、互相监督）安全防护监督制度。疫情期间，派驻专人专岗“7×24 小时”应急值守 50 天，保证中欧班列“长满欧”常态化运行。积极推动“快速通关”业务开展，顺利完成快通业务运行准备工作；开展专项调研，助力“海铁联运”等多式联运业务开展；大力推行非侵入式监管，助力班列货物快速通关，2022 年，H986 机检货物 2326 标箱。

▲2022 年 6 月 16 日，长春兴隆海关关员实施出口稻草“驻场监管” （陈爽 摄）

【保障汽车产业链供应链稳定】2022 年，长春兴隆海关采取措施支持吉林省汽车产业发展。持续优化口岸营商环境，推进通关便利化，推广“预裁定” “汇总征税”“自报自缴”“两步申报”等改革措施，持续压缩进出口整体通关时间。继续深化

“放管服”改革。推行政务服务事项“不见面”办理，通过“互联网+海关”平台、行政审批网上办理平台、国际贸易“单一窗口”等渠道办理海关业务，优化网上办理流程。继续落实重大技术装备和科技项目减免税政策，支持一汽奥迪 PPE 新能源汽车项目建设，为符合国家规定的新能源汽车关键零部件产业进口生产设备给予减免税政策支持，充分发挥原产地证在国际市场的“经济护照”功能，帮助中国第一汽车集团有限公司在国际竞争中发挥减免税竞争优势；引导留学回国人员购车，不断加大宣传力度，用好用足汽车消费政策。加快对外开放平台建设，支持长春国际汽车城建设。优化完善派驻汽开区海关机构职能，为驻区企业“一站式”办理通关、查验、原产地证、签证、检验检疫及后续核查业务。进一步运用平行进口车试点、二手车出口试点政策，扩大整车进口业务承揽能力，助力吉林省建设东北地区进口汽车物流集散中心，支持将整车进口业务拓展为全省外向型经济发展的新增长点。复制推广上海自由贸易区创新制度，鼓励汽车零部件企业在综合保税区内通过“保税仓储+分送集报”（分批出区、集中报关方式）开展进出口物流作业，充分释放综合保税区政策红利。积极推广“卡车航班”模式，推动物流通道与运输通道“互联互通”，鼓励企业通过“多式联运”“海铁联运”等模式运输进口汽车零部件，为企业减少报关次数、降低物流成本，为内陆货物进出口提供便利。推动解决非法检汽车零部件查验率高问题，梳理出 1200 余项商品命中指令情况，查验率下降，为企业节省近百万元物流成本。

【助力特殊监管区域发展】 2022 年，长春兴隆综合保税区实现进出口 73.6 亿元，同比增长 4.47 倍。其中，进口 67.2 亿元，同比增长 3.18 倍，出口 6.4 亿元，同比增长 21.4%。关区内新增注册企业 59 家。共受理综合保税区报关单 18584 份，核注清单 14106 份，电商清单 9653 份。出具入境货物检验检疫证明、植物检疫证书等证书共计 202 份。复制推广上海自由贸易试验区与海关特殊监管区域相关改革试点经验，推进落实“四自一简”、分类监管、“区区调拨”等多项便利化措施。主动对接一汽大众有限公司入区项目，为企业提供量身打造保税存储+分送集报+分类监管的通关监管模式，保障一汽大众项目落地综合保税区，提高综合保税区保位晋级能力。2022 年实现一汽大众有限公司进出口 7.03 亿元。开展跨境电商企业调研，收集企业问题，解决企业“急难愁盼”问题，共收集跨境电商企业问题 9 条，涉及海关的 3 项问题已全部解决。根据企业需求制作《进境粮食流程及海关监管要点简介》《进境粮食检验检疫 30 问》《入区加工电缆项目海关监管及优惠政策一览表》等政策宣传资料，指导企业开展业务。立足长春整车进口口岸，制定《长春兴隆海关平行进口车监管操作手册》、推动地方政府解决兴隆整车进口口岸标准符合性整改等难题，推动平行车进口、二手车出口等业务开展。年内进口平行进口车 4 辆，货值 294.5 万元；出口二手车 200 辆，货值

1590万元。

【助力吉林省专精特新企业发展】2022年，长春兴隆海关对汽车、电子、机械等领域的10家企业开展实地调研，针对30余家综合保税区内电商企业开展线上调研，征集企业困难需求44项，现场办公提出解决方案23项，提出解决建议10项。共参与对韩国进出口、对乌克兰进出口、民营企业进出口、汽车零配件进口、大豆进口、牛肉进口、货车进口、中欧班列等方向统计数据分析，上报分析材料48篇，撰写《新能源汽车发展研究》《跨境电商监管风险和信息化应对措施》等论文6篇，撰写《长春兴隆综合保税区高质量发展调研报告》等调研报告2篇。

【促进跨境电商新业态发展】2022年，长春兴隆海关通过与跨境电商平台企业、运营企业、仓储企业进行座谈，协助企业梳理通关流程、降低布控比例、优化监管流程。2022年，跨境电商“O2O模式”累计销售额达150余万元。

【“智慧海关”建设】2022年，长春兴隆海关推动“智慧海关”建设项目落地。协同兴隆综合保税区管理委员会对卡口进行升级改造。向兴隆综合保税区管理委员会提出在辅助平台搭建“整报分送”“增值税一般纳税人”等业务模块需求。充分运用无人机技术“智能化”监管，每周不定期通过无人机对区内卡口、围网进行空中监管，保证监管无死角、全覆盖。

撰稿人

王荟凇　付　颖　许　淏　宋　东　张　帅　陈　爽

吉林海关

【概况】吉林海关于1993年4月22日设立，1996年9月20日正式建关并办理业务，为长春海关所属的正处级机构，内设8个机构。吉林海关关区范围为吉林市昌邑区、船营区、龙潭区、丰满区和舒兰市、磐石市、蛟河市、桦甸市、永吉县，主要职责为征税、监管、统计、打击走私、商品检验检疫、动植物检验检疫、食品检验检疫、稽核查等。截至2022年年底，吉林海关有行政编制人员40人。2022年，吉林海关统筹疫情防控与促进外贸保稳提质，强化监管、优化服务，服务地方外贸发展和对外开放。保持打私高压态势，严厉打击“洋垃圾”、象牙等濒危物种及其制品、防疫物资、涉枪涉毒走私。高质量完成全年工作任务。

2022年，吉林海关累计接收进出口申报报关单4666份，同比下降0.9%。监管进出口货运量116.7万吨，同比增长53.2%；进出口货值59.15亿元，同比增长45.1%；监管标准集装箱量15089个，同比增长6.2%；税收累计入库2.81亿元，同比增长22.17%；签发原产地证书1187份，同比下降26.5%，签证金额16847万美元，同比增长5.5%，其中签发RCEP原产地证书134份，签证金额782万美元；进出境货物检验检疫1870批次，同比下降15.4%，货值17.89亿元，同比增长34.1%。

【党的建设】2022年，吉林海关坚持以习近平新时代中国特色社会主义思想为指导，学习宣传贯彻党的二十大精神，领悟“两个确立”的决定性意义，增强“四个意识”、坚定“四个自信”、做到“两个维护”。全面贯彻两级关长工作会议、全面从严治党工作会议精神，统筹党的建设与业务建设，提升党建工作水平、监管水平和依法把关能力。2022年，吉林海关将学习宣传贯彻党的二十大精神作为首要政治任务。整理形成“党的二十大文件汇编”“党的二十大报告100题”，组织开展学习测试。打造“党建政研学习交流”和“吉关讲堂”双平台，实现交流分享全覆盖，开展培训、交流宣讲15次，550人次参与。开展“从我做起　忠诚高效　奋楫笃行　献礼二十大”主题活动，引导党员干部自觉对表对标，紧扣业务实际，强化监管、优化服务，全面盘点、总结经验、查找差距，推进各项工作高质量发展。

2022年，吉林海关深入推进政治机关建设。落实“第一议题”制度，学习习近平总书记重要讲话和重要指示批示精神44次。统筹开展政治机关建设专项教育活动和“学查改”专项工作。全面梳理岗位职责蕴含的政治要求，围绕“四个是否”“六对照六看六查”查摆问题2个，建立问题清单，深刻剖析根源，制定整改措施，明确完成时限和路线图，均已整改完毕。

2022年，吉林海关持续加强基层党组织建设。围绕重点工作任务制定党建考核指标清单，制定17项考核加分指标，创新“三查工作法”提升“三会一课”质量。深入开展品牌创建，评选出吉林海关“四强”党支部示范点4个、党建培育品牌2个。发挥以“悦·融”为品牌的青年理论学习小组作用，开展青年关员及支部书记交流研讨会、“吉关讲堂”及“书香吉关”等主题党建活动，推动党建业务融合。创建党建文化长廊，打造业务建设、文明创建等“党建阵地”，制订“夯基础 强管理 促提升”党建专项工作方案及党建创建工作实施意见。

2022年，吉林海关严格落实全面从严治党主体责任。加强廉政警示教育和纪法教育，深入推动新时代廉洁文化建设，寄出家庭助廉倡议信77封，组织“线上”参观廉政教育基地、征集廉政文化作品，1人获海关总署“清风国门”廉洁文化创意作品一等奖，2人获二等奖。健全与派驻纪检组会商机制，开展系列廉政警示教育活动。

【队伍建设】2022年，吉林海关践行“六横六纵”工作体系。运用“六纵”闭环工作方法，构建“任务分工—执行落实—督察督办—办结反馈”闭合链条，确保上级决策部署落到实处，跟踪督办重点工作79件，办结率为100%。落实长春海关党委“建立并及时更新完善岗位操作手册”的部署要求，共梳理岗位职责83个。制订年度干部培训工作方案，优化教育培训机制，发挥各条线专业人才“传帮带”作用，开办“吉关讲堂”6期，培训350人次。组织开展防护服穿脱和关员感染新冠病毒应急处置演练等实操演练3次。组织开展法律法规知识培训和执法技能实训，参加关区岗位资格考核7人次，考核通过率为100%。

【业务建设】2022年，吉林海关运用“151”总体工作思路破题答题。成立答题领导小组和专项工作领导小组，下设5个工作专班，参与长春海关“如何提高一体推进‘三不腐’能力和水平”及“处理好严管和厚爱的关系”2个课题研究。承接署级课题1个，关级课题3个，形成调研报告8篇。建立问题隐患排查和整改清单，查找问题4个，做到动态清零，持续动态更新问题清单。开展国门生物安全监测和出口饲料添加剂安全风险监控。强化境外疫情信息收集，连续3年协助长春海关报送境外疫情防控措施监测信息1200余条。运用“云擎”系统开展数据分析1600余条，对11家企业开展贸易调查，强化企业风险验证。共办结稽查作业3起，办理“快办”案件1起；开展核查指令作业35起，完成1家停产企业涉案加工贸易手册税款追补税工作。支持吉林地区企业进出口业务正常开展，静态管控期间开展查检业务230批次，监管进出口货物3.3万吨，货值1.12亿元。

【疫情防控】2022年，吉林海关建立完善内部防控制度。建立机关安全防护工作责任制和管理制度，开展工作人员新冠病毒感染内部应急处置演练6次。全年共转发心理疏导文章30余次、开展公共卫生知识和新冠病毒抗原自测操作辅导20余次，对重点关注人员开展电话关心关爱300余人次、为隔离人员送去防护物资及药品100余批次，关心关爱退休干部30人次，及时帮助退休干部解决“急难愁盼”问题13人次。

【税收征管】2022年，吉林海关引导税源企业利用多元化担保政策实现灵活缴税，关区通关企业通过银行保函、关税保证保险叠加汇总征税方式完成纳税7100万元，占全部申报纳税的31%。强化进口商品价格管理，建立主要税源商品资料档案。开展税政调研，利用海关总署和财政部渠道报送税则调整建议5条；完成《商品名称及编码协调制度》议题征集并列入海关总署提案备选，首次派员列席参与世界海关组织议题准备会议。2022年税收累计入库2.81亿元，同比增长22.17%。

【安全生产】2022年，吉林海关完善执法领域安全生产工作机制。全领域建立“排查—整改—回头看”的工作机制。建立联动机制，深化与地方管委会、应急管理、交通、公安等部门的执法协作。完善非执法领域安全生产工作机制，建立“日巡查、周排查，月调度”的安全隐患排查工作机制。落实安全生产责任制，完善安全生产工作领导小组工作机制。组织开展“安全生产月”活动，开展经常性、系统性宣讲活动，持续加大安全生产公益宣传力度，开展“6·16”全国安全生产宣传咨询日活动和安全宣传“五进”等活动。发挥安全生产“吹哨人”作用，收集安全风险隐患12项。

【促进外贸保稳提质】2022年，吉林海关制定促进外贸保稳提质十项措施，联合吉林市商务局出台推动外贸保稳提质十五项措施，召开6次专班调度会议推动落实。持续做好“强化监管、优化服务，践行初心使命”专项工作，开展书面调研56份、实地调研15家，收集问题23个，全部销号解决。把与“一带一路”共建国家和地区有贸易往来的企业作为重点，对2家企业开展AEO企业培育。释放政策红利，形成助企纾困实践案例9条，指导1家企业成为吉林省首家通过RCEP“经核准出口商”认定企业，2022年共签发RCEP原产地证书138份，签证金额796万美元。撰写《促进外贸保稳提质政策建议——放宽民用碳纤维出口限制》研究报告作为长春海关政策建议报送海关总署。

【查缉走私】2022年，吉林海关开展“国门利剑2022”联

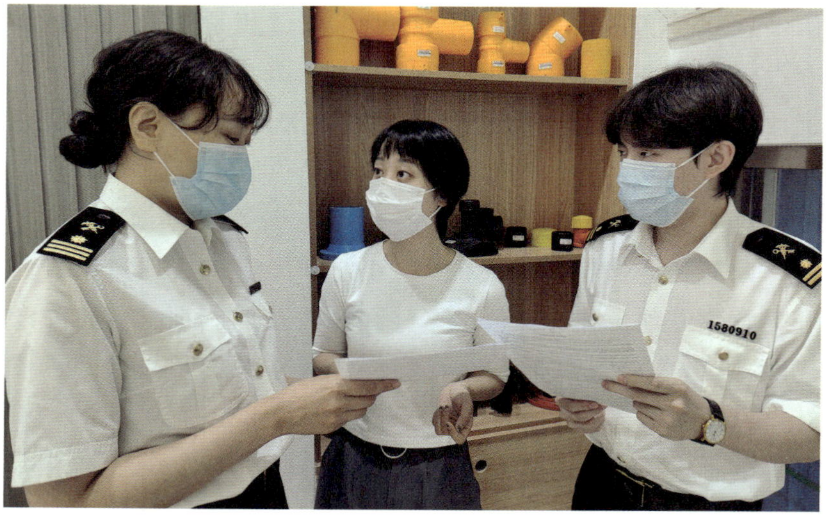

▲2022年7月11日，吉林海关关员向企业宣讲RCEP政策　（任玉峰　摄）

合专项行动，打击“洋垃圾”走私、象牙等濒危物种及其制品走私、“水客”走私、涉枪涉毒涉爆及重点涉税商品走私，推动“9·03”走私手表案移诉工作及“12·18”走私盐酸曲马朵案件办理。2022年，吉林海关缉私分局在办刑事案件3起，案值约724万元；办理协查案件15起，协助抓获犯罪嫌疑人4人。

【**综合保障**】2022年，吉林海关集中财力优先保民生、重点保运转、精准保发展。落实党中央“过紧日子”要求，采取措施压减非刚性非急需支出，公用经费压减5.2%，获评“节约型机关”。抓好安全保卫、食品安全、物业服务、交通出行、设备设施运行维护和涉案仓库安全防范等后勤保障关键环节。做好值班应急工作，强化值班纪律，开展防汛演练、疫情防控演练和消防演练。加强HLS2017系统推广应用，加强专门监督，筑牢“基层自控、职能监控、专门监督”三道防线。

【**精神文明建设**】2022年，吉林海关推进“全国文明单位”复审工作。与四平海关开展精神文明建设“结对创建”。开展“奉献社会　引领文明”主题文明实践活动，开展“共建文明城·志愿我先行”系列志愿服务活动。提炼“忠诚高效、奋楫笃行”的吉关精神，成立徒步、网球、羽毛球等兴趣协会，提升队伍凝聚力和向心力。

【**开展“口岸危险品综合治理”百日专项行动**】2022年，吉林海关制定危险品操作手册，建立进出口危险品联防联控工作机制，完善进出口危险化学品突发事件应急处置预案，梳理操作规范3项，明确岗位职责11项，细化重要业务工作节点15处。对关区47种出口危险化学品的危险分类、包装规则、查验要点等逐一制作产品“明白卡”，做到底数清、情况明、措施实。开展关区出口危险品摸排工作，完善进出口危险品及企业信息库，排查危险化学品企业，涉及危险化学品30余种，确定2处重点危险监管源。制定24份海关属地查检环节企业主体责任清单并送达企业，开展“送政策、送服务”活动10余次；实行关区进出口危险品企业动态管理“红黑名单”制度，对1家“黑名单”企业加强监管，倒逼企业落实主体责任。坚持“周自查、月报告、季督查”工作机制，优化安全监管工作业务流程，按产品类别细化现场查检标准化模板22份，建立38种进出口危险品、24家企业的信息档案并明确每个产品的危险特性、风险底数，从细节处指导企业修正产品信息、确定产品属性，帮助企业正确申报、安全生产、顺利出口。排查现场查检薄弱点5处、监管安全风险点6处，查发不合格危险化学品3批次，货重43吨，货值105万元，检出危险货物包装使用鉴定不合格5批次，向海关总署报送典型案例3个、进出口商品质量安全风险管理系统风险信息4条。

撰稿人

王娜娜　任玉峰　刘　刚　刘　洋　李明远　温　铁
廉冠臣　管大宇

四平海关

【概况】四平海关于2020年11月26日正式对外办理业务，为长春海关所属正处级机构，内设5个机构，关区范围为四平市全境，承担监管、征税、出入境检验检疫、统计等职责。2022年，四平海关认真落实“铸忠诚、担使命、守国门、促发展、齐奋斗”要求，践行“细致、精致、极致”工作理念，不断提升海关服务效能，促进关区外贸高质量发展。共受理进出口货物407票，货重5.6万吨，货值3.03亿元。主要出口商品为农产品、钢坯、化学品、医药材及药品、木制品、机电产品、食品，主要进口商品为机电产品、高新技术产品。

【党的建设】2022年，四平海关把学习宣传贯彻党的二十大精神作为首要政治任务。制定18条学习宣传贯彻措施，创新学习形式，积极开展“海关学习日”活动，制订党员干部每周学习考核计划，采用随机抽查、全员笔试、现场抢答等多种形式开展“即学即考”。到关区企业调研2次，提升企业获得感和满意度。

2022年，四平海关推进政治机关建设，开展党委会学习18次、党委理论学习中心组学习18次、青年理论学习小组学习3次。组织开展“强化政治机关意识，着力建设模范机关”大讨论暨思想理论学用讲坛，共组织召开讲党课活动15次、党员大会37次、主题党日活动36次、组织生活会5次，建设“知行先锋”青年理论学习小组、青年文明号、青年志愿者服务队，对照党支部学习制度落实好“第一议题”制度。

2022年，四平海关推动清廉海关建设，强化廉洁警示教育，聚焦“如何提高一体推进‘三不腐’能力和水平”开展专题调研，就海关监管业务流程、政策依据等进行培训，提升一线执法监管业务能力水平，把握海关工作正确政治方向。

【队伍建设】2022年，四平海关全面加强自身纪律作风建设。开展“内务规范强化月”活动，根据疫情防控形势，采取“分散训练、集中考核、重点指导”形式，组织全体关员开展训练。建立年轻干部“储备好、培训好、锻炼好”的“三好”机制，实行“一人一策”精准培养，分级分类精准施训。强化资质类专业技术人员培训，2022年共23人次取得相关业务资质。2022年共选拔任用科级干部2名，调整岗位6人次。

【业务建设】2022年，四平海关共受理进出口货物407票，货重5.6万吨，货值3.03亿元。其中，出口货物404票，货值2.83亿元；进口货物3票，货值0.20亿元。监管出境危险品货物包装26票。出具品质证等7类证书共141份。指导关区18家企业完成报送单位备案，4家企业完成报送单位信息变更，8家企业完成报送单位注销；指导2家企业完成“出口食品原料种植场备案”；指导4家企业完成“出口食品生产企业备案”；受理3家企业“海关监管货物的运输企业及其车辆备案”。属地查检53次；企业备案现场考核13次，含出口食品原料种植场备案2次，稻草厂备案考核11次。前往企业现场调研12次。推进新核查业务改革，创新实施联合外勤作业模式，以核查手段促进企业规范经营，开展“多查合一”核查作业12次，提出15项整改建议均获采纳。

▲2022年10月13日，四平海关关员对出口钢坯进行现场查验、抽样送检工作　（刘壮　摄）

【疫情防控】2022年，四平海关从严做好疫情防控工作。定期对关区内部疫情防控工作进行检查，适时启动“三支梯队”制度，11名关员封闭工作近70天，配合属地疫情防控工作安排，通过科学研判、精准施策，进一步加强外部人员管理，期间关员“零感染”。通过与属地联防联控机构联系，保障现场查检工作正常开展，积极用好片区工作机制，先后与多个职能处室、6个隶属海关积极配合，以派员支援、视频指导、两地协作等方式开展业务工作，保障关区企业顺利通关。积极与属地联防联控部门配合，先后参加属地专项领导小组、工作组16个，联合执法行动10余次，参加有关会议50余次。组织疫情防控演练10余次，提升疫情防控实战能力。

【安全生产】2022年，四平海关全面推动安全生产工作落实。建立重点检查和全面检查相结合，定期检查和随机抽查相结合的方式，聚焦关键部位、重点环节，发挥“吹哨人”机制，组织开展“安全生产月”“九个一”工作，持续开展消防安全大检查。全年共检查消防安全情况51次，排查解决问题隐患19个，增配灭火器材16件(套)。联合四平市机关事务管理局对后勤保障人员开展消防培训、演练，组织关员开展应急处突演练，在重要时间节点组织值班人员开展专题培训，提升应急处置能力。积极落实海关总署“口岸危险品综合治理”百日专项行动要求，对关区相关企业进行多轮次安全风险排查，建立工作档案、完善督查台账、修订应急处置预案，上报信息7篇。开展网络行为、信息系统弱口令自查，组织“网剑行动”大排查等活动7次。

【促进外贸保稳提质】2022年，四平海关全面优化海关服务举措。采取“实地调研、案例分析、问卷调查、关企云对话”方式，了解掌握企业堵点、难点，开展难题攻关，实施精准政策帮扶，答复企业咨询问题37个，组织企业开展“线上”“线下”业务培训13次，帮助企业解决“急难愁盼”问题28个。全年回应解决企业诉求15个，通关时间压缩20%以上。收集整理各类伪瞒报案例145条，梳理摸排关区涉危进出口企业情况。组织周业务复盘分析会12次，研究重点业务工作14项，规范现场执法、窗口受理等业务9项，合理规避业务风险9个。扶持钢坯出口业务，全年共监管出口钢坯5.25万吨，货值2.01亿元。

【综合保障】2022年，四平海关建立厉行节约长效机制。组织推动“节约型机关”建设，通过完善制度机制、推行绿色办公、实行生活垃圾分类、开展宣传教育等方式，推进节约能源资源各项工作，被评为“节约型机关”。持续做好后勤服务，先后对院墙、水井、高压电缆等基础设施，净水设备、窗户、排水系统等生活设施，档案库房等办公设施进行维护修缮。为办公区和生活区安装空调，提升干部职工办公、住宿条件。严格执行值带班工作制度，修订值班工作管理办法和突发事件应急管理办法，实地检查值班工作61次。

【政务公开】2022年，四平海关作为长春关区政务公开首批试点单位，建立政务公开工作领导小组，制订2022年政务公开重点工作任务分工方案，对政务公开工作进行全面部署。建立完善岗位操作手册，提升信息公开质量。利用长春海关门户网站、政务新媒体等官方平台，发布并实时更新公开内容，加强政策解读，及时回应关切，优化便民服务。设置政务公开专区，对外公开本关业务联系、咨询电话，集中定期发布规范性文件等海关信息。落实“首问负责制”，凡是能在办事大厅、办事窗口、业务现场以及通过本关业务电话等直接解答的一般咨询问题，实行一次告知。

撰稿人

于慧姝　苏立志　李福年　金江水　黄园园

辽源海关

【概况】辽源海关于2019年12月25日正式建关，内设办公室（党委组织宣传部）、综合业务科、企管科、查检科、核查科5个科室。关区范围为龙山区、西安区、东辽县、东丰县、高新技术产业开发区5个行政区。截至2022年年底，辽源海关有行政编制人员18人。2022年，辽源市货物贸易进出口15.1亿元，同比下降4.6%，其中进口2.3亿元，同比下降32.1%，出口12.8亿元，同比增长2.8%。共受理进出口报关单367票，货值2.4亿元，同比下降27%，其中进口53票，货值1515.9万元，货值同比下降80.6%；出口314票，货值2.3亿元，货值同比下降10.1%。共监管货运量10991.4吨，同比增长1.1倍，其中进口1102.4吨，出口9889吨。

【党的建设】2022年，辽源海关落实“第一议题”制度，召开党委会22次、理论中心组（扩大）学习会13次，学习习近平总书记重要讲话和重要指示批示精神106篇次。开展捍卫“两个确立”、做到“两个维护”、强化政治机关建设专项教育活动及“学查改”专项工作，细化5个方面15项重点任务，梳理19个岗位28项政治要求，排查风险隐患5项。学习宣传贯彻党的二十大精神，党委书记、支部书记结合实际，讲授专题党课4次。召开党员大会47次，组织主题党日活动12次，“思想理论学用讲坛”支部书记及青年专场2次，推动学习党的二十大精神入脑入心。开展“双报到双服务双报告”活动，赴联建社区开展理论宣讲活动2次，15人次参加助力全国文明城市创建活动。加强精神文明单位创建，获评2019—2021年度吉林省文明单位。建立“领导月督查、作风周检查、内务日自查”机制，开展内务督察26次。用好监督执纪“四种形态”，开展谈心谈话20人次，加强“8小时以外”管理，组织全体党员签署《拒绝酒驾醉驾承诺书》，发放《家庭助廉倡议书》。坚持每月一期廉政教育学习，扎实开展警示教育月系列活动，拍摄《抉择》廉政教育片，营造崇尚廉洁、倡导廉洁、践行廉洁的氛围。

【队伍建设】2022年，辽源海关着力加强干部队伍建设。发挥“辽关讲堂”平台作用，全年开展活动12次。开展“先进就在身边，模范离我不远”主题宣传，评选出“敬业奉献、廉洁自律、学习模范、服务先锋”优秀代表4名。提升工作规范化水平，制定岗位操作手册66项，梳理内控节点239项，开展系统应用专题培训 3 次，提升系统应用实效。

【业务建设】2022 年，辽源海关强化动植物检验监管，监管动植物产品 294 批次，价值 1790.3 万美元。强化商品检验监管，更新出口糠醛（内容物）合格评定程序，对于涉危货物，优先实施查验、优先安排检测，快速实施出证放行，监管危险化学品及其包装 149 批次。强化食品检验监管，对松子、蛋制品等企业制订日常监管巡查计划，保障进出口食品安全，完成国家出口动物源性食品风险监测 20 次，食品出口 540 批次。强化加工贸易监管，有效开展日常巡查、专项核查，对关区日常巡查 15 次。

【疫情防控】2022 年，辽源海关坚持精准动态从严调整疫情防控措施，印发调整内部防控及应急演练文件 15 份，开展防护服穿脱演练 20 次、非工作渠道内部人员感染疫情桌面应急推演 5 次，提升应急处置能力。

【税收征管】2022 年，辽源海关着力深化综合治税，开展税收动态分析，提高税收工作的针对性、有效性和及时性。加大归类和审价等日常监控力度，确保税款应收尽收。2022 年应税报关单 12 票，税款实际入库 2.3 万元。探索属地纳税人管理实现方式，制定支持关区进出口企业“属地报关报检”相关措施，鼓励企业属地报关报检。加强原产地管理，启动信用签证模式，签发空白信用签证 143 份，保证疫情期间高效快速签发原产地证书，推行自主打印模式，全年累计自主打印原产地证书 74 份，自主打印率达 36.1%。2022 年共出具原产地证书 192 份，同比增长 128.6%；签证金额 1585.5 万美元，同比增长 157.2%。开展 RCEP 政策宣讲，开展线上宣传 4 次，政策宣讲会 1 次，利用中国自由贸易区服务网查询关区内 7 家企业共 10 项不同商品关税情况，形成商品关税对比表。

【安全生产】2022 年，辽源海关着力加强危险化学品安全监管，向关区企业宣讲安全生产要点，与辽源市应急管理局建立安全生产联防联控合作机制，撰写《辽源海关危险化学品监管权责分析》论文 1 篇。扎实开展安全生产大检查及“回头看”活动，发挥“吹哨人”预警机制，动态更新“三项清单”，立行立改安全生产问题 14 项。

【促进外贸保稳提质】2022 年，辽源海关持续优化营商环境，制定“放管服”改革工作要点，明确 13 项工作要点，持续压缩进出口货物整体通关时间，推进跨境贸易便利化。制定政务服务事项指南 20 项，推广“两步申

▲2022 年 10 月 19 日，辽源海关关员对出境禽蛋开展监管工作（王洪岩　摄）

报”“提前申报”等通关模式，完成“两步申报”报关单9票。制定辽源海关促进外贸保稳提质十二条措施，走进市县两级政府调研6次，组织线上线下政策宣讲会25次。疫情期间，帮助企业纾困解难，对企业进口货物开展“人等货”查验模式，原料进厂及时查验放行，全力保障企业正常生产。针对企业办理检疫证书及取样送检需求，建立“异地缮制、高速交接”应急机制，完成货样送检、证书交接手续，保障企业出口不受影响。助力开发开放平台建设，2022年3月8日，辽源市首家公用型保税仓库设立申请获得批准。支持重点农产品扩大进出口，整理蛋制品对外推荐注册所需材料和韩国管理文件，为企业提供政策支持，顺利完成金翼蛋品对外注册推荐。

【综合保障】2022年，辽源海关将预算资金用于保障民生和业务运转，减少聘用人员2名，节省工资等近10万元。加强采购询价，互联网专线价格同比下降58%，取消外聘法律顾问，节省预算支出2万元。争取地方财政支持，保障交流干部租房房租，每年拨付预算资金用于补充经费。将7名聘用人员关系转入辽源市高新区，每年节省经费30余万元。积极协调解决干部职工的困难问题，推进后勤保障工作，配置文体设施。

【企业管理和核查】2022年，辽源海关重新梳理企业注册备案流程，制定海关报关单位备案“全程网办”指南，疫情期间，网上指导企业办理注册事宜，共受理12家报关单位备案申请，受理4家企业变更申请，5家出口食品生产企业备案，2022年共有注册企业292家。落实“海关协调员”制度，建立与企业常态联系机制，实行首问负责制，坚持“企业问题清零”政策，解决认证企业通关规范申报问题；设立AEO认证企业优先办理通道，优先办理进出口货物通关手续，实行“7×24小时”预约通关，即报即审，快速放行。2022年，辽源海关关区共有加工贸易企业8家，共新增加工贸易手册26本，现有手册21本，结案5本。2022年共完成涉检类核查5次，查发问题2项。完成企业管理类核查10次，查发问题8项。

【危险化学品及其包装检验监管】2022年，辽源海关应对关区危险品出口量激增挑战。全年共监管进出口危险品7860吨，同比增长608.1%，货值12007万元，同比增长509.4%。优化业务流程，提升查验效率，采取预约查检机制，优先安排涉危企业审单及现场查验，做到即检即放。设置涉危企业联络员，指导企业对不合格单证现场整改。加强底数摸排，严格现场查验。梳理关区内企业2022年以来危险品报检情况。建立糠醛、锂电池产品信息档案，掌握危险特性情况及应急处置方法，针对现场查验及取样送检期间业务风险修订完善应急处置预案。现场查发出口危险化学品糠醛包装标识不合格1批，共800桶，货重192吨，货值265.5万元。

撰稿人

王艺霖　王洪岩　贺　雪　栾　纲

通化海关

【概况】通化海关于1949年11月8日设立，是长春海关所属的正处级海关，其前身为集安海关。2013年12月23日更名为通化海关。2014年11月7日搬迁至通化市。2018年4月20日，原通化出入境检验检疫局、集安出入境检验检疫局管理职责和队伍划入通化海关。内设办公室（党委办公室）、人事政工科（党委组织宣传部）、综合业务科、查检一科、查检二科、企业管理科、稽查科、核查科、梅河口综合业务科9个科室；另设通化海关驻集安办事处（下设办公室、综合业务科、铁路口岸监管科、老虎哨口岸监管科、公路口岸监管科5个科室）。截至2022年年底，通化海关有行政编制人员84人。通化海关业务特色鲜明，兼属地、口岸业务，关区范围为通化和梅河口地区，属地业务以监管检验人参、林蛙油、金属冶炼、医药、松子为主。关区共有集安公路口岸、集安铁路口岸和老虎哨口岸3个对朝口岸，边境线长203.5千米，口岸进口商品以矿产品、木材、农产品、电力为主，出口商品以粮食、化肥、日用品为主。

【党的建设】2022年，通化海关围绕学习宣传贯彻党的二十大精神，落实全面从严治党政治主体责任。全面贯彻落实党的二十大精神，党委会、党委理论中心组、各党支部开展集体学习79次，交流研讨300余人次，党委班子宣讲10次。制订学习宣传贯彻党的二十大精神工作方案，梳理制定落实措施45项。加强党的政治建设，学习习近平总书记重要讲话和重要指示批示精神100件次。推动“两个专项”工作，梳理岗位职责蕴含政治要求71项。党建信息被长春海关采用81条、海关总署采用22条。一体推进“三不腐”，开展警示教育月活动，召开警示教育大会，组织全员测试，拍摄廉政微视频1部，教育引导干部职工学廉谈廉促廉守廉，整改反馈相关问题8项。全面完成572个“内控节点”认领，实现内控工作“嵌入”海关业务全过程。争创海关总署非执法领域“内控示范科室”。提炼“三维促三清”“智制互廉”“心清笔廉”3个廉政品牌，构建清廉文化品牌体系。加强年轻干部教育管理监督，召开2次青年干部廉政教育座谈会。

【队伍建设】2022年，通化海关落实强化队伍管理能力，锻造全面过硬干部部队。协同长春海关第四派驻纪检组与关员家属进行2轮视频连线，宣传廉政规定。线上开展内务规范强化月活动，组织线上答题测试、内务督察、队列训练。开展2轮违规投资企业及在企业兼（任）职自查排查，督促注销整改。加强日常教育监督，常态化纠治酒驾醉驾和“黄赌毒”等问题。推动精神文明创建，开展“奉献社会引领文明”主题实践活动，与属地新时代文明实践所开展共建活动7次。发挥好群团组织作用，开展迎“清风国门”书画摄影展。加强政风行风建设，综合运用队伍建设综合管理平台、海关政务服务“好差评”等系统，强化平时考核，加强督导检查。

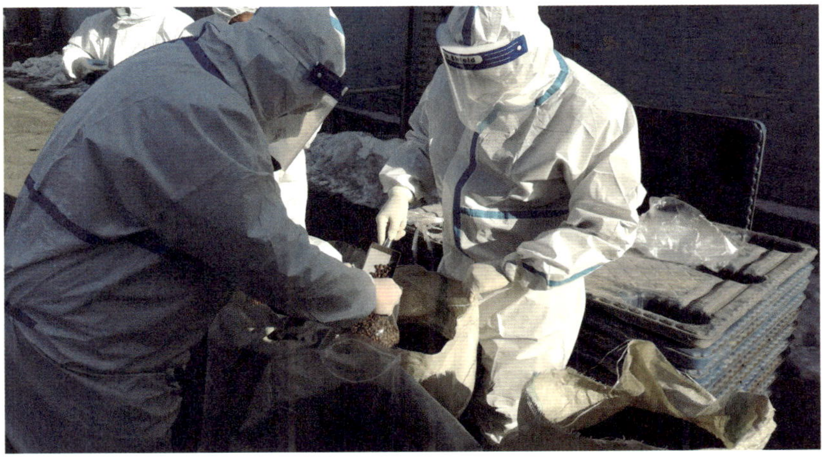

▲2022年1月1日，通化海关关员现场监管进口松子 （刘伟 摄）

【商品检验】2022年，通化海关完善进出口商品风险监测体系，从源头保障进出口商品安全。办理属地检验业务1626批，其中进口105批，主要品种为医疗器械、松子仁（半成品）；出口1521批，主要品种为松子仁、人参及其制品、干鳕鱼、速冻玉米、鸡肉、酒类、沙参、林蛙、木制品、还原铁粉。按照查验指令，对命中68批货物实施现场查验完成取样送检工作，无不合格情事。规范企业资质，对通化县4家鲜食玉米种植基地进行备案评审。撰写《进出口商品检验监管专题分析报告》，并获海关总署采用。提高执法水平，开展自查自纠工作，抽查各类证书50份，检查证书拟制的规范性、危险化学品检验人员资质和各类证书签证人员资质，发现问题及时整改。到梅河口果仁进出口企业、通化县鲜食玉米出口企业开展调研，征求企业意见，实施“一企一策”“一事一策”，特事特办，随报随检，加快通关速度。2022年9月，货重24吨、货值94.4万元的松子集中进口，实行“5+2”“白加黑”工作机制，采用人等货、节假日不间断查验等作业模式，做到即报即检，最大限度地压缩通关时间。

【疫情防控】2022年，通化海关科学精准抓好疫情防控。结合“防疫情、稳外贸、保安全”大调研专项行动，对照“百名科长百日督查”反馈的问题，制发、修订疫情防控相关制度方案11项，从严实施人员出差出行管控、核酸检测、内部消毒、风险排查等防疫措施，严格落实在岗人员“两天一检”“两点一线”“非紧急不出行”要求，对干部职工及共同居住人行程轨迹、心理健康状况开展“日监测”，严防社会面感染。2022年，属地4次静默管控期间，干部职工无感染、无密接，相关工作经验被长春海关作为典型在关区推广。整理归档门岗扫码测温、消毒、来访人员排查等台账、记录，完善隔离室设施设备，补充规范临时隔离人员台账、测温仪校准记录等，接受海关总署督导检查组检查并得到肯定。

【税收征管】2022年，通化海关坚持综合治税，突出齐抓共管，提高税收征管质量建设合力。持续开展RCEP宣传工作，撰写RCEP调研报告。配合稽查部门开展稽查工作。开展关税征管条线自查自纠工作，加强与关区重点税源企业联系沟通，及时了解企业进口存在的问题。

【安全生产】2022年，通化海关压紧压实安全生产主体责任。开展安全生产大检查“回头看”，建立健全安全生产“三查”机制。通过每月例会听取安全生产专项整治三年行动工作进展，查主体责任落实情况、查日常工作开展情况、查反馈问题整改情况，动态更新“问题隐患、制度措施、底数清单”三项清单，推动关区安全生产十五条措施落地见效。持续做好宣传教育，精心组织开展安全生产月“五个一”活动。探索实施网格化管理在安全生产工作中的运用，深化安全生产网格化监管体系建设，着力推进安全生产执法更精准、监管更精确、服务更精细，守住安全底线和监管红线。

【促进外贸保稳提质】2022年，通化海关了解企业需求，实现加工贸易便利化。为加工贸易企业协调办理手册延期手续11本，加急受理内销征税报关单27票、办理边角料销毁手续6票。建立加工贸易内销联系协调机制，设立专门内销咨询窗口，落实暂免征收加工贸易货物内销缓税利息等政策，助力企业减负增效。组建企业管理、查验查检、核查等专业技术小组，采用“联合作业”模式，将现场检验、抽检、核查频次减少60%。支持梅河新区政府加快推进保税仓库建设进程，建设符合海关监管作业的监管场所，为中欧班列线路延长至梅河口打好基础。减税降费，释放国家政策红利，支持医药产业新型胰岛素项目落地，对1家企业的新型胰岛素——德谷胰岛素建设项目给予政策扶持，利用减免税优惠措施，为企业开展预归类和申报指导，压缩企业办理时间近50%，为该企业进口灌装线、灭菌柜等设备实现减免税款480万元。与吉林省口岸办沟通，获得支持，邀请“长满欧”运营方、长春国际陆港发展有限公司与通化国际内陆港合作，搭建“通长满欧”对外开放大动脉。

【查缉走私】2022年，通化海关保持打私高压态势。共查处各类案件3起，受理行政案件3起，立案3起，案值2006万元，协查案件5起，核查案件线索5起。围绕关区特点开展工作调研3次，突出打击重点，开展“国门利剑2022”联合专项行动，以及“蓝天2022”“雷电2022”“使命2022”等联合专项行动，加强与公安、边管等执法部门的联系配合，开展业务会谈5次，推进反走私综合治理，参加市级边防委联席会议4次。加强执法规范化建设，完成2022年度案件执法质量考评工作，建立办案民警年度执法档案。与属地公安机关开展2次夏夜治安巡查宣防集中统一行动，持续抓好“两节”“两会”“冬奥会”重要时间节点的值班备勤和处突预警、安保维稳工作，加大边境巡查力度，维护关区边境安全和社会稳定。严厉打击边境地区走私，加大对边境地区各口岸商品进出口监管和查缉力度，开展“固边”“靖边”等专项行动，精准打击非设关地涉税商品走私违法活动。

【综合保障】2022年，通化海关严格督查督办，强化政令传达和文件流转，提高工作落实质效。精细服务协调，充分发挥运转枢纽作用，完善反馈和跟踪问效机制，与各部门在相互呼应中统筹协作、协同落实。细化管理制度和工作手册，规范工作流程和督查检查标准，不断提高综合保障，精细化管理水平。梳理、完善、细化车辆管理、房产管理、仓库管理和水电费用等各项台账。推进解决6处房屋建筑类固定资产“无籍”问题和闲置房产置换、出租工作。完成2台公务用车报废处置，2台新车购入。有针对性地解决伤残补助、医保转接等“急难愁盼”问题6个。

【基础项目建设】2022年，通化海关有序推进综合业务技术用房改造项目和边关生活设施保障能力提升项目工程。严格依法依规，按照程序公开、公平开展招标代理公司和监理公司确定、招投标等工作，签订招标代理、工程监理、建筑施工、补充协议等相关合同7份。结合属地疫情形势和施工期季节特点，制定施工安全管理制度和施工场所疫情防控及应急处置方案，确保人员健康和施工安全。广泛征求关警员意见建议4次，调整、修改设计方案图纸8次，确保基建项目真正满足干部职工工作、生活需要，改善边关生活环境。定期跟踪检查，制定项目施工时间表，定期通报项目进展情况，联合监理单位开展工程量确定，确保工程高质、高效。严守纪律底线，实行双人工作制，重点环节由派驻纪检组进行监督，定期开展检查、抽查，确保各环节公开、透明、依法有效。截至2022年年底，综合业务技术用房改造项目完成90%工程量，边关生活设施保障能力提升项目完成前期招投标及合同签订，以及前期拆除和管道铺设工作。

【口岸建设和卫生检疫】2022年，通化海关全面筑牢国门安全防线。开展“防疫情、稳外贸、保安全”大调研专项行动，制发、修订相关制度方案11个，按照“一口岸一预案、一口岸一方案”要求，修订完善预案、方案12版次，口岸核心能力建设作业指引34版次。建立“每周一训、以练代战”机制，常态化开展疫情防控及个人防护知识培训和演练12次。落实口岸公共卫生核心能力动态监督管理规定，开展已达标铁路口岸复核考评。推进通化海关三级监控指挥中心迁建、口岸负压技术用房改造和核酸检测P2实验室建设。加强国门生物安全监测，全年共捕获鼠、蚊、蜱等病媒生物82只。开展外来物种监测29次，入境口岸监测调查8次、实蝇监测8次、外来杂草监测8次、马铃薯甲虫监测2次、红火蚁监测3次。完成货值44.1万元退运种子取样送检和进口大麻种子解控工作。严格进口设备监管，检出从日、意进口的设备不合格4台。深化“互联网+稽核查”运用，对梅河3家企业开展专项稽查，开展专项核查48起，查发问题34起，查发率为70.8%，下发整改通知5起。

【支持松子产业发展】2022年，通化海关全力支持松子产业发展。落实扶持措施，开展实地调研，加强部门间会商，利用“铁路联运”模式，实现松子进口直运梅河，可为企业节约运输成本每个集装箱7000元以上。指导企业运用“单一窗口”快速办理报关报检手续，有效压缩通关时间。为解决企业在口岸抽检滞留时间较长、存储费用较多的问题，与乌鲁木齐海关等沟通联系变更主副检事宜12次。组建企业管理、查验查检、核查等专业技术小组，采用“联合作业”模式，将现场检验、抽检、核查频次降低60%。根据企业提出的需求，为新成立的食品加工企业与长春绿园海关搭建联系，以保市场主体和保产业链供应链稳定为前提为企业减免风险担保金963.5万元。减税降费，促进国内国际双循环，积极开展税政调研，深度挖掘企业需求，提出增列税目、降低进口关税等税则修改建议，自2022年1月1日起，松子进口关税税率由24%调整至10%，下降六成，缩减转内销的税收成本，使松子企业“出口转内销”成为可能，满足企业多样化市场需求，统筹国际国内两个市场，可以自主选择内销外销，据企业反映，关税税率下调后每吨松子税款降低近40%。

撰稿人

于立山　王云坤　计韶媛　刘　浩　牟　丁　孙连颉　杨宝富　肖　刚　宋　波　周立智　唐　勇　盖颖辉　梁　斐　梁　蕾

白山海关

【概况】白山海关前身为临江海关。1949年11月，中华人民共和国临江分关成立，为科级海关；1994年9月15日，临江海关升格为副处级海关；1997年10月20日，临江海关升格为正处级海关；按照党中央国务院关于机构改革的决策部署，原吉林出入境检验检疫局临江办事处自2018年4月20日起正式以临江海关名义对外开展工作；2020年12月28日，白山海关正式开关运行。白山海关是长春海关所属的正处级海关，为偏口岸综合型海关，业务范围为白山市行政区划内的属地和口岸相关海关业务（按有关规定实施集约化管理的审批备案业务、稽查业务和长白县行政区划内的口岸相关海关业务除外）。内设7个正科级机构，有行政编制人员40人。

2022年，白山海关共受理报关单申报548份，同比增长98.6%；货值3.3亿元，同比下降54.6%；货运量13.6万吨，同比减少85.5%；征收税款3114万元，同比下降73%。

【党的建设】2022年，白山海关坚持把政治建设摆在首位。严格落实“第一议题”制度，召开党委会议17次，理论中心组专题学习12次，学习习近平总书记重要讲话和重要指示批示精神77件次，梳理岗位职责蕴含的政治要求63项，检视突出问题17条，建立健全“理论研讨+督办通报+落实整改”的常态化闭环工作机制，对查摆问题实行项目化管理、销号式推进，确保整改落实到位。全面学习、把握、落实党的二十大精神，开展“传承革命老区精神、踔厉奋发在边关”系列实践活动，建立集中学习、研讨交流、点评提高学习机制，以“铸忠诚、担使命、守国门、促发展、齐奋斗”为主题，组织党员领导干部围绕“12个必”课题形成学习成果40份。

2022年，白山海关推进基层党组织建设。新建党建品牌6个、廉洁文化品牌1个。制定党支部规范化建设指引，规范“三会一课”和主题党日、民主评议党员、谈心谈话等组织生活制度，完善重温入党誓词、党员过“政治生日”等仪式，不断增强组织生活的政治性、严肃性、规范性。持续加强党建制度规定执行情况的监督检查，把制度执行列为党建述职评议重要内容。口岸监管党支部“微模式+”红色党建品牌获评“2022年度全国海关党建培育品牌”；白山海关基层党建创新案例被评为“全国海关基层党建创新案例”并在全国海关推广。

2022年，白山海关综合运用打造廉政文化长廊、开展廉政主题读书会、观看廉政警示教育片、参观廉政教育基地、发放助廉家书、做好廉政提醒等多种形式，常态化开展理想信念和党纪国法学习教育。主要负责人“书记组长谈责任”访谈视频被海关总署采用并推广展示，1人的书法作品获评海关总署“清风国门”廉洁文化创意作品征集活动三等奖。结合廉政警示教育月学习成果，开展“海关重点项目和财物管理以权谋私”专项整治，排查重点项目7个，梳理自查问题3个，立行立改3个，努力做到“正风肃纪反腐败斗争攻坚战持久战海关必打赢”。

2022年，白山海关开展“踔厉奋发 担当作为 作风建设年”专项行动，将2022年重点工作分解为143项工作任务，制定“五化”工作手册，规范政务、业务条线各岗位138项工作流程；践行“三实”海关文化，提出“严、细、深、实、快”5条队伍作风建设新要求，建立“研讨+复盘”双循环闭环机制，横向跨科室业务研讨强化协作配合，纵向业务复盘提升工作质效。

【疫情防控】2022年，白山海关全面加强疫情防控各项工作。开展个人安全防护技能培训和实操演练40余次，细化完善卫生检疫、动植物检疫、食品安全条线“应急处置预案”，全面查找工作不足和短板漏洞7项并整改完毕。及时调整内部防控措施，加强干部职工健康监测、共同居住人风险管理及办公场所消杀，强化防疫物资储备，统筹建立“人、物、环境”同防的安全防护体系，保障机关卫生安全。

【安全生产】2022年，白山海关开展重大风险隐患排查，查找风险隐患9条，分类分级落实整改。开展“五个一次”活动，党委班子带队到一线开展“安全生产大调研”5次；制订安全生产“吹哨人”预警处置方案，开通“吹哨人”安全隐患报告“云预警”二维码通道，接受关警员、行政相对人、企业广泛监督，印发白山海关安全生产警示相关信息3期，促进海关安全文化建设。

【动植物检疫】2022年，白山海关构建“监测预警+初筛鉴定+检疫监管+应急管理”生物安全防护屏障，常态化开展国门生物安全监测、外来有害生物普查、病媒生物监测工作，筑牢国门安全屏障。与相关单位开展国门生物安全监测合作，强化执法互助和信息共享，协同防控动植物疫病疫情和外来入侵物种。

【商品检验】2022年，白山海关采取“海关监管+协会指导+企业创新”模式，指导企业更新原辅料深加工生产线、

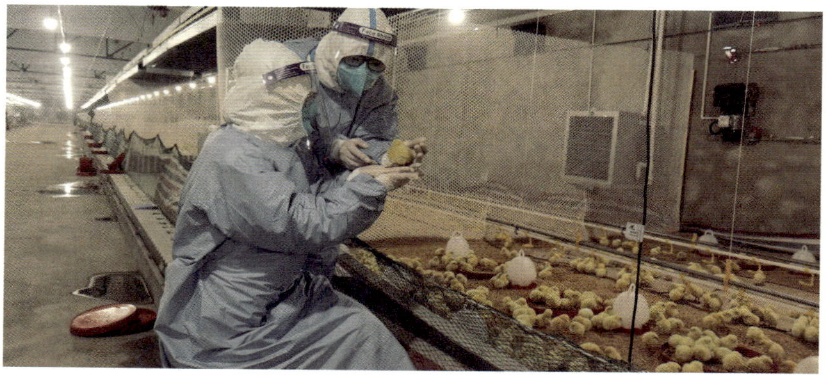

▲2022年4月19日，白山海关关员驻厂查验首批进口种鸡（张峰梅 摄）

健全完善质量安全控制体系，助力白山市出口特色产品 1.5 亿元，同比增长五成。成立“优化进出口货物通关”专班，全力保障源翔祖代鸡等优良种质资源安全引进，助力施慧达药业产业升级。推动进出口商品质量安全风险预警和快速反应监管体系建设，积极做好境外通报召回商品的调查反馈和对企业的技术性贸易措施应对帮扶工作，为关区人参企业挽回贸易损失 300 余万元。2022 年，受理属地检验检疫申请数据 2383 批次，同比下降 2.7%；货值 10.5 亿元，同比增长 12.7%。签发各类优惠和区域原产地证书 1198 份，同比增长 26.2%，签证金额 5337.2 万美元，同比增长 20.8%，企业享受进口国（地区）关税优惠约 266.9 万美元。

【优化营商环境】2022 年，白山海关持续优化口岸营商环境，精简进出口企业资质备案事项，推广实行“零接触”办公模式，邮寄办理各类证书 800 多份次。动态分析关区重点产业外贸发展，为外贸发展提供数据支持，撰写监测预警分析相关信息 26 篇，被长春海关采用 7 篇、吉林省政府采用 1 篇、海关总署采用 2 篇。细化制定“疏通堵点、攻克难点、优化节点”服务措施，研判“迎峰度夏、冬煤夏储”煤炭行业发展新业态，及时向关区重点煤炭保供企业推送“进口煤炭零税率”的暂定税率新政策，协助企业调整煤炭采购策略以应对行业“窗口期”，为推动关区重点企业扩产达产、优势产业转型升级提供支持。白山海关获评“白山市营商环境建设工作标兵单位”。

撰稿人

王祎婧　王　琳　王璞瑄　陈　阁　单炜鑫　胡源森　高伟强

长白海关

【概况】长白海关于1934年设立，时名为长白分卡。1950年建立长白支关，1985年更名为长白海关，为科级海关，1994年升格为副处级海关，1997年升格为正处级海关，2018年划入出入境检验检疫管理职责，承担监管、征税、统计、缉私、检验检疫等工作。内设6个正科级机构，有行政编制人员40人。2022年，长白海关共受理进出口报关单54份，同比下降25%，其中进口18份，同比下降50%，出口36份，与去年同期持平；进出口贸易额8.3万元，同比下降37.5%，其中进口0万元，出口8.3万元；税收入库31.15万元，同比下降84.1%，其中关税7.06万元，增值税24.09万元。

【党的建设】2022年，长白海关学习宣传贯彻党的二十大精神，党委班子开展专题学习8次，印发学习宣传贯彻党的二十大精神方案，党委委员深入支部宣讲10人次，完成处级党员干部集中轮训6人次，副科级以上干部交流22人次，各支部开展“三会一课”和主题党日等活动26次，组织开展特色活动5次，组织全体党员交流心得体会70人次，组织“青听”青年理论小组专题学习3次。坚持“第一议题”制度，召开各类会议38次，学习习近平总书记重要讲话和重要指示批示精神81件次。推进党史学习教育常态化、长效化，巩固深化“我为群众办实事”实践活动成果。推进专项教育活动和“学查改”专项工作，开展学习研讨52人次，梳理岗位职责蕴含的政治要求116个，覆盖岗位38个，岗位职责74个。深化“强基提质”工程，统筹完成星级达标创建和基层党建“双提

▲2022年8月16日，长白海关党员干部开展主题党日活动 （张晓宇　摄）

升”工作，开展支部培训学习活动147次，海关总署思想政治工作办公室采用经验交流7篇，监管一科党支部获评长春海关基层党建示范品牌，综合业务科基层党建工作法被长春海关选为典型案例。党支部建设标准化、规范化，6个党支部全年共梳理归档材料2000余份，监管一科党支部获通报表扬。加强纪律作风建设，开展内务督查24次。开展警示教育活动12次，开展谈心谈话54人次，整治酒驾醉驾问题。开展家庭助廉，制作并报送长春海关廉洁文化作品3个。完善“组地关”工作机制，配合派驻纪检组日常监督，加强春节、中秋节等重要节假日监督提醒，党委第六派驻纪检组反馈监督建议2次。

【队伍建设】2022年，长白海关开展队伍能力素质提升大培训，开展“长白讲堂”培训27次。举办“思想理论学用讲坛”支部书记、青年干部专场3次，组织参加培训、跟班作业和演练20余次，累计取得各类业务资质59人次。调整晋升关衔4人次，2人试用期满转正，办理退休1人次。研究上报长白海关队伍建设情况分析报告和加强优秀年轻干部培养工作方案，建立年轻干部培养、历练训练、选拔使用长效机制。

【业务建设】2022年，长白海关完善电力监管链条，与电力部门签订《合作备案录》2份，开展出口电力设施巡查，对1家企业申报不实行为立案调查，办理首起海关封志遗失和1家企业申报不实案件。落实“双随机、一公开”工作，开展海关监管场所巡查15次。开展长白海关口岸监管能力调研，形成2份调研报告。围绕长白口岸监管场所（场地）设置、实验室保障、信息化建设、监管设备保障、口岸公共卫生核心能力建设5个方面进行问题和不足梳理，共理出18项，立行立改及持续推动解决15项。

【疫情防控】2022年，长白海关根据“一口岸一方案”的原则，修订长白口岸新冠疫情应急处置预案、工作方案、旅检岗位工作指引等；制定长白口岸通关流程图和路线图；与长白县商务局建立口岸医疗废物运送交接合作机制；建立安全防护监督员监督、远程视频监督和现场互相监督的监督机制，建立隶属海关和作业班组两级安全防护监督员队伍。成立长白海关陆上邻国（地区）疫情防控工作专班，定期开展陆上邻国（地区）新冠疫情监测，开展风险研判。加强培训演练，提升一线人员专业技能水平，开展疫情防控相关培训23次，249人次参训；开展实战演练3次，34人次参训，制作演练视频1个；桌面推演3次。推进口岸卫生检疫实验室建设，开展吉林省临床检验中心组织的相关评定3次；完成实验室39套（件）仪器设备的档案建立工作。强化联防联控，完成白山市口岸疫情防控组的各项工作；与长白出入境边防检查站签署合作备忘录。制定常态化疫情防控下口岸货运通关监管作业演练脚本，开展演练1次。严抓机关内部防控，妥善应对处置属地3轮疫情，召开指挥部会议23次，精准动态调整相关制度措施20项，排查121次、流调106次。

【税收征管】2022年，长白海关对关区内重点进出口企业进行税收调研，及时掌握企业全年进出口目标，做好重点纳税企业的税收预测，全年累计提出税收风险参数建议12条。优化原产地证书签证流程，支持符合条件的企业享受原产地自我申明签证模式、原产地证书自助打印等便利化措施，全年共签发原产地证书20份，签证金额778.6万元，相关工作典型案例和成效被《吉林日报》等媒体报道。

【安全生产】2022年，长白海关加强与地方联防联控部门协作配合，同地方公安、交通、卫健、环保、应急管理、市场监督等职能部门签订合作备忘录6份。聚焦“7+21”项重大、系统性风险，召开安全生产工作领导小组会议6次，制定安全生产制度4份，统筹做好国家安全人民防线等有关工作。围绕9个重点业务领域和关键环节开展安全生产检查，发现问题35项，并全部完成整改。开展“口岸危险品综合治理”百日行动，开展业务培训2次，10人获危险品检验监管资质，1人入选长春海关进出口危险品及其包装检验监管业务指导组。

【优化营商环境】2022年，长白海关持续优化营商环境，制定11项措施促进外贸保稳提质，以“问题清零”机制解决企业困难9项。先后组织开展“海关政策宣讲”线上云培训10余期，40多家企业、60余人次参训。以“首问负责制”受理各类咨询解答累计50余人次，协调白山海关、长春绿园海关有效解决企业注册备案办理过程中的痛点、难点、堵点。实行“5+2”通关保障机制，提供“7×24小时”预约通关服务，专人对接重点企业，在节假日等重要时间节点安排专人值守，确保报关单处置及时。在疫情期间，有力保障进出口企业产业链供应链稳定。2022年，出口货物整体通关时间为0.08小时，较2017年平均水平压缩97.5%，较长春关区平均出口货物整体通关时间快0.38小时。

【查缉走私】2022年，长白海关开展“国门利剑2022”联合专项行动等专项行动，开展6次法制宣传活动，营造反走私浓厚氛围。与地方公安、边防、驻地部队联合开展夏夜治安巡查宣防工作，对边境沿线开展夜间巡逻工作11次。联合地方公安机关查获淫秽书籍500余册。处理协查案件2件，协助抓获犯罪嫌疑人1人。加强与检察机关沟通协调，推动4起在侦案件办案进程。开展2002年以来的刑事、行政案卷因年久失修重新整理修缮工作，整理案卷2000余卷，修缮案卷600余卷。完成长白海关缉私分局建局以来侦办、办理的刑事、行政案件登记工作，新录、补录案件系统证据材料1200余份。

【综合保障】2022年，长白海关落实“过紧日子”要求，持续优化用电、用水、用油和采暖等节约措施，协调地方政府保障资金20万元。做好“双随机、一公开”等政务公开工作，累计发布16次，完成2021年长白海关政务公开、2021年预决算信息主动公开工作。落实海关总署关心关爱22条措施，“五小”建设项目验收投入使用。规范政务值班工作，开展检查并通报2次。加强机要保密工作，召开相关会议并印发纪要，调整涉密人员，清退密级文件186件。开展保密自查，实地检查办公场所及管理网终端日常使用保密管理。开展微信专项清理行动2次，签订承诺书150余份，备案微信群26个。加强实体档案、电子档案和档案库房安全管理，建立登记台账，规范档案利用借阅归还程序，开展每日安全巡查，归档2021年档案995件。第二综合实验室通过中国合格评定国家认可委员会“复评+扩项”评审扩项2项。完成植物油中过氧化值检测等3个领域3项能力验证，开展内部质量控制8次，内部培训9次。

【动植物检疫】2022年，长白海关开展国境口岸病媒生物监测工作，开展鼠类监测4次，捕获鼠类13只；开展成蚊监测12次，捕获成蚊8只；开展蜱类监测6次。参与海关总署2022年度“一带一路”病媒生物专项监测，42人次参加，捕获鼠类30只。开展“4·26”全国疟疾日宣传活动。开展“12·1”世界艾滋病日主题活动，普及艾滋病防治知识，增强出入境人员自我防护意识和能力。

【业务基础建设】2022年，长白海关开展岗位操作手册大检查，向总关反馈政务类权责事项14项，业务类权责事项83项，全面梳理科室制度、岗位职责、操作指引，完善科室制度64项，岗位职责81个，岗位操作规范指引106个。全面排查业务风险问题，核查151票报关单。完成长春海关“四不两直”督导检查反馈问题整改，6个问题全部整改到位。推进审计发现183个问题整改完成，完善修订作业制度10项，综合运用HLS2017系统处置异常数据8条，有效率为100%。开展库房清理工作，全面梳理排查库房39个，移交固定资产9件，销毁各类业务档案6965份（册）。

【政策研究】2022年，长白海关撰写统计分析相关文章34篇，其中被海关总署、吉林省政府采用2篇。参与关级课题“疫情背景下与邻国经贸合作新思路探析”研究工作，并获得2022年度关级课题一等奖。成立学会小组，报中国海关学会大连分会征文11篇。报送监管理论研究论文2篇，获海关学会大连分会三等奖，1篇在杂志发表。报送调研报告、工作专报各3篇，其中“三不腐”课题研究报告得到总署领导批示。

【促进外贸保稳提质】2022年，长白海关支持长白县中朝互市贸易区建设，向地方政府提出区域规划、运营模式、场所经营单位资质申请等合理化建议8条；设立互市贸易政策咨询点，根据咨询情况整合互市贸易重点关注、共性问题清单，累计受理企业、边民有关政策咨询20余次。组织开展“贯彻落实二十大精神，互市贸易政策宣讲”主题活动并与长白县委、县政府、商务局等部门进行工作对接，共同研究边境经济合作区口岸经济发展要点，探索“边境贸易+落地加工”新经济模式，推进“通道经济”向“口岸经济”转型升级，推动高水平对外开放。积极支持“三区同建”、互市贸易港等招商项目落地建设，与地方商务、开发区及建设单位建立线上联络机制，提供政策指导3次。

【普法宣传】2022年，长白海关制定年度普法工作计划和责任清单，以清单检查普法成效，促进普法工作落实。开展各项普法宣传活动共6次。结合疫情防控形势开展线上“3·15”消费者权益日宣传工作，利用“两微一端”发布防诈骗信息。制作普法导读手册，重点介绍《中华人民共和国国境卫生检疫法》。面向关区9家企业开展线上政策宣讲会，宣传解读《中华人民共和国行政处罚法》。以“全面开启知识产权强国建设新征程”为主题，在口岸广泛宣传知识产权法律知识，利用线上平台向企业宣传海关相关政策，鼓励关区企业维护合法权益，提升执法人员的执法能力，参加东北四省（区）六关知识产权保护联合培训，开展“4·15”全民国家安全教育日、“宪法宣传周”微信宣传。开展以“美好生活·民法典相伴”为主题的“关长讲坛”活动。开展以“学习宣传党的二十大精神，推动全面贯彻实施宪法”为主题的法制宣传日集中普法宣传活动。参与“第十八届全国法治动漫微视频作品征集展示活动”，报送公益宣传视频作品1份。

撰稿人

王利慧　刘永杰　李俊天　张　吉　季　委　庞玉贵
姜　雪　夏俊乐　高　伟　郭　蕊　曹宏远

松原海关

【概况】松原海关于2018年12月正式建关，受长春海关直接领导，2019年11月设立松原海关党委，2020年10月12日正式揭牌，承办海关业务。内设办公室（党委组织宣传部）、综合业务科、企管科、查检科、核查科5个科室。截至2022年，松原海关实有人员18人（代管技术中心事业编制1人），负责松原市行政区划内（前郭尔罗斯蒙古族自治县、长岭县、乾安县、扶余市、宁江区）的属地相关海关业务（按有关规定实施集约化管理的审批备案业务和稽查业务除外）。2022年，松原海关贯彻落实习近平总书记重要指示批示精神和党中央国务院重大决策部署，围绕海关总署、长春海关重点目标任务开展工作，在“12个必”和“铸忠诚、担使命、守国门、促发展、齐奋斗”要求上持续发力，按照“151”总体工作思路，将学习宣传贯彻党的二十大精神、政治机关建设、疫情防控、促进外贸保稳提质等重点工作在松原海关全面落实落细，在工作中提出新举措、抓出新成效。2022年松原市进出口总值112187万元，其中出口111537万元，同比增长16.8%；进口651万元，同比增长295.4%；进出口累积同比增长17.3%。截至2022年年底有注册备案进出口企业239家，重点进出口企业15家，AEO企业1家，一般信用企业238家。全年开展管理类核查作业4次，风险类核查作业1次。

【党的建设】2022年，松原海关坚持“第一议题”制度，2022年通过党委会、理论中心组学习、例会等形式传达学习落实习近平总书记的重

▲2022年10月21日，松原海关开展“我与党旗合张影　心中话儿对党说”主题党日活动　（李嘉晨　摄）

要讲话和重要指示批示精神93件次。印发松原海关学习宣传贯彻党的二十大精神工作方案，搭建“学思交流展示平台”“党的二十大精神知识问答点将台”，营造良好学习氛围。强化学习宣传，累计通过长春海关相关载体发布新闻稿件等30余篇。压紧压实全面从严治党主体责任，定期督导检查全面从严治党工作分工落实情况和完成情况。开展谈心谈话90余人次，配合派驻纪检组监督落实全面从严治党各项工作，与地方纪委监委建立协作配合机制并保持常态化沟通联系。

【队伍建设】2022年，松原海关依托海关总署、长春海关组织的全员培训、岗位练兵等活动，安排年轻干部到业务一线跟班作业、职能处室以干代训、兄弟海关支援交流；通过“线上+线下”“课上+课下”相结合的方式，提高年轻干部个人防护、内控建设、信息宣传方面的专业能力；坚持党管干部原则，选拔4名干部担任科长职务，完善执法一线科长队伍。

【业务建设】2022年，松原海关强化检验监管人才队伍建设，3人通过危险化学品及其包装检验资质考试、1人通过总署植物检疫高级签证官考试、4人通过执法资格考试并获得相应执法资质；建立覆盖各业务科室的工作手册及操作流程图，提升各个岗位人员的工作能力和办事效率；依托“一企一策”机制、“重点企业通信员”机制，落实“7×24小时”预约通关模式，落实“一品一策”机制，有针对性地解决出口企业难点、堵点；修订进出境重大动植物疫情应急处置预案，提升关区系统预防、处置重大动物疫情的能力。

【疫情防控】2022年，松原海关采取措施确保疫情期间各项工作有序开展。关心关爱居家关员身心健康，全体关员及共同居住人无感染；落实进口货物查验个人防护要求，强化防护实操训练；对照“百名科长百日督查”工作的10项督察重点内容，梳理防控工作情况，配合现场检查并做好后续整改。

【安全生产】2022年，松原海关全面落实安全生产工作要求。研究部署排查风险隐患、落实防范措施、解决问题隐患10次。开展安全生产自查，深入排查安全风险隐患，发现问题并及时进行整改，确保安全生产工作取得实效。建立与地方相关部门联系机制，将松原海关纳入松原市危险化学品局际联席会议成员单位，定期邀请市机关事务管理局对办公区域进行安全检查。建立“吹哨人”预警机制，鼓励全体干部职工积极参与安全生产监督管理，积极提供涉及安全生产问题或者风险隐患的预警信息。

【促进外贸保稳提质】2022年，松原海关制定松原海关促进外贸保稳提质十条措施，深入关区10余家企业宣传海关政策；推广原产地证书“智能审核”等便利措施，提高原产地证书自助打印率。2022年，松原海关检验检疫进出口货物2200余批、货值超10亿元；签发检验检疫单证7类2400余份，签发原产地证书6类2000余份，其中签发RCEP原产地证书29份。

【口岸危险品综合治理】2022年，松原海关提升属地危险化学品监管效能。结合业务实际开展“口岸危险品综合治理”百日专项行动，通过

“线上+线下”相结合方式开展政策宣传解读，强化企业安全生产主体责任，守住安全生产红线和风险防范底线。通过“信息双向反馈机制”，实现双向安全管控，建立出口危险品企业档案和出口产品清单，做到精准帮扶。提升查验效率，采取危险品“快速通关”“提前预约”“线上咨询”“急事特办”等举措，优化监管流程，助力企业实现快速出口。2022年，松原海关共检验监管出口危险化学品10余批，货值1000余万元。

撰稿人

王俊刚　王　楠　段昕彤

白城海关

【概况】白城海关由原白城出入境检验检疫局于2018年4月转隶成立，2020年11月18日正式揭牌对外开办海关业务，为长春海关所属正处级海关，内设5个科室，有行政编制人员18人，另驻有长春海关检验检疫技术中心第三实验室（白城），关区范围为白城市行政区划全境。

【党的建设】2022年，白城海关将学习好、宣传好、贯彻好党的二十大精神作为首要政治任务。举办党委会专题学、党委书记宣讲辅导学、党委理论中心组集中研讨学、支部"三会一课"和阶段测试学等各类学习38场次，撰写各类学习心得、研讨材料30余篇，参加各类专题培训班、宣讲报告会5期；全关层面集中测试3轮70余人次。依托关员微信群、"春意边关"微信公众号、"学习强国"等平台矩阵和"鹤关青语"讲坛，组织党员干部通过"线上""线下"方式畅谈学习体会。结合"双报到"活动和乡村振兴调研，及时宣讲党中央、海关总署及长春海关党委重要会议文件精神，党委书记带头向本支部、本单位、包保社区及帮扶村党员宣讲党的二十大精神10次，覆盖120余人次。举办廉洁文化创意作品征集、青年学报告读书会、观看红色影片、参加升国旗仪式和主题实践活动共计10余场次；推进常态化党史学习教育，组织12人次参观中共辽吉省委旧址。

2022年，白城海关党的建设各项工作取得了新的进展。广泛利用党委理论中心组学习、支部"三会一课"等多种形式将海关总署汇编的专项教育学习材料，纳入每月必学内容。举办中心组（扩大）学习12次，各级党组织通过专题民主生活会、组织生活会等开展专题学习6次、交流研讨18次。集中学习海关总署汇编材料28次，梳理政治要求59个。开展"铭记历史、勿忘国耻"纪念卢沟桥事变85周年活动。以庆祝中国共产党成立101周年、庆祝中华人民共和国成立73周年、庆祝中国人民解放军建军95周年为主题，举办廉洁文化创意作品征集、青年诵党史读书会、观看红色影片、升国旗仪式和新发展党员入党宣誓等活动。综合业务企管联合党支部被长春海关党委授予2022年度长春关区"四强"党支部及"四强"党支部示范点，所创"鹤关·党员集结號"党建品牌连续3年被长春海关党委授予基层党建培育品牌。

【队伍建设】2022 年，白城海关注重加强人才培养使用和执法一线科长队伍建设，3 名试用期干部按期转正，1 名新录用公务员上岗，2 名干部选拔为正科级领导干部。强化执法队伍人员资质培养，1 名关员取得海关企业认证资质（初级）、2 名关员取得危险化学品查验资质、1 名关员取得高级植物检疫签证官资质。认真开展内务规范强化月和警示教育月活动，开展严禁酒驾醉驾等警示教育 12 次。

▲2022 年 10 月 19 日，白城海关关员到企业开展国门生物安全知识宣传活动（许成功　摄）

【业务建设】2022 年，白城海关监管货物货运量、货值以及签发原产地证书、检验检疫证书份数、受理报关单数量等业务数据同比均大幅增长。其中，监管进出境货物货运量同比增长 84.20%，货值同比增长 87.50%，签发原产地证书同比增长 31.49%，签发各类检验检疫证书同比增长 40.48%，受理进出口报关单同比增长 78.47%。注重发挥“数据+研究”优势，统筹推进业务数据、贸易数据和宏观数据融合分析，结合关区贸易特点，开展关级课题研究和调研报告撰写工作。加强进出口贸易分析研判，撰写监测预警信息。分析白城市外贸发展形势，积极向地方政府建言献策，着力发挥参谋助手作用。采用“提前申报”模式进行报关，巩固整体通关时间压缩成果，提高通关效率。

【疫情防控】2022 年，白城海关严格落实疫情防控责任，动态调整出差出行管理、核酸检测、办公区域管理、会议培训管理、“日报告、零报告”等防控措施，加强宣传教育、督促提醒和监督检查，及时准确全面掌握人员风险情况和排查管控情况，统筹抓好疫情防控和队伍管理、业务工作，在属地发生疫情并采取相应措施后，始终确保业务正常运转。严格落实进口货物查验防护要求，每月组织一线执法关员开展个人防护服穿脱培训及演练，提升关员个人防护意识和技能。2022 年 3 月 15 日至 5 月 15 日，白城海关业务骨干在单位集中封闭办公 62 天，大力推广并指导企业自助打印原产地证书，提供网上通关指导和“7×24 小时”预约监管，对企业急需的纸质单证，实行“提前预约+企业固定人员持证、专人专车无接触领取”业务办理措施，保证疫情期间企业顺利办理通关业务。

【税收征管】2022年，白城海关征收税款271.07万元，同比增长119.51%。学习税收业务，持续开展岗位练兵，参加业务培训，利用HLS2017系统相关功能，从税收征管、价格管理、归类管理、原产地管理等方面进行逐一排查，按照风险提示要求进行在线分析。每月汇总分析当月税收征管情况，并形成税收分析报告。在指导企业用好原产地证书基础上，推广自助打印、智能审单模式，提升签证效率，开展RCEP政策宣传，指导企业掌握累计原产地规则，让企业充分享受政策红利。与辽源海关联合开展两关同类进口商品调研。

【安全生产】2022年，白城海关制订年度安全生产工作要点机关疫情防控预案等，有效防范安全生产风险。进一步完善白城海关安全生产工作领导小组机制，每季度专题学习研究安全生产工作，严格落实安全生产责任，开展安全生产自查，建立和完善“三个清单”（问题隐患清单、制度措施清单、底数清单），并实施动态管理，2022年共排查出20项安全隐患并及时整改销号，全面抓好整改落实。开展2022年“安全生产月”系列活动。强化进出口危险品检验领域安全风险防控，加强危险品专业岗位资质培训和管理，组织查验关员参加危险品检验岗位资质培训考核，提升现场关员执法能力水平和安全作业规范化水平。

【促进外贸保稳提质】2022年，白城海关制定白城海关促进外贸保稳提质十条措施，建立“问题清零”台账，积极解决和答复企业问题和需求。汇总梳理白城地区企业和进出口产品特点，为企业周转时间短或者易变质的产品提供预约优先查检服务，努力实现通关“零延时”。为易变质农食产品企业提供个性化服务，采取“5+2”预约查验。对拼箱出口木制品、订船自主性小的企业，配合船期倒推时间、提前预留海关查验时段，积极支持中小企业开展外贸业务。建立新进出口商品调研机制，助力奶粉、玻璃纤维棉等商品顺利出口。针对长春、白城疫情期间企业异地办理通关手续遇到的困难，做好企业“异地报关+属地查检”“加工贸易业务现场审核+网上审批”等上下游业务接力办公和共同指导，进一步实现“数据多跑路、企业少跑腿”。

【综合保障】2022年，白城海关有效推进财务及后勤保障工作，遵循“保工资、保民生、保运转”原则，将有限的预算资金优先投到保障重点项目中、用在服务中心工作上。加快预算执行进度，规范“三公”经费管理，严格出差出行审批；贯彻落实“过紧日子”和为基层减负要求，厉行勤俭节约，严格实行节能降耗指标管理，压缩水、电、油等消耗性支出；加强食堂管理，推行节约用餐；通过定期对巡视共性问题、巡察和“四不两直”检查发现的28项问题整改进行“回头看”，补齐短板漏洞，提升工作质量，形成自查、整改、检查、评估工作闭环。

【企业管理】2022年，白城海关不断优化信用管理服务，将白城市重点扶持企业纳入优先培育范围，提供个性化培育方案。对1个通用标准和8

个单项《海关高级认证企业标准》进行全面梳理，开展《海关高级认证企业标准》轮流讲、认证技能集中学，大力提升认证能力和水平。通过做好认证前期准备，提前制定认证方案，优化认证安排等，指导企业准确把握认证的条件和要求，助力企业成为白城海关关区 AEO 企业。

【乡村振兴】2022 年，白城海关加大对定点帮扶对象——白城市洮北区金祥乡新建村帮扶力度。加强人力、财力和物力投入和扶贫政策宣传，推进村党支部建强基层党组织，落实一系列帮扶举措，扶持新建村巩固脱贫攻坚成效有效衔接乡村振兴。强化党建引领，支持新建村新时代文明实践站发展。坚持系统思维，结合“七一”“国庆”等重要节假日，与帮扶村党支部开展支部共建活动，提升基层党组织建设能力，助力乡村振兴。强化政策宣讲，选派单位业务骨干和政策宣讲员，到新建村开展多种形式的政策法规宣传和慰问帮扶活动。扶持集体产业发展，调研了解新建村养驴合作社发展现状，与村两委、驻村工作队共同商议推动产业项目发展，发挥产业项目带动作用。持续向合作社免费提供豆饼粉精饲料，帮助村集体经济稳定发展。助力庭院经济，根据“一村一品”发展要求，结合新建村种植实际，派员帮助外出打工或年老的农户干农活，发展庭院种植。组织干部职工回购豆角、鸡蛋等庭院种植、养殖产品，帮助脱贫户增收。

撰稿人

乔新国　姜彬彬　雷天一

延吉海关

【概况】延吉海关于1993年4月22日设立。于1996年12月26日正式建关，为长春海关所属正处级海关。1997年1月4日，延吉海关正式对外开办业务。2018年4月，原延边出入境检验检疫局管理职责和队伍划入延吉海关。延吉海关下设1个副处级派驻机构、21个正科级内设机构、2个事业单位，有行政编人员133人。延吉海关承担延边朝鲜族自治州行政区划内的属地和口岸相关海关业务（按有关规定实施集约化管理的审批备案业务除外；珲春市、安图县行政区划内的属地和口岸相关海关业务除外；图们市、龙井市行政区划内的口岸相关海关业务除外）。关区内共有2个对朝陆路口岸（南坪口岸、古城里口岸）、1个航空口岸（延吉航空口岸）、1个海关保税监管场所［延吉国际空港经济开发区保税物流中心（B型）］、1个国际邮件交换局（延吉国际邮件交换局）、1个快件监管中心（延吉空港国际快件监管中心），业务呈现“点多、线长”的特点。

2022年，延吉海关以习近平新时代中国特色社会主义思想为指引，以学习宣传贯彻党的二十大精神为主题主线，贯彻落实海关总署和长春海关工作部署，落实“疫情要防住、经济要稳住、发展要安全”重要要求，贯彻“15字”工作要求和“12个必”工作部署，按照“151”总体工作思路，有序推动各项重点工作任务落实。慎终如始履职尽责，顺利完成口岸疫情防控工作任务，共检疫监管进出境航班114架次，PCR实验室完成人员新冠病毒核酸样本检测8856份。始终保持打私高压态势，立案侦办刑事案件1起，案值292万元；立案调查行政案件4起，案值907.44万元。促进新兴业态发展，延吉国际空港经济开发区保税物流中心（B型）RECP跨境进出口交易中心正式启动。全力促进延边州外贸高质量发展，进出口总值267.2亿元，同比增长75.4%。

【党的建设】2022年，延吉海关把学习宣传贯彻党的二十大精神作为重点工作任务。邀请延边州委党校教授作专题授课，党委到基层宣讲。在延吉海关内网开设“学习宣传贯彻党的二十大精神”专栏，制作展板、海报、宣传条幅20个。开展“微课堂”“微分析”“微练兵”活动，组织全体党员就学习二十大报告谈感受、诉心声，撰写心得体会40余篇，开展实操学习授课交流 30 人次。强化党的政治领导，常态化坚持“第一议题”制度，党委理论中心组开展学习 19 次。认真开展民主生活会，聚焦会议主题和 6 方面重点内容，查摆汇总 30 项问题，逐条明确责任，推动后续整改。加强政治机关建设，紧跟海关总署政治机关建设专项教育活动部署，将 20 个党支部分成 5 个结对小组，将“没有脱离业务的政治，也没有脱离政治的业务”落实到党建和业务日常工作中；加大专项教育信息宣传力度，21 篇稿件被海关总署思想政治工作办公室采用，32 篇被长春海关思想政治工作办公室采用。强化“强基提质工程”建设，延吉海关驻机场办事处综合监管科党支部、古城里口岸现场党支部、监管一科党支部、邮局监管一科党支部、敦化现场党支部、办公室党支部被长春海关评为“四强”党支部。驻机场办事处综合监管科党支部、古城里口岸现场党支部、监管一科党支部被评为“四强”党支部示范点，20 个党支部通过合格支部验收。

【队伍建设】2022 年，延吉海关坚持严管厚爱，强化队伍建设。着力专注能力素质提升，2 人参加海关总署疫情防控专项督查工作，1 人参加海关总署“百名科长百日督查”，1 人参加海关总署审计工作，1 人代表长春海关担任中国海关管理干部学院新录用公务员初任培训带班班主任。推进党风廉政建设，推进“海关重点项目和财物管理以权谋私”专项整治工作，梳理筛查重点项目 77 条，调阅档案 53 份，加强与派驻纪检组联系配合，不断拓展整治成效。党委书记围绕讲授廉政专题党课。开展课题研究，撰写一体推进“三不腐”落实管党治党责任的调研报告。征集“清风国门”廉洁文化作品 20 余篇，在党建活动室进行集中展览。主要负责走进口岸封管区，参加封闭管理，蹲点调研一线关员工作生活实际困难，党委带头“一对一”慰问。2022 年 1 人入选“百名优秀执法一线科长”、1 人成为中国共产党吉林省第十二次代表大会代表，延吉海关邮局现场获评 2022 年全省“扫黄打非”先进集体称号。

【疫情防控】2022 年，延吉海关落实海关总署、长春海关部署要求，采取最全面、最彻底、最严格的口岸检疫措施，精准落实“三查三排一转运”等要求。共检疫监管进出境航班 114 架次，监管进出境人员 11414 人次，其中进境旅客 128 人。认真执行长春海关贯彻落实新冠商情防控相关措施和方案。持续加强与地方政府、相关部门的联系配合，确保全流程各环节联动贯通、衔接顺畅。持续优化落实机关内部疫情防控措施，压紧压实两个“第一责任人”防控责任。做好延吉航空口岸国际航班复航各项准备工作，做实做细航班恢复的前期各项准备工作。制订 4 份方案预案，以“多件突发事件连发”形式开展应急演练。自 2022 年 12 月 29 日起，航空口岸逐步恢复进境国际航线。做好陆路口岸通关准备，按照“一口岸一方案”细化具体流程，加强与地方政府沟通联系，精准评估人力、物资等情况，加强应急保障和人力储备，优化卫生检疫区域建设。延吉国际旅行卫生保健中心 2022 年完成出入境体检 1614 人次，赴韩肺结核检查 21816

人次，检出艾滋病2例，梅毒2例，乙型肝炎表面抗原阳性69例，丙型肝炎抗体阳性14例。

【业务建设】2022年，延吉海关落实总体国家安全观，严密正面监管，开展“国门利剑2022”联合专项行动、“清邮2022”等专项行动。建立分管关领导带班机制，成立“加强监管小分队”赴业务现场开展联合监管作业。在延吉国际空港经济开发区保税物流中心（B型）演练预设口岸监管环节发现爆炸装置情境。开展“五类物品防控监管”培训，持续加强审图能力。加大远程视频监控与视频回放监控力度，坚持“当日监控次日回放”，保证行邮业务现场日均监控时长2小时。对大型监管设备实行“一设备一档案”登记管理，共建立监管设备档案35份。2022年，延吉海关共受理进出口报关单663票，同比下降2.6%，其中进口301票，同比增长1.3%；出口362票，同比下降5.7%。监管进出口货物4540吨，同比增长140.8%。货物总值5963.7万美元，同比增长174.6%；其中进口146吨，同比增长342.4%，货值3085.6万美元，同比增长470.1%；出口4394吨，同比增长137.3%，货值2878.1万美元，同比增长76.5%。监管进出境飞机114架。监管进出境人员11414人次。其中进境旅客128人，出境旅客10288人次，运输工具服务人员998人次。邮递渠道监管进出境邮递物品20.3万件，同比下降19.2%，其中进境12.3万件，同比下降9.85%；出境8.0万件，同比下降30.2%。

【法治建设】2022年，延吉海关深化法治建设，全力推进依法治关。规范落实行政执法公示制度、执法全过程记录制度、重大执法决定法制审核制度，建立并更新参考资料库。结合基层政务公开标准化规范化试点，做好事前、事中、事后公开工作。加强与职能处室联系，做好行政执法全过程记录。调整重大执法决定法制审核委员会成员，明确审核事项、范围、程序。结合“我为群众办实事”实践活动，按时间节点开展“美好生活·民法典相伴”、国门生物安全普法和“4·15”全民国家安全教育日、“8·8”海关法治宣传日、“12·4”国家宪法日等一系列普法宣传活动，对关区贸易企业精准普法。

【税收征管】2022年，延吉海关持续深化综合治税。受疫情影响，2022年税收入库319.1万元，同比下降42.7%，其中关税209.7万元，同比下降23.3%；进口环节税109.4万元，同比下降61.3%。加强属地纳税人管理，完善“属地纳税企业底账”，细化属地纳税企业基础信息，引导企业提升合规申报意识。帮扶企业破解国外贸易壁垒，按时保质完成22家企业技术性贸易措施问卷调查工作。强化税收征管数据风险监控分析，加强对归类、价格和原产地等涉税要素的监控工作。强化现场验估职能，严把涉税要素后续审核关，提炼上报风险参数12条。

【卫生检疫】2022年，延吉海关严格做好口岸卫生检疫工作。检疫监管出入境交通工具114架次，查验出入境人员11414人次，采样送检126人次。组织开展口岸输入性传染病风险分析评估3次，动态调整口岸疫情防控措施，做好“多病共防”。组织开展业务培训13次、职业暴露应急处置演练2次。依法办理国境口岸卫生许可，对关区口岸2家经营单位材料审查、现场考核。2022年，延吉海关关区口岸卫生检疫行政许可单位11家，包括食品生产企业1家、餐饮服务企业1家、食品流通和食品销售企业4家，饮用水供应单位1家，公共场所经营单位4家。开展日常监督检查和节假日重点监管47次。制订2022年延吉海关口岸卫生监督抽检工作计划，完成航空口岸食品安全抽检任务项目样本148个。制订2022年延吉海关输入性病媒生物监测方案、延吉海关国境口岸区域病媒生物监测方案，开展鼠类监测12次，捕获7只；蚊类监测32次，捕获85只；监测游离蜱15次，捕获游离蜱2只。

【动植物检疫】2022年，延吉海关检疫监管出入境货物2700批次，主要包括加工水产品、木制品、农产品等，严格按照国家标准或行业标准抽样及时送检，样品经长春海关、延吉海关综合技术服务中心检验检疫，检测结果均符合要求。完成出境植物产品注册登记、出口食品原料种植场备案工作。受理、现场考核竹木草制品、果园、种苗花卉企业7家，其中6家企业通过考核取得注册登记；对3家出口食品原料种植场备案现场审核并全部通过。制定延吉海关进出境食用农产品和饲料安全风险监控实施工作方案，对进出口粮食和饲料及饲料添加剂1大类共1种产品开展安全风险监控。持续加强“非洲猪瘟”“高致病性禽流感”防控，截获非法入境猪肉及其制品29批次、69.7千克，保障畜牧业安全。在中朝边境、延吉航空口岸，开展检疫性实蝇、马铃薯甲虫、红火蚁、小火蚁、松材线虫等国门生物安全监测和外来物种普查工作。

【食品安全监管】2022年，延吉海关加强进出口食品检验检疫，防止发生区域性、行业性进出口食品安全事件。开展进出口食品安全政策宣讲活动，督促企业加强对境外生产企业的审核，有效提升风险防控能力。严格执行海关总署进出口食品安全监督抽检及风险监测计划，根据长春海关出口动物源性食品安全风险监测安排，延吉海关承担出口动物源性食品蜂蜜的风险监测工作。监测蜂蜜样品15个，监测项目45项，监测结果均合格。共查检进口不合格货物2批次，依法对该货物做出退运处理。查获来自西班牙的不合格橄榄油7500瓶、货重10.9吨、货值36.5万元，下达检验检疫处理通知书并采用技术手段使之整改合格。

【商品检验】2022年，延吉海关加强商品检验监管，严守国门安全底线。根据实际工作情况，聚焦“安全”，强化危险化学品检验监管。提升业务能力，组织参加危险品及其包装培训考核，4人获得资质。强化“源头”管控，全面掌握关区2家危险品企业基本情况和主要进出口危险品危险特性，实施“一品一策”精准监管。开展进出口危险品检验监管政策企业宣讲9次，通报安全生产警示案例，向企业宣传夏季高温危险品注意事项。积极落实海关总署“口岸危险品综合治理”百日专项行动，全面梳理危险品数据信息，结合重点危险品货物特点、伪瞒报手法等开展数据分析比对，建立关区进出口危险品企业及产品数据库。2022年检验监管出口危险化学品及其包装19批，货值2891.6万美元，商品品种主要为原料药。

【安全生产】2022年，延吉海关坚持把安全生产作为工作的重中之重，强化安全生产的全领域覆盖。制订动态全领域风险“大排查、大整改”专项行动工作方案，利用现场排查、吹哨人微信群汇总、周巡查、月监控报告通报等方式，排查整改各环节存在的安全生产问题隐患。完善建立联系机制、通报机制、巡查机制、“吹哨人”预警机制4个工作机制，守牢安全底线。致函各海关监管作业场所（场地）经营企业或主管部门，与地方部门签订《消防安全协议书》《合作备忘录》等5份，针对可能发生的安全风险隐患的通报、移送、应急处置形成监管合力。

【企业管理和稽核查】2022年，延吉海关紧跟海关深化改革总体思路，充分发挥属地职能优势，全面提升稽、核查作业质量，切实打击关区违法行为。开展稽查作业5起，刑事案件3起，查获3家公司通过制作虚假合同、发票等方式从阿拉山口、绥芬河、珲春、满洲里等铁路口岸低报价格走私木材进口，共涉及报关单1185票，案值2.03亿元；行政案件1起，查获某企业未经海关许可，涉嫌擅自处置保税货物案件，涉及保税货物69.5吨，涉案货值约1129万元。落实“多查合一”改革，2022年开展核查作业90起，核查作业数量创历史新高。

▲2022年12月14日，延吉海关关员对鳕鱼加工贸易企业进行核查　（陈艺元　摄）

【查缉走私】2022年，延吉海关推进“国门利剑2022”联合专项行动。加强走私风险分析研判，重点打击“洋垃圾”走私进境和象牙等濒危物种及其制品走私，提高对毒品、枪支弹药、爆炸物品、有毒生化物、反宣品等查控力度，上报风险参数10条。在航空口岸查获银币及银制品等文物36件。针对邮寄入境雪茄、保健品增加情事，专项打击整治2次。共立案侦办刑事案件1起，案值292万元；立案调查行政案件4起，案值874.99万元。

【促进外贸保稳提质】2022年，延吉海关坚持稳中求进，着力促进外贸保稳提质。为企业纾难解困，对145家重点企业进行电话咨询和政策宣讲，收集需求建议34条。开展“一对一”原产地证书申领业务培训，签发原产地证书975份。发挥政策扶持作用，帮扶企业破解国外贸易壁垒，支持特色产品“走出去”，监管出口松茸164批次，货值 6066.6 万元，同比增长 61.6%。监管用于治疗新冠感染的药品出口 66.7 亿元，同比增长 64.7 倍，占全国的 28.7%。加强与地方联系配合，与延边州商务局、延吉市开发区管理委员会和龙市政府等建立沟通协调机制。支持重点项目建设，促进新兴业态发展，指导企业完成跨境电商监管场地建设、平台数据对接等项目筹备工作，推动“1210”跨境电商网购保税进口业务在延吉国际空港经济开发区保税物流中心（B 型）正式运行。监管延吉国际空港经济开发区保税物流中心（B 型）进出口货物 1325.8 吨，货值 8482.1 万元，二线进出区货物 1282.2 吨，货值 8441.7 万元。推动 RCEP 跨境进出口交易中心建设，打造“保税备货+即买即送”“前店后仓+快速配送”的跨境电商运营模式，为延边人民提供价格优惠的“全球购”消费场所，9 月 2 日延吉国际空港经济开发区保税物流中心（B 型）RECP 跨境进出口交易中心正式启动。助推和龙市边合区建设完善，推进“小组团”滚动开发，支持边境经济合作区申请落地加工试点。

【综合保障】2022 年，延吉海关提出“一核心、三考量”的综合保障工作思路。优化预算执行管理，实行动态预算安排机制。严肃财经纪律，开展行政事业单位财务管理领域自查、税款入库退库工作时效自查、涉案财物货物物品清理专项行动。盘点关务保障系统内设备，提高资产利用率。处置涉案财物 5 批次，公开拍卖 2 批次，移交涉案财物 1 批次，销毁 2 批次。移交鉴定为禁止进口固体废物的相机 159 台、相机镜头 2 个、相机支架 1 个、包 63 个、貂皮大衣 35 件，货重共计 135.85 千克，系长春关区首次成功移交涉案固体废物。坚持落实海关总署支持艰苦地区边关建设二十二条措施及长春海关十条具体措施，以“防疫+关爱”形式为干部职工筑牢坚实后勤保障。有序开展基本建设，党建工作室投入使用，艰苦边关生活保障基础设施建设项目成功验收。

【统计分析】2022 年，延吉海关建立外贸形势分析会议制度，聚焦贸易统计指标及关区主要业务统计指标，多维度、多视角分析国内外经贸形势，研判关区外贸进出口情况及下一步走势。强化数据分析和指标监测，编发各类统计月报、预警分析材料，为业务工作和科学决策提供数据支持。结合数据变动，对业务运行进行风险研判，将外贸形势分析会议与业务研讨会相融合，与周复盘会议相结合，解决通关、监管、征税等各环节突出问题。围绕重点行业、重点企业，及时跟踪关区外贸进出口动态，有针对性地加大对重点商品进出口情况的专题分析。2022 年上报的 29 篇进出口监测分析中 1 篇被海关总署采用，4 篇被长春海关采用。

【政务管理】2022 年，延吉海关围绕中心工作和重点任务，努力提升政务工作水平。制定“研讨复盘、答复反应、协作呼应”工作机制，细化 20 条落实举措，形成邮递渠道重点物品监管等方面调研报告等材料 14 篇次。做好机要保密，进行保密提醒 272 人次，保密工作受到延边州委保密委员会办公室通报表扬。认真贯彻落实习近平总书记对新时代档案工作的重要批示精神，开展 2 次档案专项自查。提升政务公开水平，承担长春关区试点工作任务，编制并动态更新基层政务公开标准事项目录。加强线下阵地建设，在办公楼大厅设置政务公开专区。全年处理12360海关热线、12345政务服务便民热线咨询事项50余起，均规范妥善处置。挖掘选题，制作的微视频《三十年驻守边关守国门初心不变》获省直机关“喜迎二十大建功新时代”微视频评选三等奖，被《中国国门时报》，以及“海关发布”微博、微信公众号等媒体报道。发布查获违规进境植物种子系列视频。监管通关、助力企业特色产品出口、扶贫工作等新闻稿件获省级以上媒体宣传报道19篇次，被海关总署相关载体刊发6篇次。学会工作保持良好水平，1篇获中国海关学会优秀奖、中国海关学会大连分会一等奖，1篇获中国海关学会大连分会三等奖；在“中国入世20周年”主题征文中，1篇论文获中国海关学会大连分会三等奖。

【科技发展】2022年，延吉海关高效完成信息化运维工作，制定完善网络安全管理实施细则、网络安全事件应急预案。安装调试前端设备，信息化维保工作出勤，综合布线办公室，保障日常工作平稳有序开展。提升监控摄像头画面清晰度，实时监控定期回放监控录像。延吉海关综合技术服务中心与中国海关科学技术研究中心联合承担2022年国家重点研发计划启动项目（“十四五”专项）；通过海关总署天然矿泉水检测区域实验室验收考核；在科学引文索引（SCI）线上发表科技论文1篇；参与国家自然科学基金项目“基于蛋白组学的低盐干腌火腿抗氧化肽形成机制及抗氧化活性研究”、吉林省科技发展计划项目“保健食品中涉毒及违禁物质快速检测技术和应用研究”。全年共完成54批次，233个检测项目。

撰稿人

闫永娜　杨雯斌

图们海关

【概况】图们海关于1924年建关，1949年更名为图们海关。1950年2月，海关总署将图们海关改称“中华人民共和国图们关”，受海关总署和东北海关管理局双重领导，1985年2月，海关总署决定将图们海关隶属于长春海关。2018年4月20日起，原吉林出入境检验检疫局图们办事处以图们海关名义对外开展工作。图们海关下设12个正科级内设机构，负责图们铁路口岸、图们公路口岸和龙井市的三合、开山屯口岸相关海关业务。主要职责为管理关区内进出境运输工具、货物、行李物品的查验、检验检疫、征税、统计以及查缉走私等。截至2022年年底，图们海关有行政编制人员58人。

【党的建设】2022年，图们海关坚持“第一议题”制度，通过党委会、理论学习中心组学习、统筹口岸疫情防控和促进外贸稳增长工作指挥部会议，第一时间传达学习习近平总书记重要讲话和重要指示批示精神，贯彻落实海关总署、长春海关重要工作部署。召开党委会28次、理论中心组（扩大）会议12次、指挥部会议12次。制订图们海关2022年全面从严治党工作重点任务分工方案，严格执行民主集中制，落实“三重一大”事项党委班子集体研究决策制度。开展专项教育活动及“学查改”专项工作。建立专项教育活动暨“学查改”自查问题台账，累计查找问题14个，全部整改完毕，梳理条线政治要求33个。全面推进基层党建强基提质工程，编发2022年支部党建重点工作和常规工作指引，规范开展组织生活。开展基层党建“双提升”行动，深化支部书记及党务工作者岗位练兵工作。图们海关党委“书记项目”和风控科党支部“书记项目”，入选2022年长春关区重点“书记项目”。深化“强基提质工程”，图们海关“合格支部”申报率为100%，3个支部申报2022年度关区“四强”党支部，支部“党建品牌”创建率为100%。

【队伍建设】2022年，图们海关创办“图关小讲堂”，因疫情原因共举办2期，6名科级领导干部及业务骨干授课，84人次参训。培养优秀年轻干部，注重在疫情防控、乡村振兴等急难险重任务中历练和考察年轻干部。图们海关正科级干部平均年龄40.4岁，比2021年下降1.4岁，35岁左右的执法一线科长5名，占执法一线科长总数的

50%。用心用情关爱干部职工，开展“三走访、四慰问、五关怀”，落实落细海关总署党委支持艰苦地区边关22条措施和关心关爱疫情防控一线人员各项措施。

【卫生检疫】2022年，图们海关加强国境口岸及输入性病媒生物的监测控制，分别在3个口岸周边区域开展蚊、鼠及其寄生虫等病媒监测工作，保障国境口岸公共卫生安全。深化口岸公共卫生核心能力建设，图们公路口岸顺利通过海关总署口岸核心能力复核，开山屯口岸和三合口岸通过长春海关验核。制定图们海关国境口岸公共卫生风险评估工作机制，开展口岸公共卫生日常风险评估和专题评估，实现口岸防控措施动态调整。严格执行口岸卫生监督计划，加强国境口岸及输入性病媒生物的监测控制。开展公共场所卫生监督9次、饮用水监测3次。开展入境口岸监测调查12次、红火蚁监测11次、马铃薯甲虫监测4次、实蝇监测14次，筑牢国门生物安全屏障，维护国家生物安全。

【疫情防控】2022年，图们海关坚持从严从紧总基调，严格纪律要求，严格排查管控。召开指挥部会议12次，及时调整内部防控措施14次，完善各类台账10本。按照“一口岸一方案”原则，结合图们海关实际情况制订有针对性的口岸疫情防控工作方案和突发事件应急处置预案，并及时进行更新修订。

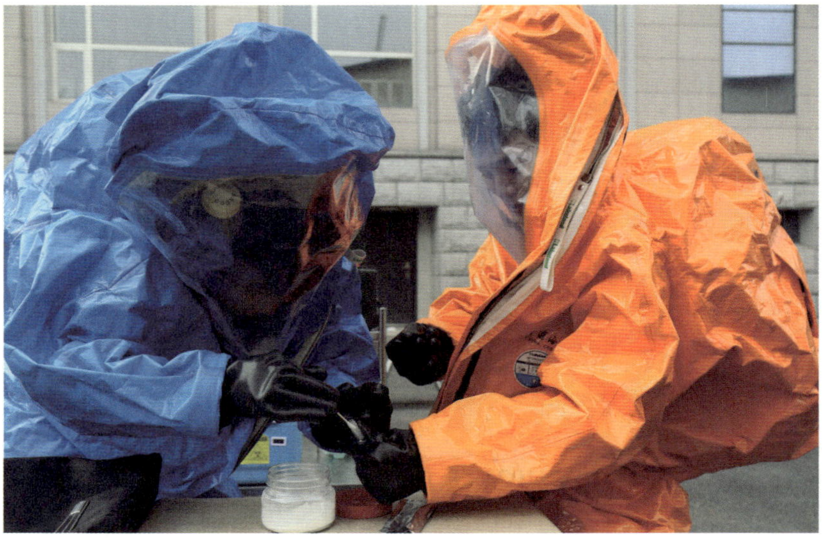

▲2022年9月13日，图们海关关员开展常态化疫情防控口岸货运通关监管作业演练　（李英　摄）

【税收征管】2022年，图们海关积极开展RCEP政策宣传，引导重点企业用足用好原产地优惠政策。强化综合治税，对重点税源企业开展调研工作，开展税收动态分析，加大对归类和审价等工作的日常监控力度，确保税款应收尽收。2022年，图们海关签发原产地证书115份（其中RCEP原产地证书19份），签证金额906.25万美元；税收入库21.28万元，同比下降71.71%；实有备案企业149家，同比下降8.6%。

【安全生产】2022年，图们海关持续开展安全生产大检查、“口岸危险品综合治理”专项行动、全国安全生产专项整治三年行动，动态更新“三项清单”，建立自查自纠长效机制，与地方相关部门签署联防联控备忘录，完善安全生产监管链条，排查隐患风险35项，制定措施34项，找准底数清单25项，处理“吹哨人”预警信息28条。制定图们海关风险管理委员会运行机制实施细则，健全完善风险布控联合研判机制和布控指令执行协作机制，加强与地方沟通，完善口岸联防联控合作机制。开展全领域风险大排查及大整改。排查管理风险 10 个、业务风险 4 个，全部整改完毕。结合 14 项重点工作任务，形成图们海关处理好“近忧和远虑的关系”工作举措清单，完善工作机制和工作举措，防止“黑天鹅”和“灰犀牛”事件发生。

【促进外贸保稳提质】2022 年，图们海关创新推出问题清零“码上就办”微信小程序，及时为企业解决疑难困难，实现有求即办。推广“主动披露”制度和容错机制，促使企业加强自律管理、自觉守法经营。对关区备案企业信息进行梳理，已完成信息变更企业 13 家，注销企业 6 家，不断促进企业信息管理规范化。动态更新“保稳提质问题清单”，形成“问题清零台账”，搜集整理问题 11 条，按“一企一策”机制进行帮扶指导，问题已全部清零。通过座谈和实地走访等方式，宣讲海关促进外贸保稳提质措施。持续推进减税降费，指导企业使用网上自报自缴、电子支付等便利化措施，降低企业通关成本。实施企业联络员制度，掌握企业经营情况和实际困难，帮助关区企业解决原产地证书申请流程、产品备案等问题，助力企业疫情期间顺利通关。

【查缉走私】2022 年，图们海关加强与驻地部队的联系配合，共开展联合边境踏查 6 次，与地方公安经侦、环侦部门开展业务座谈会 3 次，烟草部门开展座谈 2 次。2022 年 6 月中旬至 9 月，图们关区开展打击整治走私违法犯罪“百日行动”，积极联合图们边境管理大队所属边境管理派出所开展了 2 次夏夜巡查整治宣防集中统一行动，巡查图们江流域重点村屯 8 个、重点地段和重点区域 14 处，发放宣传材料 2000 余份，与驻地部队某连召开座谈会 1 次。

【综合保障】2022 年，图们海关统筹规划资金使用，节约资金，强化预算约束，优化和调整支出结构，提升财务保障和管理质效，集中财力优先保民生，重点保运转，精准保发展。建立健全厉行节约长效机制，根据厉行节约要求及时调整食堂菜品品种和数量。不断完善各项制度，政府采购、基建管理等更加规范。加强财务监督作用，防范非执法领域风险。完善抗疫物资经费和物资保障，根据疫情形势变化及抗疫物资实际消耗，科学设定应急储备物资警戒线，筑牢物资储备安全底线。

【乡村振兴】2022 年，图们海关持续巩固脱贫攻坚成果，累计实施黄牛养殖、红果松种植等产业项目 12 项，协调建成 1500 米水渠河堤工程。用好海关专项扶贫资金发展黄牛养殖产业，并多渠道筹措资金完善牛舍设施，存栏量达 132 头，帮助村集体增收 20 万元。另筹措建设黑山羊养殖基地，购买黑山羊 10 只，繁殖到 30 只。强化为民办事服务意识，通过力推土地流转改革，合作社集约经营管理，入社村民收入较改革前增长 33%，2022 年人均纯收入 1.8 万元、脱贫人口人均收入 2.5 万元。2022 年，解决养牛基地黄牛饮水问题，建设防疫用架子等设施，新建黄牛饮水用水槽 80 米，建设饲料存储及生产车间，约 1000 平方米，完成地面硬化，投入资金 32 万元。

【政策研究】2022 年，图们海关推进研究型海关建设。共牵头立项、参与研究 3 项关级课题，参与研究的“疫情背景下与邻国经贸合作新思路探析”获关级课题一等奖；“系统观视角下海关口岸一线监管人才培育途径研究”获关级课题二等奖；参与研究的“关于强化口岸智能化监管设备应用的思考与研究”获关级课题一等奖。在中国海关学会“服务新发展格局，更好发挥海关在国内国际双循环交汇枢纽作用”主题论文征集活动中，“‘双循环’格局下推进沿边地区海关特殊监管区域高质量发展路径探析”获中国海关学会大连分会二等奖。

【精神文明建设】2022 年，图们海关开展精神文明建设工作。党支部依托“党群活动室”和“道德讲堂”作为强化政治建设的重要阵地，通过“三会一课”、组织生活会和“海关学习日”等活动，开展学习交流研讨，全面领会党的二十大精神。开展增强理想信念主题，“喜迎二十大，奋进新征程”摄影作品、书画作品展等系列活动 50 余次，征集作品 42 件。举办排球友谊赛、读书沙龙、书画展、烘焙赛等活动，培养关员高雅、健康的生活情趣。打造文体活动中心，倡导“快乐工作，健康生活”的工作生活理念。弘扬传统文化，深化“礼仪延边”，建设“无烟机关”和“节约型机关”，杜绝餐桌浪费。成立“边关金钥匙”新时代文明实践志愿服务分队，先后到社区、村屯、学校开展志愿服务活动。积极参加义务献血和慈善救助等社会公益活动，为抗洪救灾、脱贫攻坚、疫情防控捐款捐物。向两所帮建学校捐资助学，共同开展“奉献社会　引领文明”“国门联校门，大手牵小手”等理论传播、讲文明树新风、扶贫助困、法律援助主题志愿服务活动，并取得良好社会效应。

撰稿人

车龙淳　任　健　李　英　李金梁　姜　伟

珲春海关

【概况】珲春海关于1991年建关，为长春海关所属正处级海关。珲春海关机构最早可追溯到1909年清政府在珲春设立的第一个海关机构——珲春总关。1991年10月5日，珲春海关经海关总署批准设立，1991年10月20日，珲春海关正式开关办理业务。珲春海关下设2个副处级派驻机构（驻圈河办事处、驻长岭办事处）、14个正科级内设机构，关区范围为珲春市行政区划全境，承担监管、征税、缉私、出入境检验检疫、统计等职责。截至2022年年底，珲春海关有行政编制人员153人。

2022年，珲春海关坚持以习近平新时代中国特色社会主义思想为指导，学习宣传贯彻党的二十大精神，领悟“两个确立”的决定性意义，增强“四个意识”、坚定“四个自信”、做到“两个维护”，聚焦海关总署党委提出的“15字”工作要求和“12个必”工作部署，按照长春海关“151”总体工作思路，逐件落实好防疫情、保安全、促发展各项工作任务，踔厉奋发、勇毅前行，奋力推进一流边关建设。2022年监管进出口货物369.94万吨，同比增长27.60%，其中，监管进口货物349.11万吨，同比增长26.12%；出口货物20.83万吨，同比增长58.98%。进出口货物总值25.34亿美元，同比增长57.04%。其中，进口货值13.48亿美元，同比增长44.30%；出口货值11.86亿美元，同比增长74.57%。监管进出境运输工具12.55万/节次，同比增长25.05%。其中，监管汽车2.60万辆次，同比增长39.08%；监管火车9.95万节次，同比增长21.84%。

【党的建设】2022年，珲春海关坚持党建引领，切实强化全面从严治党工作，开展“喜迎二十大，党旗映国门”系列活动迎接党的二十大胜利召开，持续开展党的二十大精神学习宣传贯彻工作，并以党的二十大精神指导专项教育活动、“学查改”专项工作、专项整治工作与巡察整改等工作，统筹推进、同向发力，扛牢压实主体责任。扎实推进品牌建设，实施“一支部一品牌，一品牌一特色”创建计划，珲春铁路口岸监管科党支部“擦亮关徽365”被长春海关授予党建培育品牌，6个支部被授予“四强”党支部，2个支部被授予“四强”党支部示范点。积极开展“同学共建”系列活动，加入地方社区党建联盟，与

13个企事业单位的党员代表共同学习；利用“国门党建一体化”平台，与联检单位共同学习；青年理论学习小组联合珲春团市委，开展交流研讨等活动。

【队伍建设】2022年，珲春海关坚持把新时代好干部标准落到实处，将政治标准放在首位，强化育选管用全链条管理，建立干部政治素质考察档案，全方位、多角度、近距离考察识别干部。制订珲春海关开展2022年内务规范强化月活动实施方案，开展队列训练。按照干部管理权限，选拔任用正科级领导干部2人，副科级领导干部6人；交流任免17人次。向长春海关推荐晋升一级高级主办1人，二级高级主办1人，三级高级主办4人。依托珲春海关“海帆”青年理论学习小组，加强青年干部培育工作，大力开展理论学习和实践活动。组织青年干部积极参与疫情防控一线工作、信息宣传工作、党务工作等。依托珲春海关“成愿”志愿服务队，与社区、包保村、学校、关区企业开展“喜迎二十大”“共学二十大”“情暖童心”“送温暖”等主题活动。

【疫情防控】2022年，珲春海关落实落细疫情防控各项工作。属地疫情期间，及时激活评估研判小组，收集整理相关信息，启动应急响应预案，压缩机关上岗人员，全力保障关区政务、业务正常运转。2022年累计开展流调评估研判800余人次，为长春关区整体内部疫情防控工作提供了科学保障。2022年9月，组织参加海关总署专家组沙坨子口岸公共卫生核心能力桌面推演考核，通过口岸核心能力建设复核工作。针对陆上邻国（地区）相关口岸重启事宜，经与珲春市口岸疫情防控领导小组沟通，在圈河口岸新建洗消室两处、采样室两间、隔离留验室一间、红外测温通道一处，在业务现场增加视频监控，实现监控无死角。落实“关长走进口岸封管区”的工作要求，科学制订物防岗前培训计划，加强物防岗前实操培训和应急演练，组织完成物防工作手册编制修订工作。优化人员配置，增设工作组，集中清理冷链货物，大幅提升通关效率，通关时间控制在3天以内。

【税收征管】2022年，珲春海关以验估工作为依托，全方位做好税收征管工作，建立验估台账，及时完成验估指令，每季度提出验估指令参数建议，提升验估工作效能，2022年共完成现场验估作业2497笔。做好税款征收减免、RCEP原产地证书签发管理、海关事务担保、取样化验、价格专业认定等工作，签发RCEP原产地证书12份，归类化验35笔，申请价格专业认定1笔。2022年税收核销入库12.16亿元，同比增长22.96%。其中，关税3.77亿元，同比下降0.29%；进口环节税8.39亿元，同比增长37.33%。

【检验检疫】2022年，珲春海关开展检验检疫各项工作。制订2022年度口岸病媒生物监测方案和输入性病媒生物监测方案，完成2022年度监测工作。组织开展口岸传入霍乱疫情风险评估和季度口岸公共卫生风险评估并撰写风险评估报告。开展进出境动植物及其产品生产、加工、存放单位注册登记和备案工作，完成出境货物木质包装除害处理标识加施企业注册登记1家，出境种苗花卉生产企业注册登记延期1家，出境竹木草制品生产加工企业注册登记1家，出境新鲜水果果园注册登记注销1家。进境食用水生动物收货人备案企业36家，进境粮食加工备案企业1家。开展进境食用水生动物风险监控和风险监测工作，全年完成进境水生动物疫病监测1批，风险监控65批。提高风险防范能力，筑牢口岸食品安全防线，做好进出口食品化妆品抽样检验及风险监测工作，共抽样检测进出口食品49批，检出不合格食品3批。开展大宗资源型商品及消费品风险监测工作，监测商品包括煤炭、液化石油气、其他消费品等，与有资质的第三方签订服务协议，规范关区进口液化石油气取样、存储、送检等工作。开展“口岸危险品综合治理”百日专项行动，查发3批次不合格出口锂电池13249个、货值64.5万元；4批次590箱重量不合格的烟花爆竹，货值14.6万元；1批次199箱货证不符的烟花爆竹，货值6万元；1批次不合格出口气雾罐型防锈润滑剂，货重21.56吨、货值51.47万元。组织参加两期危险化学品及其包装上岗资质培训考试，年内24人具备进出口危险货物及其包装检验监管资质，其中1人具备打火机检验监管资质，3人具备烟花爆竹检验监管资质。2022年，监管进口液化气8711.3吨，货值3649.6万元；出口烟花爆竹2890吨，货值3866.7万元。

【综合业务】2022年，珲春海关大力推进业务改革，引导企业使用“互联网+海关”平台，提升办事效率，保证货物快速通关。建立关企联络人机制，为企业搭建良好沟通平台，推动“两步申报”“两段准入”“提前申报”等快速通关模式落地，加速通关各环节的衔接，为企业提供“7×24小时”预约通关和政策咨询服务，打造便捷高效的通关环境。优化检验检疫证书签发环节，压缩流程时效，实现当日受理当日办结。充分发挥原产地证书“智能审核+自助打印”作业优势，大力推广“预约签证”“信用签证”等便捷措施，节约企业办证成本。

【海关特殊监管区域建设】2022年，珲春海关推动珲春综合保税区高水平开放高质量发展。立足综合保税区“对外开放功能区、改革创新试验田”的定位，指导企业用好便捷进出区、分送集报、一般纳税人等优惠政策提升便利化水平，深挖政策红利助力企业融入“双循环”新发展格局。2022年，珲春综合保税区一线进出口货运量23.1万吨，同比增长63.8%；货值65亿元，同比增长230%。进出口报关单9071票，同比增长24.6%；税收总额6192万元，同比增长24.8%。新增备案企业26家，现有企业101家，其中生产型企业53家，非生产型企业48家。物流账册备案新增7本，设备账册备案新增4本，现有账册118本，其中加工账册34本，物流账册54本，设备账册30本。审核缮制并签发各类检验检疫证书共计1973份，其中水产品卫生证书1202份，入境货物检验检疫证明617份，植物检疫证书138份，健康证书12份，兽医卫生证书4份。大力支持跨境电商新业态健康规范发展，依托“1567”口岸作业代码，积极推动跨境电商B2B出口业务发展，实现了“9610”“9710”“9810”

“1210”四种电商模式同步发展；跨境电商出口退货政策稳步落地，探索支持区内跨境电商企业开展保税展示业务，将跨境电商产业打造成为珲春综合保税区支柱产业。

【安全生产】2022年，珲春海关强化安全生产责任，开展“安全生产月”、“口岸危险品综合治理”百日专项行动、安全生产大检查“回头看”等工作。坚持以安全生产年度工作方案和全领域动态“大排查、大检查”方案为统筹，通过各部门常态化自查，职能部门巡查和安全生产工作领导小组滚动式、交叉式监督检查，三级指挥中心视频巡查等手段，坚持目标导向、问题导向，围绕“7+21”项重大系统性风险，聚焦口岸卫生检疫、进出境动植物检疫、进出口食品安全、进出口危险品检验、监管作业安全及办公场所、涉案财物仓库、实验室安全8个重点领域，开展4轮全领域、全流程、全覆盖无死角的安全生产隐患排查。成立“日报告、零报告”工作组，坚持“一把手”审核报告制度，对发现的问题隐患立查立改、边查边改。共查发风险隐患问题30个。在“回头看”环节查发问题隐患6个，并全部整改完毕。发挥“吹哨人”预警机制落地见效，共收到“吹哨人”预警建议44条，全部完成整改落实，确保问题隐患动态清零。采取“清单化”“机制化”“手册化”的工作方法，更新完善制度措施清单17条，更新问题隐患清单24条，底数清单20条，制定并完善操作指引1个，应急预案4个，组织开展消防安全演练1次，应急处置演练4次，有效提升全员安全防护意识和一线关员应急处突能力。通过加强政策宣讲和教育提醒，组织采取“提前申报”，成立危险品监管专班，口岸危险品车辆交接区“专区专用”等措施扎实开展“口岸危险品综合治理”百日专项行动。围绕液化气监管制定“定人员、定时间、定场地、定方案”原则，将进口液化气口岸停留时间压缩近70%，实现珲春口岸、珲春铁路口岸液化气“零滞留、零积压”，监管作业场所危险货物“零存储”，构建危险品风险监测“零盲区”。向长春海关和海关总署报送专项行动工作相关信息，累计13篇，被长春海关采用7篇、海关总署采用4篇。

▲2022年2月23日，珲春海关关员在珲春口岸监管进口液化气 （刘力铭 摄）

【政策研究】2022年，珲春海关加强统计分析和课题研究，定期开展业务数据统计、产业预警分析，持续跟踪分析对俄贸易、水海产品、矿产品、出口汽车等重点产业产品，撰写预警分析28篇，其中被长春海关和吉林省政府采用12篇、海关总署采用3篇。开展“关于促进综合保税区创新发展”的关级课题以及每季度关党委的调研课题研究，向长春海关报送关级课题1篇、调研报告3篇、工作报告1篇。加强统计监督管理，定期开展数据监控，编写业务统计简况12篇。

【企业管理与核查】2022年，珲春海关以关区重要行业和特色产业为重点，开展分类管理与服务。加大与“一带一路”共建国家和地区有贸易往来企业的认证培育力度，注重对AEO企业的认证培育，设立“认证企业优先办理”窗口，推动落实相关优惠政策。贯彻落实信用管理制度改革，大力推广政务服务“好差评”制度，建立知识产权海关保护关企合作机制，量身定制“一企一策”培塑方案，为国产自主品牌“走出去”保驾护航。受理130家报关单位备案，注销45家；各类企业信息变更655家。关区共有公用型保税仓库3家，其中办理保税仓库延期2笔，保税仓库注销3家，保税仓库信息变更6笔，保税仓库验收业务4笔，保税仓库仓储货物延期业务4笔。开展核查作业51起，按时办结率为100%，查发总数24起，查发率为47.06%。开展主动披露作业1起。

【查缉走私】2022年，珲春海关保持高压严打态势，严厉打击“洋垃圾”走私，象牙等濒危物种及其制品走私，防疫物资走私、疫苗非法出境，“水客”走私，重点涉税商品走私、涉枪涉毒物品走私等行为。2022年共侦办刑事案件5起，取保候审19人，执行逮捕1人；立案调查行政案件5起，其中走私案件4起，违规案件1起，其中两起行政案件转为刑事案件立案侦查。全年审查起诉2件，起诉犯罪嫌疑人5人、企业3家，法院判决3件15人，提请逮捕1人，审结行政案件5起。

【政务管理】2022年，珲春海关围绕海关中心工作挖选题、设议题，聚焦学习宣传贯彻党的二十大精神，落实海关总署决策部署和长春海关具体工作要求，突出宣传常态化口岸疫情防控工作，讲述关区强化监管优化服务故事，反映促进外贸稳增长的具体实践，积极弘扬海关文化，传导海关正能量。2022年，信息工作得分位列长春关区隶属海关第1名。其中，政务信息获得长春海关领导批示15条，被吉林省相关信息载体采用6条，被海关总署相关信息载体采用8条。1篇新闻稿件被中央电视台报道1篇，在《吉林新闻联播》、《吉林日报》、《中国国门时报》、“海关发布”、“学习强国”等媒体平台发布新闻稿件24篇，在珲春电视台、《延边晨报》、《延边日报》、《图们江报》等多家媒体发布及被转载信息100余篇，营造了良好的舆论氛围。

【财务管理】2022年，珲春海关优化预算执行管理，及时掌握、理清预算执行重点难点，实行动态预算安排机制，稳妥有序推动年度预算执行，预算执行率为100%。做好2023—2025年度支出规划编报。开展“海关重点项目和财物管理以权谋私”专项整治工作，整理涉及工程建设类、实验室建设类、疫情防控保障类3个方面共11个重点项目，查发4项具体问题，全部整改完毕。建立自查自纠工作机制、“回头看”整改机制，规范工作流程，加强业务基础建设。落实“基本建设及政府采购方面”自查、资金支付自查、税收入库退库时效自查、闲置资产安全管理等 10 余项自查工作，增强风险意识、树牢底线思维。解决老监管中心遗留的房产属性问题，实现国有资产效用最大化；进行 297 项资产的报废、审批事宜；开展海关行政单位房产、设备无偿划转工作。完成 2019 年涉案财物存储在图们粮库 5520 千克干鱿鱼的移库工作；开展年度社会租赁冷库重新对外公开招标工作，满足存储财物条件；及时向珲春海关缉私分局发送超期未处置预警，逐步清理了库存涉案财物；按照海关总署、长春海关批复，完成 167 吨干鱿鱼的后续处置工作。

撰稿人

王光伟　冯绘静　乔建广　刘　寅　刘宇涵　刘英博
杨圣一　陈明辉　周湘立　赵　妍　潘　播　潘津泳

长白山海关

【概况】长白山海关于2020年8月17日正式开关，为长春海关所属的正处级隶属海关。下设7个正科级内设机构，有行政编制人员25人，负责长白山自然保护开发区和安图县行政区划内的属地及口岸相关海关业务。

2022年，长白山海关坚持以习近平新时代中国特色社会主义思想为指导，认真学习宣传贯彻党的二十大精神，深刻领会"两个确立"的决定性意义，增强"四个意识"、坚定"四个自信"、做到"两个维护"，认真贯彻落实党中央、国务院决策部署，执行海关总署、长春海关各项要求，加强政治建设，统筹发展与安全，完成各项工作任务。2022年，检验检疫进出口货物323批次，同比下降41.8%；货值4.3亿元，同比增长28.2%；签发检疫证书176份，同比下降50.8%。签发原产地证书363份，同比下降9.3%，签证金额4.4亿元，同比增长42.5%。获评国家机关事务管理局等四部门颁发的"节约型机关"称号。

【党的建设】2022年，长白山海关全面学习宣传贯彻党的二十大精神，召开各类专题学习会议32次，组织党支部"三会一课"、主题党日活动18次，学习党的二十大精神相关学习材料9篇，形成心得体会120余篇。严格落实"第一议题"制度，党委第一时间学习习近平总书记重要指示批示精神54次。通过党委会、党委理论学习中心组学习会议、党支部会议、青年理论学习小组等多种形式学习习近平总书记重要讲话166篇，108人次交流学习体会。采取"三个坚持"方式统筹推进专项教育和"学查改"专项工作，梳理出政治要求53条，查摆问题2个，全部整改完毕，进一步树牢

▲2022年9月29日，长白山海关关员开展"三个两"助学活动（张京　摄）

政治机关意识。大力加强对党忠诚教育，以集体学习和微信推送等方式常态化开展党史学习教育20次；推进“我为群众办实事”实践活动，全体关员捐款1万余元持续开展“三个两”助学活动。严格执行“三重一大”集体决策，党委对27项重大事项进行集体决策，强化垂直管理意识，规范落实请示报告事项9项，上报调研报告6篇、工作专报2篇。

【队伍建设】2022年，长白山海关坚持严管厚爱带队伍。坚持“六个从严”要求、发挥“关键少数”的表率作用严管所辖，常态化推进准军事化建设、精神文明建设和业务建设，利用“长白山小讲堂”和“三室一站”开展各类学习培训11次，参加培训人员占比为65%。树立“忠诚、干净、担当”的选人用人导向，配齐执法一线科级领导干部。

【业务建设】2022年，长白山海关属地查检严谨规范。严格按照布控指令要求开展外勤执法，制定长白山海关属地查检外勤执法工作流程，疫情期间探索以视频连线方式开展出口企业日常监管工作，运用业务联合分析研判机制分析研判16次，报送预警信息1次，发现并排除业务风险隐患10项。以“六纵”工作法明确强化政治建设、完善制度机制、推进改革融合等15项措施，以强政治来强业务，提升业务规范管理水平的举措。完善“三室一站”功能并制定管理制度，统筹开展政治机关建设、强基提质工程建设、准军事化纪律部队建设、清廉海关建设、业务建设、精神文明建设、边关精神培树等多方面实践活动103次。

【疫情防控】2022年，长白山海关共召开指挥部会议35次，修订内部防控制度和各类应急预案16项，调整内部防控措施20次，建立整体管理、队伍管理、场所管理3类20余种工作记录或台账，全面准确记录内部防控工作情况，开展疫情防控宣传教育及培训14期。

【安全生产】2022年，长白山海关抓紧抓实安全生产工作。学习习近平总书记关于安全生产的重要指示批示精神和重要论述8次，党委专题研究部署安全生产工作6次，研究推进安全生产工作共14次。制定安全生产工作要点和任务分解表，开展“‘五个一次’安全生产月”活动，运用“吹哨人”预警机制，实施周、月、季“三查”机制，形成研究部署、定期督办、科室自查、三级检查、及时整改、记录并更新清单的安全生产工作管理闭环，共排查问题隐患45项，“吹哨人”预警49次，均整改完毕，全年未发生安全事故。

【促进外贸保稳提质】2022年，长白山海关制定落实海关总署促进外贸保稳提质十条措施、长春海关促进外贸保稳提质有关措施的9条举措，推出节假日通关保障服务、证书邮寄服务、疫情期间送证服务、“5+2”预约查检等系列措施助企纾困。建立“关企云对话”机制，每季度与属地商务部门和进出口企业开展线上视频沟通，宣传解读助企纾困、促进外贸保稳提质的海关政策及措施，及时跟进了解企业遇到的难点、堵点，积极帮助企业解决实际问题。建立执法、宣传、调研联动机制，向企业宣传助企纾困、促进外贸保稳提质有关措施，以及安全生产有关要求，了解企业遇到的难点问题。

【综合保障】2022 年，长白山海关完善制度机制，提升规范管理水平。修订长白山海关职工休假考勤管理实施细则、长白山海关安全检查制度等 49 个制度规范，在政务领域、业务领域和后勤领域持续查短板、补不足，为各项工作规范开展提供坚实保障。落实“过紧日子”要求，边关生活设施保障能力提升工程项目完成招标和开工建设。

【风险防控】2022 年，长白山海关防范化解各方面风险隐患。统筹开展全领域各类风险周月季循环排查。制定“全领域”风险清单记录问题及整改情况，排查问题 51 项已并整改完毕。召开 2 次内控工作领导小组会议部署内控工作，设立 2 名内控监督员分别负责政务业务领域监督自查，查发 15 个问题及时整改。完善值班值守工作制度、制订各类应急预案 6 项，开展安全生产、消防、疫情防控培训演练 15 次，随机检查抽查 4 次，进一步提升应急处置能力。

【开展“三级书记合力抓党建”工作】2022 年，长白山海关党委确定“三级书记合力抓党建”工作思路，党委书记抓政治建设，注重发挥党建引领作用；党总支书记抓“双提升”行动，注重发挥推动学习、推动活动、推动工作的作用；党支部书记抓支部规范化建设，注重教育监督管理好党员，擦亮品牌。成立临时团支部，形成完整党团基层组织体系开展组织生活，召开党总支委员会会议 7 次，支部党员大会 50 次，主题党日活动 37 次，党员及入党积极分子做学习心得体会 42 人次。依托“三室一站”（党建活动室、准军事化建设展示室、业务能力提升工作室、新时代文明实践站）、文化墙、“智慧党建”平台等，实现思想建设“线上”“线下”结合。

撰稿人

张　京

第八篇

直属事业单位

中国电子口岸数据中心长春分中心

【概况】中国电子口岸数据中心长春分中心于2003年成立，是中国电子口岸数据中心设立在吉林省内唯一分支机构，为海关总署所属事业单位，由长春海关负责管理，具有独立法人资格，经费独立核算。中国电子口岸数据中心长春分中心主要承担吉林省内电子口岸应用项目及联网企业的技术支持、操作培训、咨询回复、电子口岸专网分中心节点的网络系统和信息安全保障工作；承办吉林省内电子口岸政务卡、企业卡入网的身份鉴别、录入、制作等工作；协助做好中国国际贸易“单一窗口”标准版推广运维工作；协助承担海关信息系统项目开发、运行维护职责。

2022年，中国电子口岸数据中心长春分中心坚持以习近平新时代中国特色社会主义思想为指引，崇尚“求实、扎实、朴实”的海关文化，以“细致、精致、极致”的工作理念，全面学习、全面把握、全面落实党的二十大精神，认真落实海关总署、长春海关两级海关工作会议、全面从严治党会议、年中工作会议各项工作部署要求。坚持稳中求进工作总基调，以“防风险保安全、抓规范强管理、拓服务谋发展”为工作目标，提升服务保障能力，提高工作效能，为海关科技服务保障和地方外贸经济发展提供高质优效服务。全年共办理中国电子口岸入网企业注册663家，同比增长3.43%；变更中国电子口岸企业信息135家，同比下降49.44%；注销电子口岸企业20家，同比下降50%；制发共享盾1127个，补发IC卡335张，解锁更新IC卡312张。完成中国国际贸易“单一窗口”标准版更新维护后本地区使用情况监测22次。

【党的建设】2022年，中国电子口岸数据中心长春分中心深入学习贯彻党的二十大精神，持续加强党支部规范化标准化，牢固树立政治机关意识，深化党建业务融合发展。组织学习习近平总书记重要指示批示、重要讲话、重要文章。全面学习宣传贯彻党的二十大精神。制作宣传展板6幅，交流研讨24人次，形成学习心得体会8篇。开展捍卫“两个确立”、做到“两个维护”、强化政治机关建设专项教育活动，查找岗位蕴含的政治要求7条，对照要求查摆问题5个，制定整改措施15条，全部整改完成。严格落实“三会一课”、主题党日等党内政治生活制度，开展“三会一课”45次，开展主题党日活动 14 次。开展谈心谈话 48 人次，创建“e 路畅通　保障有我”的党建品牌，制定了“勤、齐、输、话”党支部工作方法，即“勤学习，向《党章》、党中央看齐，履职尽责保障数据传输，经常性开展谈心谈话、开展调查研究”。推进清廉海关建设，开展“海关重点项目和财物管理以权谋私”专项整治工作，对照全面自查存在的问题，全员通过纪法知识测试，组织撰写个人分析材料 8 篇，查找廉政风险，及时整改，堵塞漏洞。开展常态化廉政警示教育，组织观看警示教育片，学习通报的违法违纪典型案例和廉政教育相关刊物，开展节前廉政提醒，加强“8 小时以外”监督。制定工作人员廉洁自律规定等 2 项制度，全体干部职工签订廉洁承诺书，不断强化制度约束。全年未发生违纪违法行为。

【队伍建设】2022 年，中国电子口岸数据中心长春分中心持续加强全体干部职工教育管理。开展内务规范强化月活动，完善相关机制定期开展内务规范自查，加强日常作风检查，发现问题立即通报整改。制定编外聘用人员管理实施细则，完成对编外聘用人员岗位划定，明确编外聘用人员管理权限和考核办法，完善编外聘用人员工资分配制度。围绕提升业务能力水平分级分类开展培训共 52 次，252 人次参训。组织活动丰富职工业余生活，定期了解职工工作、生活情况，解决实际问题，持续提升干部职工的幸福感和获得感。

【疫情防控】2022 年，中国电子口岸数据中心长春分中心持续做好疫情内部防控工作。开展疫情防控措施落实情况自查，梳理完善相关台账，发现问题及时整改。调整疫情内部防控指挥暨应急处置小组组成，动态调整在岗、应急梯队，制定干部职工新冠疫情非工作渠道安全防护管理规定、防控新冠疫情预案等 3 项制度，根据预案开展桌面推演 3 次。加强干部职工居家办公期间教育管理，全体干部职工共报告个人及共同居住人情况信息 2520 次，外出审批备案 228 次，召开视频见面会 32 次，开展疫情防控知识宣讲 86 次。2022 年 5 月，中国电子口岸数据中心长春分中心被长春海关评为首批“无疫机关”。

【安全生产】2022 年，中国电子口岸数据中心长春分中心强化安全责任落实，加强安全生产管理和教育培训，保证安全生产工作有序开展。制定网络安全管理实施细则和网络安全突发事件应急联络通信管理办法，持续完善工作机制和相关制度。做好信息系统和网络安全保障工作，全力保障信息系统安全稳定运行。制订中国电子口岸数据中心长春分中心 2022 年北京冬奥会、冬残奥会期间网络安全保障方案，完成 2022 年北京冬奥会、冬残奥会期间网络安全保障工作。加强值班值守，定期排查网络安全风险，完成党的二十大和“两会”等敏感时期网络安全保障工作。强化安全生产培训和应急演练，开展网络安全知识培训，提升网络安全防护能力，开展消防安全常识培训，提升消防逃生能力。制定突发事件应急管理办法，提升应急处置能力。制订网络安全事件的应急预案，组织开展网络安全应急演练。制定消防安全应急预案，组织开展消防逃生应急演练和常用消防器材使用实操演练。2022 年，中国电子口岸数据中心长春分中心未发生安全生产事件。

【信息化项目开发与运维】 2022 年，中国电子口岸数据中心长春分中心积极参与长春海关内部信息系统建设项目。完成吉林国际旅行卫生保健中心吉林市门诊部机房改造工作，改造后使机房符合海关相关要求，管理更加规范，消除安全隐患。完成长春龙嘉机场海关进境通道作业现场信息化改造工作，提高机场进境监管作业便捷性。2022 年，抽调 112 人次赴长春龙嘉机场海关开展技术保障工作，做到每架次航班技术人员必到现场，第一时间解决技术问题。

【服务企业】 2022 年，中国电子口岸数据中心长春分中心坚持为吉林省内进出口企业提供精准专业、热情高效的服务，积极助企纾困。接听企业咨询电话 3470 次，收发企业办理中国电子口岸制卡业务快递 1234 个，解决企业使用中国国际贸易“单一窗口”标准版遇到的技术问题 24 次，为 18 家跨境电子商务企业配置数据交换平台 ID 38 个，服务满意率达 100%。

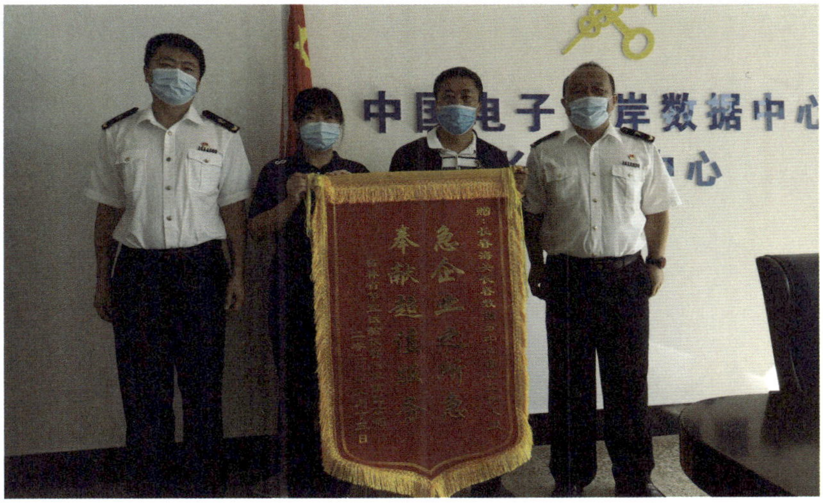

▲2022 年 9 月 13 日，中国电子口岸数据中心长春分中心获得企业赠送的锦旗　（张瑜　摄）

【举办“十分愉阅”读书活动】 2022 年，中国电子口岸数据中心长春分中心创新开展线上线下“十分愉阅”读书活动 120 次。每个工作日固定时间段，分别由领导干部和职工代表轮流进行读书领学，先后学习《之江新语》、《习近平讲故事》、《习近平谈治国理政》（第四卷）、《论党的青年工作》、《习近平经济思想学习纲要》、《习近平生态文明思想学习纲要》、《党的二十大报告学习辅导百问》等内容，形成理论学习常态化机制。

撰稿人

张　瑜　赵长生　赵晓东

长春海关后勤管理中心

【概况】长春海关后勤管理中心为长春海关直属事业单位，具有事业法人资格，主要职责保障机关办公和为职工生活提供各项劳务和技术服务。内设机构12个，有事业编制人员74人。2022年，长春海关后勤管理中心现物业服务面积近8万平方米，同时保障包括公共服务人员在内的251名合同制员工薪酬管理及“五险一金”缴纳；食堂保障职工就餐28.09万人次；完成日常及大型维修530余次，其中应急抢修24次；2022年累计保障市内用车任务12000余次，文件收发任务1350次，长途出车132次，安全行驶137.20万千米；接待来访车1833辆，来访人员3365人；保障各项工作会议累计2300余次；全年累计完成长春海关本级采购项目30项，采购金额2129.73万元，完成20万元以下一般采购任务130项，预算金额664.3万元；涉案财物保管仓库接收财物入库8笔7083项，出库6笔1091项。

【党的建设】2022年，长春海关后勤管理中心坚持以习近平新时代中国特色社会主义思想为指导，落实“第一议题”制度，把严格党内政治生活准则、严守政治纪律和政治规矩摆在首位，严格落实中央八项规定，加强对执行党章、贯彻党的路线方针政策、党内政治生活状况的监督检查，持续净化政治生态。将学习宣传贯彻党的二十大精神作为首要政治任务，通过“带头+示范”以上率下学，班子成员以身作则、率先垂范，做到先学、先懂、先用，带动全员掀起学习热潮；通过“线上+线下”立体深度学，运用“学习强国”、“新时代e支部”、微信群推送党的二十大精神解读文章，使学习遍及全体党员；通过“研讨+测试”融合推动学，开展交流研讨，开展知识问答测试活动，达到以测促学、以测促用、学用结合的目的，不断营造浓厚的学习氛围；通过“转化+行动”融会贯通学，把学习贯彻党的二十大精神与实际工作结合起来，与“我为群众办实事”实践活动结合起来，找准贯彻落实的切合点，切实将学习成效转化到为人民群众解决“急难忧盼”问题的实际行动中，用工作成效体现担当作为。制订长春海关后勤管理中心2022年度全面从严治党重点任务分工方案，明确党委委员落实全面从严治党主体责任的任务和要求。组织开展强化政治机关建设专项教育等系列活动，认真梳理

2019年海关总署巡视整改问题及2021年长春海关常规巡察整改问题，深刻开展剖析自查，积极推进整改，涉及长春海关后勤管理中心的问题已全部整改完毕；按照专项教育工作要求，梳理长春海关后勤管理中心12个岗位蕴含的政治要求20项，认真开展专项教育和“学查改”专项工作问题查摆清单，查摆问题2个，全部完成整改。开展“海关重点项目和财物管理以权谋私”专项整治工作，撰写个人剖析材料39份，积极开展专项整治“回头看”，全面开展自查自纠，进一步细化整改措施，推进共性问题整改，梳理特色做法、总结经验，夯实整改成效。

【队伍建设】2022年，长春海关后勤管理中心坚持严管和厚爱相结合，用好“第一种形态”，开展谈心谈话活动。开展廉政警示教育，打牢党员干部守纪律、讲规矩的基础，专题学习违反中央八项规定的典型案例。制订2022年内务规范强化月活动实施方案，以线上、线下多种学习形式，培育优良的纪律作风。健全内务督查工作长效机制，定期开展纪律作风督察，切实做到雷厉风行，令行禁止。健全各项规章制度，加强道德教育，规范公共服务人员日常行为，做到“定人、定岗、定责”，严抓考核，做到勤检查、勤督促，达到物业服务标准化、日常管理规范化，树立后勤服务的品牌形象。

【服务保障】2022年，长春海关后勤管理中心对长春海关、长春海关缉私局和普阳办公区累计巡查2815次，消防巡查共计900余次。明确食堂安全责任人，实行原料采购定点配送、分类存放，定期定量抽样查验，食堂人员定期体检、持证上岗；加强安保、物业及驾驶人员的职业培训、安全教育、消防培训及逃生演练，增强职工安全责任意识和自我防护技能。建立节日期间安全工作信息畅通和突发事故联动机制，确定各保障条线紧急事件联系人，严格落实三级值班带班制度，进行全覆盖安全检查、巡查，配合相关部门开展“四不两直”安全督查。建立长春海关后勤管理中心安全生产风险排查台账及安全生产“吹哨人”登记台账，明确责任，细化措施，落实整改，确保安全隐患逐步动态清零见底。设置专职人员定期检查会议室设备的使用和运行情况，做好会议期间的服务保障工作。提倡健康饮食，精心制定菜谱，注重荤素搭配，营养均衡，根据节日定期推出明档制作特色食品。

【疫情防控】2022年，长春海关后勤管理中心坚持科学、

▲2022年7月11日，长春海关后勤管理中心进行车辆安全检查　（王尧　摄）

有序地做好疫情防控工作，提高防疫工作后勤保障能力。累计测温登记16.51万余人次；每日消杀总面积约6.3万平方米；2022年累计购入70多项的防护物资，防疫物资应急储备仓库全年累计入库15.80万件、出库15.93万件。严格执行各项防疫纪律，做好每日职工及其共同居住人健康状况及属地管控措施排查工作。启用疫情防控应急管理场所，并落实入住审批手续，实行登记人员信息并动态化管理，严格落实每日消杀工作。机关食堂做好一线现场用餐保障工作。与各需求部门保持24小时信息联络，了解紧急物资需求，针对突发运输问题，提前掌控物流配送方案，根据物资特点，统筹多方资源进行应急处理，确保防疫物资按要求配送到位。做好办公区日常消杀、垃圾分级分类处理工作。

【安全生产】2022年，长春海关后勤管理中心坚持把安全工作放在首位，分级把好安全保卫、食品安全、物业服务、交通出行、设备设施运行维护和涉案仓库安全防范等关键环节。开展办公楼打胶维修改造项目、办公区消防维修改造及移交项目、仓库改造项目公开招标工作。截至2022年年底，3项工程项目均已验收、结算完毕。进一步完善办公区的整体消防系统，优化办公区环境，确保采暖系统正常运转，做到施工全程安全无事故。

【后勤保障】2022年，长春海关后勤管理中心完善后勤保障的物业化管理模式，结合相关单位的保障需求，签订物业服务合同，使后勤服务保障工作更加专业化。2022年为长春海关提供房屋养护、给排水设备维护、供电设备监控维护、环卫保洁服务、空调系统运行维护、锅炉设备/热力站运行维护、弱电设备运行维护、消防设备、家具维修、安全保卫服务、制装发放、消毒服务、封闭管理餐饮服务等服务项目，签订物业合同9份，保管服务合同1份；与长春海关缉私局签订物业合同1份。完成1家公司及其子公司所有资产过户及银行账户注销等工作，完善清算资料。

2022年，长春海关后勤管理中心聚焦后勤保障工作，采取措施提升服务工作水平。不断提升服务水准，保障品质民生，严控食材质量，为关警员、封闭管理人员提供餐饮保障；结合职工需求和工作实际，利用微信平台，创建“理发预约群”，按预约顺序提供理发服务，有效规避了疫情期间人员聚集风险，提高了理发保障的效率，得到广大职工好评。

【内控管理】2022年，长春海关后勤管理中心从“立”“改”“废”3个方面逐项细化，不断完善各类岗位职责和工作制度。优化采购管理平台，建立健全采购工作体系，修订形成13部分共计128项制度汇编。推进内控机制建设，成立长春海关后勤管理中心内控工作领导小组，落实内控主体责任，设置专职内控工作联络人，协调中心各部门梳理各业务条线内控风险节点，强化风险排查，推动落实各项内控工作。

撰稿人

王　尧　成　谦　张艺馨

长春海关技术中心

【概况】2022年，长春海关技术中心学习贯彻习近平总书记重要指示批示精神和党中央重大决策部署，贯彻海关总署、长春海关重要会议精神，以“151”总体工作思路和方法为引领，持续发挥执法技术保障作用。全年共完成检验检测任务12537批次，同比下降2.89%，完成检测结果69398个，同比增长3.7%，出具检测报告8841份，同比增长4.91%。其中，完成海关执法保障任务7524批次，同比增长3.24%，出具34939个结果，同比增长20.4%，完成委托经营服务性业务5013批次，同比下降10.83%，出具34459个结果，同比下降9.1%。2022年法检自检率分别为98.7%（批次）、99.26%（结果）。检出异常结果620批次，不合格率为4.95%，异常结果635个，不合格率为0.92%。其中，食品检验实验室异常结果479批次，植物检疫异常结果132批次，动物疫病异常结果9批次。

【党的建设】2022年，长春海关技术中心全面学习宣传贯彻党的二十大精神。制订长春海关技术中心学习宣传贯彻党的二十大精神工作方案，形成“党委示范带头学，党委理论中心组贯彻落实学，党支部交流研讨学，党员、群众持续跟进学”的“四学”联动机制；开展“喜迎二十大”徒步、摄影展、诗朗诵比赛等系列活动；组织全体人员学习习近平总书记重要讲话精神，并组织学习研讨，撰写心得体会，发布图片新闻1篇，相关信息1条，心得体会19篇。常态化坚持“第一议题”制度，共计学习习近平总书记重要讲话和重要指示批示精神143次；推动强化政治机关建设专项教育活动、“学查改”专项工作与业务深度融合，针对全领域75个岗位梳理政治要求163条，查摆问题12项，整改率为100%。长春海关技术中心第一党支部被长春海关直属机关党委评为2022年度“四强”党支部。不断巩固拓展党史学习教育成果，结合开展党史学习知识竞赛、演讲比赛、主题党课等多种形式活动促进党史学习教育走深走实，2022年度党委会共计开展党史学习26次。

【队伍建设】2022年，长春海关技术中心加强新时代海关技术人才队伍建设。落实“绩效工资改革”相关要求，建立在编人员考核实施细则及聘用人员管理办法。制订实验室业务优化调整方案，组织职称评审，通过对26名申报人申报材料的符合性审查验收，推荐参加正高二级职称评审3人，正高级职称评审4人，副高级职称评审2人、中级职称评审4人，认定中级职称1人，初级职称7人。组织协调参加吉林省第十八批创新创业人才申报1人，推荐上报吉林省创新创业人才资助1人、吉林省市场监督管理厅“区域品牌专家”8人。推荐上报中评委专家工程系列8人，农业系列5人。

【疫情防控】2022年，长春海关技术中心持续做好常态化疫情防控工作。健全完善各项应对预案，及时开展长春海关技术中心疫情内部排查，共计58次；严格落实外出审批备案制度，建立出行人员台账，对隔离及出差出行人员进行风险分析研判，共计65人次；筑牢疫情期间关区环境安全底线，参与物表新冠病毒核酸检测及关区消毒效果评价检测工作，完成长春关区8个单位12009个点位的物表新冠病毒核酸检测，累计采样14053份，消毒效果评价样品共计5694份；完成高风险非冷链货物集装箱物表新冠病毒核酸检测样品、长春关区执法设备环境监测样品以及外来物资物表新冠病毒核酸检测样品共计2044份。

【安全生产】2022年，长春海关技术中心落实联系机制、通报机制、巡查机制和“吹哨人”预警机制要求，健全完善安全生产责任制。制订长春海关技术中心安全生产“五个一”大检查方案，重点关注实验室专项安全隐患，将日常安全与节假日安全排查相结合，就实验室水、电、气及易制毒、易制爆化学品、生物毒菌株及特殊样品安全隐患进行彻底排查整治。以“安全生产月”活动为契机，开展安全培训及现场模拟演练。

【“大排查、大整顿、大提升”专项行动】2022年，长春海关技术中心党委以“1+1+4”工作总路线（以“提升中心整体管理水平，特别是实验室管理水平”作为开展专项行动的主线，以“构建完备的实验室管理体系”为主要抓手和切入点，持续提升思想认识的高度、强化实验室管理的精度、拓展人员队伍建设的广度、拓宽市场委托服务的维度）为总体工作思路迅速开展实验室全领域“大排查、大整顿、大提升”专项行动。围绕处理好“安全与发展、生存与发展、改革与发展”3方面关系开展大研讨，引导干部职工主动思考排查实验室当前存在的难点、堵点，以及实验室发展建设的意见建议42条。建立并完善“三项清单”动态更新机制；问题整改跟踪验证机制；领导巡查带班机制；“研讨复盘、上报响应、协作呼应”工作机制；“公物仓”动态管理机制5项制度。聘请第三方机构对实验室存在的隐蔽性水、电、气等风险隐患进行全面布控，严格管理易制毒、易制爆试剂领用，实行两级审核领用制，出入库计量单位精确到克。制定实验室全领域问题隐患整改动态清单，以“周会商、月总结”方式汇总整改情况8次，成立“实验室管理体系”修订工作专班，以“周计划、周研讨、周修订”方式对体系文件进行梳理修订。举办全员实验室管理质量提升培训。

【生物安全建设】2022年，长春海关技术中心贯彻落实实验室生物相关要求，重点加强第九版中更新内容的落实工作，及时更新实验室新冠病毒检测操作规程和应急处置方案，并组织开展对海关总署长春海关及卫健委最新文件的深入学习和培训共计22次，5名检测人员通过考核并取得生物安全证书，相关室（部）进行生物安全培训演练共计30人次。

【动植物检疫】2022年，长春海关技术中心拓展植物疫病检测领域。在复核检测的出口韩国退运辣椒种子中，首次针对杂草和蔬菜种子中马铃薯斑纹片病菌等13种植物病原进行检测鉴定。首次运用分子生物学检测方法完成松材线虫疫情传入风险检疫任务。履行进出境动植物疫情疫病及外来入侵物种防控工作，2022年检出意大利苍耳、橘小实蝇等5种有害生物13批次。有序开展进境动物检疫专项工作，2022年共完成非洲猪瘟样品检测54批次，123个检测结果均无异常。完成进境种鸡、种牛等12种物种及非物种的动物检疫专项工作样品共计1524份，2158个检测结果均无异常。

【商品检验】2022年，长春海关技术中心针对全铁含量和平均粒度项目开展进口涉税商品铁精粉的检测，提升战略性资源供应保障能力，持续保障长春关区矿产品涉税化验工作的顺利完成。2022年6月，长春海关技术中心派员前往第四综合实验室（珲春）煤炭实验室进行跟班作业，制订优化方案，协助完成煤炭检测共计265批次，推动缓解煤炭检测样品的堆积。

【食品检验检疫】2022年，长春海关技术中心首次完成进口冷链猪肉制品全项目检测工作，完成卡拉洛尔等24项新检测项目的方法的开发及验证。2022年4月，通过视频指导形式完成辽源海关送检的冰冻蛋液中铅、苏丹红及pH值检测，为企业出口开辟绿色通道。协助通化海关对出口退货鲜人参样品中啶酰菌胺等4项农药残留进行检测，并就检测数据进行技术交流。

【实验室能力建设】2022年，长春海关技术中心相继通过农产品检测资质认定、检验检疫机构资质认定及中国合格评定国家认可委员会的扩项评审，其中中国合格评定国家认可委员会涉及参数5369项；检验检疫机构资质认定涉及产品参数5804项；农产品检测资质认定新增参数166项。动态调整实验室检测资质范围，在精准化增加

▲2022年9月12日，长春海关技术中心食品、药品及农产品检测实验室开展检测样品制样工作　（邹维娜　摄）

检测资质项目的同时探索制定实验室能力范围“瘦身塑形”计划，根据法检业务及委托经营业务需求类别削减不常用、不必需的检测能力，降低实验室检测项目维护成本，释放优势资源投入到检测相对频繁领域，2022年农产品检测资质认定、检验检疫机构资质认定、中国合格评定国家认可委员会共计扩项628项，同比减少336项。

【市场经营】2022年，长春海关技术中心持续加强外源性市场委托业务承揽，2022年共完成委托经营服务业务5013批次，出具34459个结果。完成长春市市场监督管理局食品安全抽检任务、中央储备粮吉林分公司粮食检测任务以及辽源市市场监督管理局、长春市公安局食药环支队的保健品检测业务。承接完成长春邮局海关和大窑湾海关涉案样品红珊瑚及象牙制品等涉案鉴定业务。在对9个省份12家机构调研基础上，以课题研究专班的模式开展市场委托服务课题研究，形成“海关实验室经营服务创收机制的思考和建议”工作报告。

【科技发展】2022年，长春海关技术中心推进与中国海关科学技术中心战略合作项目，就重大科学技术研究、海关应用技术研究、市场开拓、合作构建科技创新“1+X”模式等重点领域的合作内容进行深入的探讨和对接，建立参茸及参茸制品检测研究室（长春海关）和禽类重要疫病研究室（长春海关）两个科技创新“1+X”合作研究室。组织申报国家级科研课题2项，批复1项，完成2022年度海关总署科研项目申报，初审申报6项，其中4项被长春海关推荐申报署级科研课题，完成吉林省科技进步奖申报3项，其中1项获得吉林省科技进步奖二等奖。

撰稿人

于　涛　吴连鹏　邹维娜　宋远航

吉林国际旅行卫生保健中心（长春海关口岸门诊部）

【概况】2022年吉林国际旅行卫生保健中心（长春海关口岸门诊部）发挥技术支撑作用，践行“151”总体工作思路，确保各项工作落实落细。全年共开展入境航班新冠病毒核酸检测14079人次；累计检测进口货物样本40898份；累计监测出入境人员6158人次，检出监测类传染病41例；累计开展社会体检7636人次，其中健康体检3456人次、职业健康体检1799人次、入职体检2381人次。

【党的建设】2022年，吉林国际旅行卫生保健中心学习宣传贯彻党的二十大精神，制订学习宣传贯彻党的二十大精神工作方案，组织开展学习活动8次，研讨交流4次，全体党员撰写心得体会29篇。常态化坚持“第一议题”制度，开展党委及支部理论学习85次，支部研讨72次，党委书记主题党课1次，“我为群众办实事”实践活动2项。认真落实“两个专项”工作，针对梳理的2个问题，已整改完成。突出从严从紧，压实主体责任，组织观看警示教育片3次，学习违纪违法典型案例通报2次，组织专题廉政党课1次、廉政学习4次、纪法测试1次，下发廉洁警示通知4次。构建“党建引领、多元参与、强化职能、优化服务”管理格局，组织申报“书记项目”1项，打造“关保先锋”系列党建品牌，争创“四强”党支部，发挥党组织战斗堡垒作用，促进党建与业务工作的深度融合。坚持以先进典型凝聚奋发有为的正能量，2022年被省直机关工委授予“工人先锋号”称号，第三党支部被授予“四强”党支部示范点称号和先进基层党组织称号，第三党支部“关保先锋之冲锋之矛”被授予长春海关党建品牌培育品牌。

【队伍建设】2022年，吉林国际旅行卫生保健中心以“细致、精致、极致”工作作风推动队伍建设各项工作任务落实。提升履职能力，注重多岗历练，把参与专项工作作为“墩苗壮骨”的主阵地。注重培训质效，拓展培训内容，挖掘培训资源，优化培训方式，紧贴统一队伍思想、凝聚全员共识、拓宽业务视野、提升业务技能等实际问题，有针对性地开展干部教育培训，强化履职能力建设。2022年，吉林国际旅行卫生保健中心1人被吉林省委宣传部、吉林省总工会授予“吉林好人、最美职工”荣誉称号，1人被授予“五一劳动奖章”。

【安全生产】2022年，吉林国际旅行卫生保健中心修订更新保健中心安全管理制度，与全体干部职工签订安全生产包保责任书，建立吉林国际旅行卫生保健中心安全生产自查方案，针对办公场所、网络管理、生物安全、实验室危险化学品等多方面的自查，对于发现的隐患及时整改落实。落实“安全生产活动月”要求，开展主题党日、警示教育、应急演练活动，建立“吹哨人”机制和开展“回头看”工作。2022年，吉林国际旅行卫生保健中心未发生安全生产事故。

【疫情防控】2022年，吉林国际旅行卫生保健中心发挥技术支撑作用，积极落实“外防输入、内防反弹”的整体部署。在“外防输入”方面，持续开展入境航班人员及进口货物“人物同防”新冠病毒检测工作。2022年累计开展入境航班新冠病毒核酸检测14079人次；累计检测进口货物样本40898份。在“内防反弹”方面，吉林国际旅行卫生保健中心持续做好关警员新冠病毒检测工作。

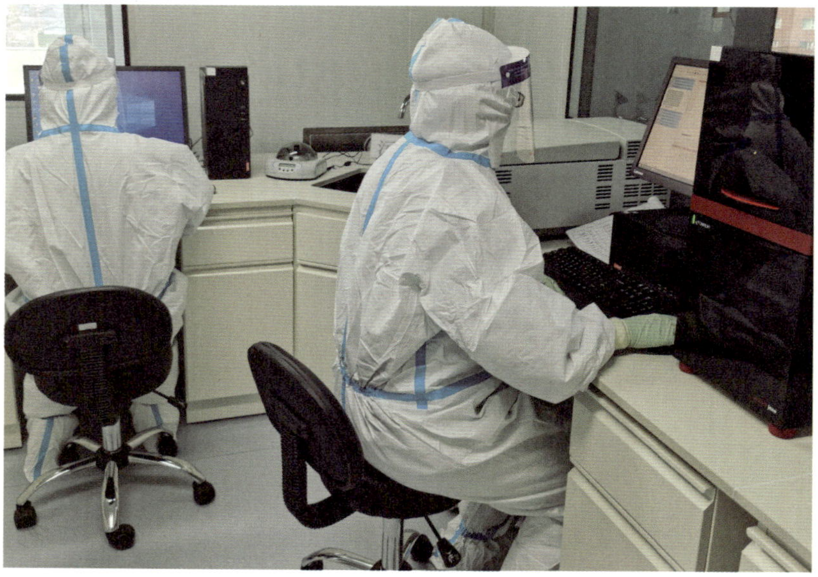

▲2022年1月4日，吉林国际旅行卫生保健中心开展新冠病毒核酸检测工作　（张洋　摄）

2022年累计完成长春海关自由大路办公区、兴隆海关、长春海关缉私局、长春邮局海关、珲春海关等多个地点的关警员新冠病毒核酸检测筛查近12万人次，同比增长515%。

【业务能力提升】2022年，吉林国际旅行卫生保健中心采取措施充分发挥科技引领作用。应对市场挑战，深入研究未来的发展方向和定位，不断提升基础建设整体水平。制订较为科学、合理的改造方案，积极推动检测能力的提升。与吉林大学等院校开展学术研讨，建立教学基地，以多种形式促进技术互通，提升业务能力。2022年累计参加吉林省长春市两级卫生健康委员会举办的核酸检测专业技能线上培训3次，海关总署举办的疟疾、猴痘相关防控工作培训2次，适时开展特种设备上岗培训、PCR检测原理培训、新冠病毒核酸检测基础知识培训、移动P2实验室上岗培训等内部培训和演练。按照长春海关进一步做好口岸猴痘疫情防控工作方案要求，完成猴痘检测技术储备、预试验以及备案工作。积极推进课题研究，发表论文1篇，在研国家级课题1项，申请吉林省科研课题1项，申报海关总署科技进步二等奖1项，申报吉林省科技进步二等奖1项。

【市场经营】 2022年，吉林国际旅行卫生保健中心采用“拓展市场份额、拓展体检项目、拓展业务区域”的发展模式，开展社会体检业务。以长春海关口岸门诊部作为切入点，针对社会体检业务的开展进行市场调研和分析，以接种HPV疫苗带动健康体检为经营策略，推动业务发展。2022年，吉林国际旅行卫生保健中心总体收入727.54万元。

撰稿人

吴　剑　张　洋

第九篇

人物荣誉

2022年度国务院“授衔令”
（二级关务监督及以上）

《国务院关于授予和晋升邸连柱等71名同志海关关衔的命令》（国函〔2022〕84号）

授予谢兵、石建平同志一级关务监督关衔

2022年度长春关区获评“光荣在党50年”纪念章人员名单

廉常平　　马国臣　　成太俊　　李永学　　王　影　　朴欣坤　　金熙淑　　翟文阁

2022年度长春关区获评省部级及以上表彰集体、人员名录

2022年“全国巾帼文明岗”

长春海关所属长春兴隆海关综合业务科

第20届“全国青年文明号”

长春海关所属长春龙嘉机场海关旅检一科

2022年通过复核的往届“全国青年文明号”

长春海关所属长春龙嘉机场海关监管二科
长春海关所属长春兴隆海关综合业务一科

2022年“全国消除疟疾先进集体”

长春海关卫生检疫处

全国海关党建培育品牌

长春海关所属白山海关口岸监管党支部（新评）

长春海关所属通化海关老虎哨口岸监管科党支部（复核）

长春海关所属长春龙嘉机场海关旅检一科党支部（复核）

全国海关党建示范品牌

长春海关所属长春兴隆海关综保现场党支部（复核）

长春海关所属延吉机场办事处党支部（复核）

全国海关百名优秀执法一线科长

长春海关所属延吉海关监管一科科长　吴　星

2022 年度长春关区获得海关扎根艰苦地区边关工作金质奖章人员名单

刘勇先	谷昭盛	李延臣	尹光哲	权伍光	董龙哲	朴锦华	赵常伟
朴熙文	谭立新	咸永学	王　洋	朴龙贤	朱铁军	穆翠英	李龙根
刘昌明							

第十篇

海关统计资料

2022年吉林省各地区进出口总值表

（按经营单位所在地）

地区	进出口（万元）	出口（万元）	进口（万元）	累计比上年同期±%		
				进出口	出口	进口
进出口贸易总值	15594493	5022080	10572413	3.7	42.3	-8.1
长春市	11077563	2084482	8993082	-6.1	26.1	-11.3
其中：长春经济技术开发区	1313328	416280	897048	2.1	8.6	-0.7
长春高新技术产业开发区	669557	261575	407982	37.9	31.0	42.8
长春兴隆综合保税区	736381	64230	672152	349.3	36.3	475.6
九台	28024	19380	8644	23.9	20.9	31.3
公主岭	32974	7075	25898	17.5	55.2	10.2
吉林市	806900	558327	248572	-2.5	7.8	-19.7
其中：吉林高新技术开发区	51979	33608	18371	-1.3	-14.0	35.2
吉林市保税物流中心（B型）	5804	5804	0	-0.9	276.9	-100.0
桦甸	8054	8054	0	-19.2	-17.3	-100.0
蛟河	82791	14350	68441	157.4	-10.1	322.4
自治州	2678027	1567843	1110184	75.8	120.7	36.5
其中：延吉	74219	54264	19955	17.5	11.2	38.9
空港保税物流中心（B型）	2858	2858	0	-68.3	-68.2	-100.0
图们	58382	21655	36727	11.0	15.9	8.2
珲春	1536395	562738	973657	44.6	69.2	33.4
珲春综合保税区	563821	476589	87232	165.6	237.0	23.1
延边其他	1009030	929186	79845	192.0	199.4	126.7
通化市	293631	152467	141164	1.9	8.5	-4.4
其中：集安	6495	4331	2164	9.3	4.0	21.6

续表

地区	进出口（万元）	出口（万元）	进口（万元）	累计比上年同期±%		
				进出口	出口	进口
梅河口	158688	87937	70751	7.3	17.9	-3.4
四平市	20960	20359	601	-49.4	-14.3	-96.6
辽源市	150998	128141	22856	-4.6	2.8	-32.1
白山市	133851	95390	38461	17.3	14.2	25.8
白城市	320375	303534	16841	64.2	68.9	9.8
松原市	112187	111537	651	17.3	16.8	295.4

2022年吉林省对主要国家（地区）进出口总值表

（按经营单位所在地）

国家（地区）	进出口（万元）	出口（万元）	进口（万元）	累计比上年同期±%		
				进出口	出口	进口
进出口贸易总值	15594493	5022080	10572413	3. 7	42. 3	-8. 1
亚洲	3650484	1789175	1861308	10. 3	22. 3	0. 9
孟加拉国	21163	21113	49	101. 6	104. 6	-72. 0
柬埔寨	10243	9384	859	417. 3	374. 2	68366. 3
中国香港	27231	26993	238	9. 4	9. 1	52. 4
印度	253448	233980	19468	0. 0	5. 4	-38. 2
印度尼西亚	137081	97321	39760	-33. 0	40. 7	-70. 6
伊朗	1269	1269	0	-78. 8	-78. 8	—
以色列	36043	21534	14510	-60. 3	-71. 4	-6. 6
日本	830791	255540	575251	-22. 3	3. 1	-30. 0
老挝	20948	4612	16335	20. 8	94. 2	9. 2
中国澳门	237	237	0	-94. 5	-94. 5	—
马来西亚	176057	43548	132509	107. 3	80. 7	117. 9
蒙古国	76682	1836	74846	-11. 0	-30. 1	-10. 4
巴基斯坦	48198	43895	4303	37. 8	36. 8	49. 7
菲律宾	149269	87420	61849	52. 8	32. 6	94. 8
卡塔尔	12576	12247	329	272. 2	276. 9	154. 0
沙特阿拉伯	76870	74745	2125	49. 0	48. 7	60. 4
新加坡	124138	105390	18748	156. 7	212. 8	27. 8
韩国	596063	321330	274734	6. 0	2. 3	10. 7
泰国	151156	60366	90790	-4. 6	8. 0	-11. 5
土耳其	101819	71216	30603	54. 7	62. 0	40. 0
阿联酋	78837	76613	2224	188. 3	203. 1	7. 5
越南	120014	99679	20335	59. 1	45. 1	202. 8

续表1

国家（地区）	进出口（万元）	出口（万元）	进口（万元）	累计比上年同期±%		
				进出口	出口	进口
乌兹别克斯坦	12506	12428	78	17.2	29.7	-92.8
中国台湾	207563	41440	166123	69.6	14.9	92.4
非洲	346525	243921	102604	61.4	67.7	48.1
埃及	14982	14886	97	42.4	41.4	37576.8
肯尼亚	10630	10630	0	-39.1	-39.1	—
摩洛哥	14399	3064	11335	47.8	12.4	61.6
尼日利亚	19814	19724	90	135.5	134.5	7806.4
南非	100567	83995	16573	50.9	60.7	15.5
坦桑尼亚	72435	72435	0	184.7	184.7	-100.0
刚果（金）	28433	1918	26514	430.8	22.3	600.1
赞比亚	32322	3	32320	69.6	-99.8	86.7
厄立特里亚	12004	0	12004	-45.1	—	-45.1
欧洲	9148308	2378378	6769930	-2.9	78.1	-16.3
比利时	460156	433928	26228	215.3	448.9	-60.8
丹麦	16171	4833	11338	-18.1	-4.9	-22.6
英国	78153	60986	17167	-14.6	-13.2	-19.3
德国	3073869	501742	2572127	-18.0	48.5	-24.6
法国	293127	77426	215701	-5.9	81.3	-19.7
爱尔兰	176658	128260	48398	58.4	25.8	406.6
意大利	157356	67350	90006	-11.0	7.7	-21.2
荷兰	154773	125646	29128	16.9	21.2	1.4
希腊	10629	10628	1	88.0	88.1	-59.6
葡萄牙	568047	6548	561499	-9.2	72.3	-9.7
西班牙	173247	105115	68132	-4.0	30.5	-31.8
奥地利	58705	5558	53147	-25.6	3.4	-27.7
保加利亚	27333	3072	24261	-13.9	100.6	-19.7
匈牙利	365526	10012	355514	-25.1	57.7	-26.2
挪威	69570	60155	9415	22.7	56.9	-48.6
波兰	274177	26720	247457	-6.8	13.0	-8.5
罗马尼亚	204137	6746	197391	-6.6	105.9	-8.3
瑞典	48472	14418	34054	12.3	55.2	0.5
瑞士	62602	14614	47988	18.1	80.2	6.9

续表2

国家（地区）	进出口（万元）	出口（万元）	进口（万元）	累计比上年同期±%		
				进出口	出口	进口
摩尔多瓦	9351	68	9284	-41.6	-23.6	-41.7
俄罗斯	1733258	655594	1077665	65.3	123.4	42.7
乌克兰	7345	6214	1131	-71.9	-19.4	-93.9
斯洛文尼亚	38072	7489	30584	14.9	31.3	11.4
捷克	399575	18489	381086	-29.3	15.8	-30.6
斯洛伐克	551116	6302	544813	-32.4	38.4	-32.8
北马其顿	14603	69	14533	-8.4	96.0	-8.6
塞尔维亚	88179	6590	81589	79.2	55.0	81.5
拉丁美洲	1696141	231659	1464482	29.8	49.1	27.2
巴西	573520	39693	533828	77.4	107.3	75.6
智利	94909	12234	82675	139.4	-10.4	218.1
哥伦比亚	11450	11450	0	99.7	99.7	—
厄瓜多尔	10295	10295	0	95.0	95.0	—
墨西哥	839678	121182	718496	7.9	36.4	4.2
秘鲁	120352	12504	107848	-9.4	110.9	-15.0
乌拉圭	18121	1208	16913	296.5	-1.0	404.9
北美洲	654299	308383	345915	0.1	-8.2	9.0
加拿大	61675	51245	10430	-30.9	-7.2	-69.4
美国	592624	257138	335486	5.0	-8.4	18.4
大洋洲	94925	70563	24362	-25.3	-24.5	-27.6
澳大利亚	78156	60803	17353	-22.9	-29.8	18.4
新西兰	12842	5833	7009	59.6	42.7	77.1
巴布亚新几内亚	88	88	0	-99.4	—	-100.0
东盟	895678	513298	382380	29.5	58.1	4.2
欧盟	7081597	1571701	5509896	-12.1	72.2	-22.9
“一带一路”共建国家和地区	7130077	2346517	4783560	9.0	56.6	-5.1
RCEP 贸易伙伴	2680547	1211672	1468875	1.8	19.0	-9.0

2022年吉林省各贸易方式进出口总值表

（按经营单位所在地）

项目	进出口（万元）	出口（万元）	进口（万元）	累计比上年同期±%		
				进出口	出口	进口
进出口贸易总值	15594493	5022080	10572413	3.7	42.3	-8.1
一般贸易	14016017	4087733	9928284	2.0	49.7	-9.8
国家间、国际组织无偿援助和赠送的物资	0	0	0	—	—	—
其他捐赠物资	0	0	0	-100.0	—	-100.0
补偿贸易	0	0	0	—	—	—
来料加工贸易	70002	28723	41279	29.5	1.4	60.5
进料加工贸易	967253	712299	254954	1.2	-0.1	5.2
寄售代销贸易	0	0	0	—	—	—
边境小额贸易	8116	1409	6707	-37.7	123.2	-45.9
加工贸易进口设备	0	0	0	—	—	—
对外承包工程出口货物	5401	5401	0	6446.4	6446.4	—
租赁贸易	0	0	0	—	—	—
外商投资企业作为投资进口的设备、物品	11377	0	11377	59.8	—	59.8
出料加工贸易	6877	3026	3851	—	—	—
易货贸易	0	0	0	—	—	—
免税外汇商品	0	0	0	—	—	—
免税品	0	0	0	—	—	—
保税监管场所进出境货物	124022	32652	91370	159.5	190.1	150.0
海关特殊监管区域物流货物	353811	138480	215331	108.1	379.4	52.6
海关特殊监管区域进口设备	755	0	755	758.4	—	758.4
其他	30862	12358	18504	-34.6	-23.3	-40.4

2022年吉林省出口主要商品量值表

（按经营单位所在地）

商品	计量单位	2022年		2021年		累计比上年±%	
		数量	金额（万元）	数量	金额（万元）	数量	金额（万元）
出口贸易总值	—	—	5022080	—	3529354	—	42.3
农产品*	—	—	687814	—	612226	—	12.3
肉类（包含杂碎）	吨	1470	3166	1116	2990	31.7	5.9
水产品	吨	32531	100276	34320	89501	-5.2	12.0
食用水产品	吨	32531	100276	34320	89501	-5.2	12.0
蔬菜及食用菌	吨	21989	22021	31381	25962	-29.9	-15.2
鲜或冷藏蔬菜	吨	789	2070	8877	5937	-91.1	-65.1
干鲜瓜果及坚果	吨	8098	123782	11489	131707	-29.5	-6.0
苹果	吨	0	0	0	0	—	—
茶叶	吨	0	0	0	0	—	—
粮食	吨	44562	51040	42122	46184	5.8	10.5
稻谷及大米	吨	2235	1019	940	446	137.7	128.3
罐头	吨	95	1027	0	0	—	—
蔬菜罐头	吨	95	1027	0	0	—	—
酒类及饮料	—	—	37396	—	24189	—	54.6
果蔬汁	吨	0	0	53	283	-100.0	-100.0
啤酒	万升	17	73	13	44	36.2	68.0
烟草及其制品	吨	0	0	0	0	—	—
烤烟	吨	0	0	0	0	—	—
卷烟	万条	0	0	0	0	—	—
制盐	吨	10	4	1	1	1101.7	438.0
水泥及水泥熟料	吨	46	12	0	0	—	—
钨品	吨	1	104	0	12	300.0	766.0
煤及褐煤	万吨	13	15069	0	0	—	—

续表1

商品	计量单位	2022 年		2021 年		累计比上年±%	
		数量	金额（万元）	数量	金额（万元）	数量	金额（万元）
焦炭及半焦炭	吨	0	0	0	0	—	—
成品油	吨	0	0	1	9	-100.0	-100.0
汽油	吨	0	0	0	0	—	—
航空煤油	吨	0	0	0	0	—	—
柴油	吨	0	0	0	0	—	—
氧化铝	吨	495	438	145	97	241.5	353.9
稀土及其制品	吨	1	2766	2	4207	-53.9	-34.3
稀土	吨	0	2733	1	4169	-36.3	-34.4
基本有机化学品	—	—	906626	—	348297	—	160.3
柠檬酸	吨	46547	54811	41783	27936	11.4	96.2
医药材及药品	吨	11536	87879	10074	80864	14.5	8.7
中药材	吨	2651	19036	2178	15265	21.7	24.7
中式成药	吨	83	1848	22	642	275.5	187.8
人用疫苗	千克	14454	2916	13318	2235	8.5	30.5
抗菌素（制剂除外）	吨	3851	77346	4196	76398	-8.2	1.2
医用敷料	吨	13	354	4	249	195.6	42.0
肥料	吨	52	5	2412	815	-97.8	-99.4
矿物肥料及化肥	吨	0	0	2412	815	-100.0	-100.0
尿素	吨	0	0	0	0	—	—
硫酸铵	吨	0	0	0	0	—	—
磷酸氢二铵	吨	0	0	0	0	—	—
磷酸二氢铵	吨	0	0	0	0	—	—
合成有机染料	吨	0	1	0	0	—	—
美容化妆品及洗护用品	吨	58	187	2	95	2243.6	97.8
烟花、爆竹	吨	0	0	0	0	—	—
塑料制品	—	—	44883	—	40018	—	12.2
橡胶轮胎	吨	18215	44436	4891	13363	272.4	232.5
新的充气橡胶轮胎	吨	18167	44287	4891	13362	271.4	231.5
皮革、毛皮及其制品	—	—	5287	—	3639	—	45.3
裘皮服装	吨	3	339	2	369	53.6	-8.3
箱包及类似容器	吨	482	7654	251	3766	92.1	103.2
皮革箱包及类似容器	吨	75	2195	62	1728	20.2	27.0

续表2

商品	计量单位	2022年		2021年		累计比上年±%	
		数量	金额（万元）	数量	金额（万元）	数量	金额（万元）
木及其制品	吨	132958	273987	143824	271418	-7.6	0.9
家用或装饰用木制品	吨	5669	15536	6456	15075	-12.2	3.1
胶合板及类似多层板	万立方米	11169	233076	12025	231007	-7.1	0.9
植物材料编结品	吨	1044	1383	1188	1383	-12.1	0.0
纸浆、纸及其制品	吨	4388	4652	2106	3945	108.4	17.9
纺织原料	吨	57448	91336	19714	31994	191.4	185.5
化学纤维纺织原料	吨	57448	91336	19712	31991	191.4	185.5
纺织纱线、织物及其制品	—	—	169040	—	132293	—	27.8
纺织纱线	—	—	150028	—	118121	—	27.0
纺织织物	—	—	3427	—	1547	—	121.5
纺织制品	—	—	15585	—	12625	—	23.4
服装及衣着附件	—	—	90296	—	86221	—	4.7
服装	—	—	56978	—	54103	—	5.3
鞋靴	万双	72	6177	164	16621	-56.2	-62.8
帽类	万个	108	1971	4	210	2511.2	837.5
伞	万把	5	233	0	46	1015.5	409.8
花岗岩石材及其制品	吨	0	0	161	40	-100.0	-100.0
陶瓷产品	吨	10035	3555	2334	678	329.9	424.6
日用陶瓷	吨	220	663	24	416	830.1	59.3
建筑用陶瓷	吨	9257	2302	2309	243	300.9	847.0
玻璃及其制品	—	—	34326	—	29435	—	16.6
珍珠、宝石及半宝石	—	—	3	—	1	—	325.6
贵金属或包贵金属的首饰	吨	2	47	0	0	6768.0	32773.1
铁合金	吨	0	0	10	3	-100.0	-100.0
钢材	吨	122177	66450	116739	59507	4.7	11.7
钢铁棒材	吨	2	7	1	4	256.8	73.0
角钢及型钢	吨	47	54	55	64	-15.0	-16.0
钢铁板材	吨	120565	63419	114775	55689	5.0	13.9
钢铁线材	吨	24	38	34	156	-30.2	-75.9
未锻轧铜及铜材	吨	5	98	1	25	308.4	297.7
未锻轧铝及铝材	吨	337	2099	290	1905	16.2	10.2

续表3

商品	计量单位	2022年		2021年		累计比上年±%	
		数量	金额（万元）	数量	金额（万元）	数量	金额（万元）
家具及其零件	—	—	37575	—	29244	—	28.5
玩具	—	—	7986	—	2598	—	207.4
体育用品及设备	—	—	2977	—	1497	—	98.9
笔及其零件	—	—	804	—	547	—	47.0
机电产品*	—	—	2148515	—	1532814	—	40.2
机械基础件	—	—	23414	—	18050	—	29.7
紧固件	吨	1446	3620	1459	3434	-0.9	5.4
轴承	吨	545	1092	487	923	11.9	18.4
手用或机用工具	吨	6228	25938	6680	22037	-6.8	17.7
农业机械	—	—	486	—	641	—	-24.2
拖拉机	辆	0	0	1	9	-100.0	-100.0
食品加工机械	台	3864	1896	3190	4803	21.1	-60.5
包装机械	台	2089	291	711	405	193.8	-28.1
印刷、装订机械及其零件	—	—	1264	—	308	—	310.2
打印机、复印机及一体机	台	3071	437	1142	166	168.9	162.6
通用机械设备	—	—	104340	—	116959	—	-10.8
泵	万台	8	3043	26	3987	-69.3	-23.7
压缩机	万台	58	70739	66	92820	-12.2	-23.8
分离设备	—	—	6662	—	6074	—	9.7
阀门及类似装置	万套	204	20303	160	12587	27.4	61.3
纺织机械及其零件	—	—	103	—	411	—	-75.0
缝制机械及其零件	—	—	70	—	72	—	-1.9
机床	台	3042	1182	3096	1951	-1.7	-39.4
自动数据处理设备及其零部件	—	—	33876	—	9953	—	240.3
自动数据处理设备	万台	5	13595	2	6177	166.9	120.1
平板电脑	万台	2	4832	0	17	9574.6	28753.1
笔记本电脑	万台	2	6361	2	5614	15.1	13.3
中央处理部件	万台	0	293	0	681	-57.0	-56.9
存储部件	万台	0	444	0	75	492.5	493.6
自动数据处理设备的零件、附件	吨	30	1157	24	970	25.3	19.3
液晶监视器	万台	1	1180	0	6	19423.0	18200.5

续表4

商品	计量单位	2022年		2021年		累计比上年±%	
		数量	金额（万元）	数量	金额（万元）	数量	金额（万元）
3D打印机	万台	0	133	0	0	—	—
电工器材	—	—	167240	—	150883	—	10.8
变压器	万个	13	1946	11	2623	20.5	-25.8
原电池	万个	1	22	1	80	15.6	-72.7
蓄电池	万个	3	952	6	1879	-43.0	-49.3
锂离子蓄电池	万个	3	762	4	1331	-27.7	-42.8
电气控制装置	—	—	71004	—	58026	—	22.4
高压开关及控制装置	—	—	105	—	28	—	280.8
低压开关及控制装置	—	—	70899	—	57998	—	22.2
电线及电缆	吨	868	10866	510	7222	70.2	50.5
手机	万台	14	35974	1	424	1979.0	8392.8
家用电器	万台	33	14781	23	13298	45.6	11.2
电扇	万台	3	1079	1	342	216.4	215.0
空调	万台	0	35	0	11	251.5	214.5
冰箱	万台	0	243	0	58	283.5	320.9
洗衣机	万台	0	56	0	5	804.3	969.3
吸尘器	万台	2	3001	2	3761	11.3	-20.2
微波炉	万个	0	9	0	10	54.3	-9.4
电视机	万个	0	177	0	90	287.2	95.9
液晶电视机	万个	0	114	0	29	657.0	300.5
音视频设备及其零件	—	—	13226	—	13139	—	0.7
电视摄像机，数字照相机及视频摄录一体机	万台	4	3451	6	3517	-21.2	-1.9
数字照相机	万台	1	520	0	0	90228.6	148943.4
无线电广播接收设备	万台	1	457	0	12	1416.2	3811.8
音视频设备的零件	—	—	2664	—	2698	—	-1.3
平板显示模组	万块	4	127	0	0	—	—
液晶平板显示模组	万块	4	127	0	0	—	—
有机发光二极管平板显示模组	万块	0	0	0	0	—	—
电子元件	—	—	57136	—	48512	—	17.8
印刷电路	万块	79	455	32	233	145.5	95.5
二极管及类似半导体器件	亿个	2	13124	2	13447	-17.4	-2.4

续表5

商品	计量单位	2022年		2021年		累计比上年±%	
		数量	金额（万元）	数量	金额（万元）	数量	金额（万元）
太阳能电池	万个	0	0	0	22	-100.0	-100.0
集成电路	亿个	21	28851	15	25694	39.2	12.3
集装箱	万个	0	2116	0	0	—	—
摩托车	万辆	9	25237	7	19087	28.0	32.2
内燃机摩托车	万辆	9	25145	7	18327	31.9	37.2
电动摩托车及脚踏车	万辆	0	92	0	761	-86.5	-87.9
自行车	万辆	0	371	0	176	-36.4	110.7
摩托车及自行车的零配件	—	—	11619	—	3495	—	232.4
汽车（包含底盘）	辆	38440	709897	21051	322904	82.6	119.8
乘用车	辆	17884	250878	9993	129829	79.0	93.2
商用车	辆	20556	459018	11058	193076	85.9	137.7
客车（十座及以上）	辆	228	9922	7	14	3157.1	69616.0
货车	辆	14391	306370	7346	111035	95.9	175.9
专用汽车	辆	194	5700	92	2854	110.9	99.7
汽车零配件	—	—	251546	—	228992	—	9.8
车用发动机	万台	1	9021	0	7048	135.9	28.0
汽车轮胎	吨	17835	43300	4890	13329	264.8	224.9
婴孩车及其零件	吨	1	24	0	6	131.3	290.5
飞机及其他航空器	架	1	0	1	4001	0.0	-100.0
无人驾驶航空器	架	1	0	0	0	—	—
船舶	艘	0	0	0	0	—	—
液货船	艘	0	0	0	0	—	—
集装箱船	艘	0	0	0	0	—	—
散货船	艘	0	0	0	0	—	—
眼镜及其零件	—	—	294	—	22	—	1231.6
计量检测分析自控仪器及器具	—	—	139311	—	126398	—	10.2
分析仪器	台	687520	44011	731878	44064	-6.1	-0.1
医疗仪器及器械	—	—	4763	—	3513	—	35.6
钟表及其零件	—	—	2186	—	839	—	160.6
手表	只	30154	1162	11954	455	152.3	155.1
灯具、照明装置及其零件	—	—	33513	—	24895	—	34.6
游戏机及其零附件	吨	16	727	2	46	723.0	1494.5

续表6

商品	计量单位	2022年		2021年		累计比上年±%	
		数量	金额（万元）	数量	金额（万元）	数量	金额（万元）
高新技术产品	—	—	424224	—	396563	—	7.0
生物技术	—	—	8254	—	11506	—	-28.3
生命科学技术	—	—	100472	—	161663	—	-37.9
光电技术	—	—	9456	—	11422	—	-17.2
计算机与通信技术	—	—	109278	—	58837	—	85.7
电子技术	—	—	113545	—	97534	—	16.4
计算机集成制造技术	—	—	57747	—	27848	—	107.4
材料技术	—	—	24581	—	20708	—	18.7
航空航天技术	—	—	210	—	4762	—	-95.6
其他技术	—	—	682	—	2284	—	-70.2
电动载人汽车*	辆	6398	106351	1423	39367	349.6	170.2
混合动力客车（10座及以上）	辆	0	0	0	0	—	—
纯电动客车（10座及以上）	辆	0	0	0	0	—	—
非插电式混合动力乘用车	辆	1	2	2	62	-50.0	-96.7
插电式混合动力乘用车	辆	10	304	13	289	-23.1	5.3
纯电动乘用车	辆	6387	106045	1408	39016	353.6	171.8
文化产品*	—	—	39085	—	28518	—	37.1
食品*	—	—	499848	—	473597	—	5.5

注：带有*标记的商品与表内其他商品的编码范围有交叉。

2022 年吉林省进口主要商品量值表

（按经营单位所在地）

商品	计量单位	2022 年		2021 年		累计比上年±%	
		数量	金额（万元）	数量	金额（万元）	数量	金额（万元）
进口贸易总值	—	—	10572413	—	11508712	—	-8.1
农产品*	—	—	1165997	—	917596	—	27.1
肉类（包含杂碎）	吨	38561	186195	13579	48042	184.0	287.6
牛肉及牛杂碎	吨	37382	181277	13115	46171	185.0	292.6
牛肉	吨	37382	181277	13115	46171	185.0	292.6
猪肉及猪杂碎	吨	24	21	14	25	65.9	-15.7
猪肉	吨	24	21	5	9	349.0	141.1
羊肉	吨	924	4005	293	1222	215.4	227.8
禽肉	吨	0	0	0	0	—	—
水产品	吨	164728	451491	115675	406412	42.4	11.1
食用水产品	吨	164728	451491	115675	406412	42.4	11.1
冻鱼	吨	142290	143266	90078	73087	58.0	96.0
乳品	吨	791	967	6125	4588	-87.1	-78.9
奶粉	吨	284	611	1015	1947	-72.0	-68.6
干鲜瓜果及坚果	吨	18649	153330	17441	117243	6.9	30.8
粮食	吨	758980	340621	925265	310541	-18.0	9.7
薯类	吨	0	0	0	0	—	—
谷物及谷物粉	吨	2734	996	93093	16385	-97.1	-93.9
小麦	吨	2734	996	1355	271	101.8	268.0
大麦	吨	0	0	0	0	—	—
玉米	吨	0	0	91738	16115	-100.0	-100.0
稻谷及大米	吨	0	0	0	0	—	—
高粱	吨	0	0	0	0	—	—
豆类	吨	756247	339626	831372	293843	-9.0	15.6

续表1

商品	计量单位	2022年		2021年		累计比上年±%	
		数量	金额（万元）	数量	金额（万元）	数量	金额（万元）
大豆	吨	750746	335713	821660	287157	-8.6	16.9
食用油	吨	4702	4415	5957	4704	-21.1	-6.1
食用植物油	吨	4701	4414	5957	4704	-21.1	-6.2
豆油	吨	242	262	641	500	-62.3	-47.7
棕榈油	吨	0	0	0	0	—	—
菜子油及芥子油	吨	88	152	489	326	-81.9	-53.3
食糖	吨	0	0	0	0	—	—
酒类及饮料	—	—	11774	—	11133	—	5.8
啤酒	万升	1602	8141	1733	7362	-7.5	10.6
葡萄酒	万升	22	592	34	1784	-33.1	-66.8
制盐	吨	539	110	565	119	-4.6	-7.6
金属矿及矿砂	万吨	52	452051	32	310519	61.1	45.6
铁矿砂及其精矿	万吨	24	15858	12	9382	98.5	69.0
铜矿砂及其精矿	万吨	26	399662	16	259299	62.2	54.1
铝矿砂及其精矿	万吨	0	0	0	0	—	—
煤及褐煤	万吨	589	540824	694	398651	-15.2	35.7
原油	万吨	0	0	0	0	—	—
成品油	万吨	0	1462	0	3564	-63.3	-59.0
石脑油	万吨	0	0	0	0	—	—
航空煤油	万吨	0	0	0	0	—	—
天然气	吨	528	286	34	18	1452.4	1501.0
液化天然气	吨	528	286	34	18	1452.4	1501.0
气态天然气	吨	0	0	0	0	—	—
多晶硅	吨	0	0	0	0	—	—
稀土	吨	0	1	0	1	100.0	1.6
基本有机化学品	—	—	53519	—	87847	—	-39.1
二甲苯	吨	0	0	0	0	—	—
乙二醇	吨	0	0	0	0	0.0	-11.5
医药材及药品	吨	96	12498	47	877	104.8	1324.7
中药材	吨	55	1358	37	445	49.6	205.1
人用疫苗	千克	0	0	0	0	—	—
肥料	吨	0	0	0	0	—	—

续表2

商品	计量单位	2022年		2021年		累计比上年±%	
		数量	金额（万元）	数量	金额（万元）	数量	金额（万元）
矿物肥料及化肥	吨	0	0	0	0	—	—
氯化钾	吨	0	0	0	0	—	—
氮磷钾三元复合肥	吨	0	0	0	0	—	—
美容化妆品及洗护用品	吨	191	1031	222	1189	-13.8	-13.2
初级形状的塑料	吨	43573	74844	48440	65492	-10.0	14.3
塑料制品	—	—	66657	—	78860	—	-15.5
天然及合成橡胶（包括胶乳）	吨	4718	6859	3883	6289	21.5	9.1
皮革、毛皮及其制品	—	—	282	—	1450	—	-80.5
牛皮革及马皮革	吨	7	121	68	1304	-90.0	-90.7
木及其制品	吨	140291	41993	204193	41829	-31.3	0.4
原木	万立方米	5997	17098	8358	12637	-28.2	35.3
锯材	万立方米	6253	16637	9733	21138	-35.8	-21.3
纸浆、纸及其制品	吨	66502	50278	120629	76409	-44.9	-34.2
纸浆	吨	65586	47029	119023	71130	-44.9	-33.9
纺织原料	吨	1462	3930	1918	3165	-23.8	24.2
羊毛及毛条	吨	0	0	0	0	—	—
棉花	吨	0	0	0	0	—	—
纺织纱线、织物及其制品	—	—	27788	—	44642	—	-37.8
纺织纱线	—	—	4647	—	9144	—	-49.2
棉纱线	吨	1212	3834	3120	8000	-61.1	-52.1
合成纤维纱线	吨	60	797	111	1123	-45.7	-29.0
服装及衣着附件	—	—	716	—	443	—	61.5
玻璃及其制品	—	—	21823	—	27343	—	-20.2
玻璃纤维及其制品	吨	116	716	135	621	-13.7	15.3
珍珠、宝石及半宝石	—	—	0	—	1	—	-100.0
钻石	千克	0	0	0	0	—	—
钢材	吨	36183	42923	103434	78492	-65.0	-45.3
未锻轧铜及铜材	吨	71	1186	322	2535	-77.9	-53.2
未锻轧铝及铝材	吨	4261	11998	5300	12206	-19.6	-1.7
机电产品*	—	—	7610545	—	9101255	—	-16.4

续表3

商品	计量单位	2022年		2021年		累计比上年±%	
		数量	金额（万元）	数量	金额（万元）	数量	金额（万元）
机械基础件	—	—	113692	—	156791	—	-27.5
农业机械	—	—	1784	—	2450	—	-27.2
收获机械	台	3	385	1	3	200.0	12005.6
拖拉机	辆	0	0	0	0	—	—
食品加工机械	台	10	661	15	885	-33.3	-25.4
包装机械	台	25	14438	10	8366	150.0	72.6
印刷、装订机械及其零件	—	—	7679	—	63	—	12020.1
打印机、复印机及一体机	台	10251	3099	20	61	51155.0	4985.9
通用机械设备	—	—	106861	—	153484	—	-30.4
泵	万台	67	8877	74	7672	-9.5	15.7
压缩机	万台	5	5426	12	12083	-54.6	-55.1
分离设备	—	—	60741	—	75322	—	-19.4
阀门及类似装置	万套	1084	16960	1162	21980	-6.7	-22.8
机床	台	209	52362	204	25521	2.5	105.2
自动数据处理设备及其零部件	—	—	182210	—	4140	—	4301.1
自动数据处理设备	万台	1	11228	0	1200	1300.1	835.5
中央处理部件	万台	6	29402	0	1389	33763.3	2017.2
存储部件	万台	51	46694	0	256	1371810.0	18165.8
自动数据处理设备的零件、附件	吨	55	63369	0	11	394057.1	574279.9
半导体制造设备	台	27	6793	103	10995	-73.8	-38.2
制造单晶柱或晶圆用的机器及装置	台	0	0	0	0	—	—
制造半导体器件或集成电路用的机器及装置	台	14	4739	20	8003	-30.0	-40.8
制造平板显示器用的机器及装置	台	2	1490	1	11	100.0	13441.4
电工器材	—	—	690090	—	746815	—	-7.6
变压器	万个	9	173	11	275	-17.4	-37.1
蓄电池	万个	49	85813	48	73626	3.0	16.6
锂离子蓄电池	万个	49	83943	47	71800	3.0	16.9
电气控制装置	—	—	394186	—	402664	—	-2.1
电线及电缆	吨	1497	16315	1875	22026	-20.1	-25.9

续表4

商品	计量单位	2022 年		2021 年		累计比上年±%	
		数量	金额（万元）	数量	金额（万元）	数量	金额（万元）
家用电器	万台	10	7309	25	18942	-57.5	-61.4
电视机	万台	0	0	0	0	—	—
液晶电视机	万台	0	0	0	0	—	—
音视频设备及其零件	—	—	74187	—	96532	—	-23.1
电视摄像机，数字照相机及视频摄录一体机	万台	67	62179	70	67640	-3.8	-8.1
音视频设备的零件	—	—	9745	—	10960	—	-11.1
平板显示模组	万块	41	114369	0	0	—	—
液晶平板显示模组	万块	41	114369	0	0	—	—
有机发光二极管平板显示模组	万块	0	0	0	0	—	—
电子元件	—	—	480781	—	300937	—	59.8
电容器	亿个	0	21284	0	18589	14.7	14.5
印刷电路	亿块	0	6469	0	6219	41.1	4.0
二极管及类似半导体器件	亿个	26	49657	17	31291	51.7	58.7
集成电路	亿个	7	325761	4	170289	69.0	91.3
汽车（包含底盘）	辆	48685	1556946	73864	2199663	-34.1	-29.2
乘用车	辆	48683	1556822	73858	2199281	-34.1	-29.2
商用车	辆	2	124	6	382	-66.7	-67.5
货车	辆	2	124	2	16	0.0	674.2
专用汽车	辆	0	0	0	0	—	—
汽车零配件	—	—	2405466	—	3431634	—	-29.9
车用发动机	万台	2	54814	7	108736	-76.5	-49.6
汽车轮胎	吨	227	1278	285	1415	-20.4	-9.7
飞机及其他航空器	架	0	0	1	844	-100.0	-100.0
空载重量超过 2 吨的飞机	架	0	0	1	844	-100.0	-100.0
航空器零部件	—	—	0	—	88	—	-100.0
涡轮喷气发动机	台	0	0	1	88	-100.0	-100.0
涡轮螺桨发动机	台	0	0	0	0	—	—
船舶	艘	0	0	0	0	—	—
计量检测分析自控仪器及器具	—	—	510936	—	611289	—	-16.4
医疗仪器及器械	—	—	16456	—	11738	—	40.2
钟表及其零件	—	—	1884	—	1111	—	69.5

续表5

商品	计量单位	2022 年		2021 年		累计比上年±%	
		数量	金额（万元）	数量	金额（万元）	数量	金额（万元）
手表	只	14452	724	10874	556	32.9	30.3
电动手表	只	14317	698	10672	513	34.2	36.0
机械手表	只	135	27	202	43	-33.2	-37.3
高新技术产品*	—	—	2327943	—	1771261	—	31.4
生物技术	—	—	9898	—	0	—	2680754.0
生命科学技术	—	—	78245	—	96945	—	-19.3
光电技术	—	—	203846	—	92121	—	121.3
计算机与通信技术	—	—	1023846	—	766026	—	33.7
电子技术	—	—	685080	—	495334	—	38.3
计算机集成制造技术	—	—	295647	—	284286	—	4.0
材料技术	—	—	13917	—	14294	—	-2.6
航空航天技术	—	—	17412	—	21868	—	-20.4
其他技术	—	—	53	—	388	—	-86.3
电动载人汽车*	辆	628	28546	1107	46448	-43.3	-38.5
混合动力客车（10 座及以上）	辆	0	0	0	0	—	—
纯电动客车（10 座及以上）	辆	0	0	0	0	—	—
非插电式混合动力乘用车	辆	0	0	0	0	—	—
插电式混合动力乘用车	辆	155	7807	448	22661	-65.4	-65.5
纯电动乘用车	辆	473	20739	659	23788	-28.2	-12.8
文化产品*	—	—	66070	—	68765	—	-3.9
食品*	—	—	1153921	—	906804	—	27.3

注：带有＊标记的商品与表内其他商品的编码范围有交叉。

2022 年吉林省贸易方式和企业性质出口总值表

（按经营单位所在地）

贸易方式/企业性质	2022 年 金额（万元）	2021 年 金额（万元）	累计比上年±% 金额（万元）
出口贸易总值	5022080	3529354	42.3
国有企业	1157203	926582	24.9
外商投资企业	1073277	889254	20.7
集体企业	9174	11794	-22.2
其他	2782425	1701724	63.5
一般贸易	4087733	2730858	49.7
国有企业	1095460	762349	43.7
外商投资企业	638693	544566	17.3
集体企业	9174	11790	-22.2
其他	2344405	1412153	66.0
国家间、国际组织无偿援助和赠送的物资	0	0	—
国有企业	0	0	—
外商投资企业	0	0	—
集体企业	0	0	—
其他	0	0	—
补偿贸易	0	0	—
国有企业	0	0	—
外商投资企业	0	0	—
集体企业	0	0	—
其他	0	0	—
来料加工贸易	28723	28336	1.4
国有企业	0	1768	-100.0
外商投资企业	17759	18188	-2.4
集体企业	0	0	—

续表1

贸易方式/企业性质	2022年 金额（万元）	2021年 金额（万元）	累计比上年±% 金额（万元）
其他	10964	8379	30.8
进料加工贸易	712299	713189	-0.1
国有企业	55928	160538	-65.2
外商投资企业	412606	322742	27.8
集体企业	0	0	—
其他	243764	229909	6.0
寄售代销贸易	0	0	—
国有企业	0	0	—
外商投资企业	0	0	—
集体企业	0	0	—
其他	0	0	—
边境小额贸易	1409	631	123.2
国有企业	0	0	—
外商投资企业	0	0	—
集体企业	0	0	—
其他	1409	631	123.2
对外承包工程出口货物	5401	83	6446.4
国有企业	0	83	-100.0
外商投资企业	0	0	—
集体企业	0	0	—
其他	5401	0	—
租赁贸易	0	0	—
国有企业	0	0	—
外商投资企业	0	0	—
集体企业	0	0	—
其他	0	0	—
出料加工贸易	3026	0	—
国有企业	0	0	—
外商投资企业	0	0	—
集体企业	0	0	—
其他	3026	0	—
易货贸易	0	0	—

续表2

贸易方式/企业性质	2022 年 金额（万元）	2021 年 金额（万元）	累计比上年±% 金额（万元）
国有企业	0	0	—
外商投资企业	0	0	—
集体企业	0	0	—
其他	0	0	—
保税监管场所进出境货物	32652	11254	190. 1
国有企业	0	0	—
外商投资企业	956	564	69. 5
集体企业	0	0	—
其他	31696	10690	196. 5
海关特殊监管区域物流货物	138480	28887	379. 4
国有企业	2872	0	—
外商投资企业	120	114	5. 2
集体企业	0	0	—
其他	135488	28773	370. 9
其他	12358	16116	-23. 3
国有企业	2942	1845	59. 5
外商投资企业	3143	3080	2. 1
集体企业	1	4	-86. 1
其他	6272	11188	-43. 9

2022 年吉林省贸易方式和企业性质进口总值表

（按经营单位所在地）

贸易方式/企业性质	2022 年 金额（万元）	2021 年 金额（万元）	累计比上年±% 金额（万元）
进口贸易总值	10572413	11508712	-8.1
国有企业	2770972	3400270	-18.5
外商投资企业	5153139	6171631	-16.5
集体企业	40026	28322	41.3
其他	2608276	1908489	36.7
一般贸易	9928284	11012267	-9.8
国有企业	2761022	3381897	-18.4
外商投资企业	5052621	6078780	-16.9
集体企业	39007	27932	39.7
其他	2075634	1523657	36.2
国家间、国际组织无偿援助和赠送的物资	0	0	—
国有企业	0	0	—
外商投资企业	0	0	—
集体企业	0	0	—
其他	0	0	—
其他捐赠物资	0	31	-100.0
国有企业	0	31	-100.0
外商投资企业	0	0	—
集体企业	0	0	—
其他	0	0	—
补偿贸易	0	0	—
国有企业	0	0	—
外商投资企业	0	0	—
集体企业	0	0	—

续表1

贸易方式/企业性质	2022 年 金额（万元）	2021 年 金额（万元）	累计比上年±% 金额（万元）
其他	0	0	—
来料加工贸易	41279	25720	60.5
国有企业	2797	3478	-19.6
外商投资企业	16707	14826	12.7
集体企业	0	0	—
其他	21775	7416	193.6
进料加工贸易	254954	242337	5.2
国有企业	3560	9565	-62.8
外商投资企业	70329	68574	2.6
集体企业	0	0	—
其他	181065	164198	10.3
寄售代销贸易	0	0	—
国有企业	0	0	—
外商投资企业	0	0	—
集体企业	0	0	—
其他	0	0	—
边境小额贸易	6707	12406	-45.9
国有企业	33	3490	-99.0
外商投资企业	0	0	—
集体企业	0	0	—
其他	6674	8916	-25.2
加工贸易进口设备	0	0	—
国有企业	0	0	—
外商投资企业	0	0	—
集体企业	0	0	—
其他	0	0	—
租赁贸易	0	0	—
国有企业	0	0	—
外商投资企业	0	0	—
集体企业	0	0	—
其他	0	0	—
外商投资企业作为投资进口的设备、物品	11377	7122	59.8

续表2

贸易方式/企业性质	2022年 金额（万元）	2021年 金额（万元）	累计比上年±% 金额（万元）
国有企业	0	0	—
外商投资企业	11377	7122	59.8
集体企业	0	0	—
其他	0	0	—
出料加工贸易	3851	0	—
国有企业	0	0	—
外商投资企业	0	0	—
集体企业	0	0	—
其他	3851	0	—
易货贸易	0	0	—
国有企业	0	0	—
外商投资企业	0	0	—
集体企业	0	0	—
其他	0	0	—
免税外汇商品	0	0	—
国有企业	0	0	—
外商投资企业	0	0	—
集体企业	0	0	—
其他	0	0	—
免税品	0	0	—
国有企业	0	0	—
外商投资企业	0	0	—
集体企业	0	0	—
其他	0	0	—
保税监管场所进出境货物	91370	36543	150.0
国有企业	648	9	7229.8
外商投资企业	504	99	407.8
集体企业	0	0	—
其他	90218	36435	147.6
海关特殊监管区域物流货物	215331	141147	52.6
国有企业	0	0	—
外商投资企业	123	1080	-88.6

续表3

贸易方式/企业性质	2022 年 金额（万元）	2021 年 金额（万元）	累计比上年±% 金额（万元）
集体企业	0	0	—
其他	215208	140067	53.6
海关特殊监管区域进口设备	755	88	758.4
国有企业	0	0	—
外商投资企业	56	0	—
集体企业	0	0	—
其他	699	88	694.5
其他	18504	31052	-40.4
国有企业	2911	1800	61.7
外商投资企业	1421	1151	23.5
集体企业	1019	390	161.4
其他	13153	27712	-52.5

2022年吉林省运输方式进出口总值表

（按经营单位所在地）

项　　目	进出口（万元）	出口（万元）	进口（万元）	累计比上年同期±%		
				进出口	出口	进口
进出口贸易总值	15594493	5022080	10572413	3.7	42.3	-8.1
水路运输	10405096	3247794	7157303	-7.0	20.9	-15.8
铁路运输	741611	178990	562621	15.5	24.7	12.8
公路运输	902342	303759	598583	67.1	118.0	49.3
航空运输	3049753	1009346	2040407	22.8	142.1	-1.2
邮件运输	205245	5333	199912	362.9	-48.6	488.5
其他运输	290445	276858	13588	109.2	108.7	121.1

“中国海关史料丛书”
编委会